분단의 아비투스와 남북소통의 길

이 책은 2009년 정부(교육과학기술부)의 재원으로 한국연구재단의
지원을 받아 제작되었습니다.(NRF-2009-361-A00008)

■ 건국대학교 통일인문학연구단(IHU)
The Institute of the Humanities for Unification

통일 문제에 대한 인문학적 성찰과 지혜를 모으고자 '소통·치유·통합의 통일인문학'을 표방하며 건국대학교 인문학연구원에서 출범한 연구기관이다.

2009년 한국연구재단의 '인문한국(HK)지원사업'에 선정되면서 연구 체계를 본격화하였으며, 2012년 1단계 평가에서는 '전국 최우수 연구소'로 선정되었다.

통일인문학은 사람 중심의 인문정신을 바탕으로 한반도의 통일 문제를 진단하고 그 해법을 찾고자 하는 새로운 학문 영역으로서, '체제의 통일'을 넘어 '사람의 통일'로, 분단과 대결의 시대에서 통일과 평화의 시대로 나아가기 위한 인문학적 성찰과 지혜를 모으고자 한다.

'소통·치유·통합'의 아젠다를 통해 새로운 통일 패러다임을 모색하고 있는 통일인문학연구단은 앞으로도 분단 극복과 한민족 통합의 인문적 비전을 제시하기 위한 학문 연구와 사회 활동을 활발하게 펼쳐 나갈 것이다.

통일인문학 길 01

분단의 아비투스와 남북소통의 길

© 건국대학교 통일인문학연구단, 2015

1판 1쇄 인쇄__2015년 01월 20일
1판 1쇄 발행__2015년 01월 30일

지은이__건국대학교 통일인문학연구단
펴낸이__양정섭
펴낸곳__도서출판 경진
　　　　등록__제2010-000004호
　　　　블로그__http://kyungjinmunhwa.tistory.com
　　　　이메일__mykorea01@naver.com

공급처__(주)글로벌콘텐츠출판그룹
　　　　대표__홍정표
　　　　편집__김현열 송은주　**디자인**__김미미　**기획·마케팅**__노경민·이용기　**경영지원**__안선영
　　　　주소__서울특별시 강동구 천중로 196 정일빌딩 401호
　　　　전화__02) 488-3280　**팩스**__02) 488-3281
　　　　홈페이지__http://www.gcbook.co.kr

값 21,000원
ISBN 978-89-5996-438-3 93340

※ 이 책은 본사와 저자의 허락 없이는 내용의 일부 또는 전체의 무단 전재나 복제, 광전자 매체 수록 등을 금합니다.
※ 잘못된 책은 구입처에서 바꾸어 드립니다.
※ 이 도서의 국립중앙도서관 출판예정도서목록(CIP)은 서지정보유통지원시스템 홈페이지(http://seoji.nl.go.kr)와 국가자료공동목록시스템(http://www.nl.go.kr/kolisnet)에서 이용하실 수 있습니다. (CIP제어번호: CIP2015008238)

통일인문학 길 **01**

분단의 아비투스와 남북소통의 길

건국대학교 통일인문학연구단

경진출판

분단의 아비투스를 넘어서
남북소통의 길을 찾는 통일인문학

건국대학교 통일인문학연구단은 출범 이래 삶과 소통하는 인문정신의 관점에서 통일을 사유함으로써 새로운 통일 패러다임을 정립하고자 노력해 왔다. 그리고 그 방향은 남북 주민들의 마음과 몸에 아로새겨진 적대적인 가치-정서-문화를 극복하는 '사람의 통일'을 지향하는 것이었다. 정치경제적 체제통합 이전에 가치-정서-문화적인 차원에서 '사람의 통일'이 필요한 이유는 그것이 정치경제적 통합을 떠받치는 바탕이자 통일을 진정한 사회적 통합으로 만드는 근본적인 힘이기 때문이다. 따라서 통일은 상이한 체제에서 살아온 사람들이 소통하고, 분단의 상처를 치유하면서 통합적인 새로운 민족적 공동체를 창출하는 과제가 될 수밖에 없다. 이런 점에서 통일인문학은 '사람의 통일'이란 관점에서 소통·치유·통합의 패러다임을 새롭게 정립하려는 통일학이라고 할 수 있다.

하지만 이런 시도에 대해 적극적으로 동의하는 사람들조차 통일인문학이 '사람의 통일', '인문학적 통일론'쯤으로 단순하게 이해할 뿐, 그것이 학문적으로 어떤 이론체계를 가지고 연구가 진행되고 있는지를 아는 경우는 흔치 않다. 이것은 '소통·치유·통합의 통일인문학'을 내세우면서 연구를 진행해 왔던 건국대학교 통일인문학연구단이 여러 학술대회나 논문투고를 통해서 연구 성과를 발표해 왔음에도 불구하고 주로 개별적이면서 산발적으로 발표가 이루어져 전체적인 연구 상황을 한눈에 확인할 수 없었기 때문이기도 했다. 따라서 통일인문학연구단은 기간에 이루어진 연구 성과들 중에서 '소통·치유·통합의 통일인문학'을 전체적으로 그려 볼 수 있는 논문들을 모아서 세 권의 연작 시리즈를 기획·발간하기로 했다.

'사람의 통일'이라는 통일인문학의 통일학은 '소통·치유·통합'이라는 세 가지의 이론적 패러다임으로 구성되어 있다. 이것은 이전까지 한국에서의 통일담론이 분단 극복의 문제를 '체제통합'이나 '민족동질성 회복' 차원에서 접근했으나, 사람의 통일과 관련된 남북 주민들 사이의 분단과 가치·정서·욕망의 문제들을 다루지 않았기 때문에 이를 새로운 이론적 틀로 개념화하여 분단의 역사에 적용하여 사람의 통일이라는 길을 찾고자 했기 때문이다. 이 연작에서는 이런 가치·정서·문화분단의 문제를 '분단아비투스(habitus of division)', '분단트라우마(trauma of division)', '민족공통성(national commonality)'이라는 새로운 개념화를 통해서 분단 극복의 문제가 '정서적·신체적 분단'을 극복하고 '통일의 사회적 신체'를 만들어 가는 것이자 미래기획적으로 민족공통성을 창출해 가는 과정이라는 점을 밝혀 놓고 있다.

또한, 그것은 남북소통의 장애물인 분단아비투스를 해체하는 '소통의 길', 분단트라우마를 치유하면서 분단서사를 극복하는 '치유의 길', 차이들의 접속과 공명을 통해 민족공통성을 창출하는 '통합의 길'을 찾아가는 것이라고 할 수 있다. 바로 이런 점에서 통일인문학연구단은 『분단의 아비투스와 남북소통의 길』, 『분단트라우마와 치유의 길』, 『민족공통성과 통일의 길』이라는 제하로 〈통일인문학 '길' 시리즈〉를 발간하게 되었다. 이 책 각 권은 제목이 보여 주듯이 각각 '사람의 통일'이라는 기치하에서 '분단아비투스, 분단트라우마, 민족공통성'에 대한 이론적 개념화 및 패러다임 구성에서 시작하여 이를 극복하는 '소통의 길', '치유의 길', '통합의 길'을 실천적으로 찾아가는 연구 결과물들을 순차적으로 연결해 놓은 방식으로 구성되어 있다. 〈통일인문학 '길' 시리즈〉 중 『분단의 아비투스와 남북소통의 길』은 다음과 같은 문제의식과 기획의도에서 출발하고 있다.

　남북은 서로 경쟁하면서도 '통일'을 해야 한다는 당위성 속에서 서로 대화를 모색해 왔다. 그러나 현실적으로 남북 대화는 '소통'으로 이어지지 못하고 있다. 일반적으로 사람들은 상호 간에 갈등과 대립이 생기면 서로 대화를 해야 한다고 생각한다. 그러나 모든 대화가 상호 간의 갈등과 대립을 완화하는 것은 아니다. 남북 대화에서도 마찬가지이다. 남과 북 모두 다 '통일'의 대의를 내세우면서 대화를 하자고 주장하고 있다. 그러나 그런 대의에서 만나 이루어지는 남북 대화조차 대화 이후, 오히려 더 강한 상호 적대성을 유발하면서 남북 관계를 극단적인 냉전으로 이끌어 가는 경우를 우리는 많이 보아 왔다. 따라서 문제는 '대화' 그 자체가 아니다.

　'대화'가 곧 '소통'을 만들어 내는 것은 아니다. 소통이란 '소(疏, 트일 소)+통(通, 통할 통)', 말 그대로 '트여서 통함'을 의미한다. 여기서 '통함'이란 언제나 '둘'을 전제한다. 만일 둘이 서로 어떤 차이를 가지고 있지 않다면 그들은 '하나'이기 때문에 굳이 '통'할 필요가 없다. 또한 '트임'은 언제나 그 둘 사이를 가로막는 장애가 있다는 것을 의미한다. 왜냐하면 '막힘'이 없다면 굳이 둘 사이를 '트이게' 할 필요가 없기 때문이다. 따라서 '대화'가 '소통'이 되기 위해서는 가로막힌 것을 뚫고 트이게 하면서 서로를 통하게 만들어 가는 '소통의 길'을 찾는 과정이 필요하다.

　그렇다면 어디에서 남북소통의 길을 찾아야 하는 것일까? 그것은 무엇보다도 남과 북이라는 '둘' 사이를 가로막는 '장애물'이 무엇인가를 찾는 데에서 출발해야 한다. 하지만 이제까지 남북 대화를 다루어 왔던 논의들은 남북 두 국가의 정치-경제적 이해 속에서만 이 장애물들을 다루어 왔다. 이러한 논의들은 남과 북이 서로 만나서 대화를 하는 국제정치적 배경 및 국내정치적 역학을 다루거나 정치-경제적 이익을 극대화하는 국가 전략의 차원에서 남북 대화를 다루어 왔다. 따라서 이와 같은 남북 대화에 관한 연구는 '분단 극복'과 '통일'을 내세우면서도 남북 체제의 경쟁적 대립 구도 및 좌우의 정파적 대립을 벗어나 통일이라는 민족사적 과제를 수행하는 남북 대화의 틀로 바꾸어 놓지 못했다.

바로 이런 점에서 남북 대화에서도 '소통의 길 찾기'라는 패러다임 전환을 필요로 한다. 이것은 무엇보다도 남북 분단을 단순한 두 국가의 분단이 아니라 '사람의 분단'이라는 점에서 출발할 필요가 있다. 오늘날 우리는 우리의 민족이 아닌 다른 이민족들과도 함께 더불어 사는 '세계화' 시대를 살고 있으며 다른 나라들과도 선린우호의 관계를 유지하고 있다. 하지만 '타인종', '타민족'에 대한 관용의 태도를 취하는 사람들조차도 남북 관계를 다룰 때에는 전혀 입장이 달라지는 경우가 종종 있다. 이것은 남북 관계에서 작동하는 상호관계 안에 다른 인종, 다른 국가와 관계할 때와는 다른 감정과 욕망, 관점이 작동하기 때문이다. 따라서 남북 대화가 '소통'이 되기 위해서는 '사람의 분단'에서 시작하여 '소통의 길'을 찾는 인문학적 지혜와 대화의 모색이 필요하다.

인문학은 '지인(知人)의 학'으로서 인간에 대해 탐구하는 학이자 '인간다움의 가치'를 추구하는 학이다. 따라서 '통일인문학'이라는 새로운 통일학의 패러다임을 제시하고 이를 정립하기 위해 노력해 왔던 건국대학교 통일인문학연구단은 남북 주민의 분단, '사람의 분단'을 '분단의 아비투스'라는 개념 아래 탐구하면서 '분단의 아비투스'를 해체하고 그것을 넘어서 '남북소통의 길'을 만들어 가는 '소통 패러다임'을 모색해 왔다. 이 책은 바로 이와 같은 '사람의 분단'과 '분단의 아비투스', 그리고 그 속에서 '남북소통의 길'을 찾기 위한 연구 작업의 결과라고 할 수 있다. 그리고 이 연구 작업들은 '사람의 분단'이라는 차원에서 오늘날 남북 대화를 가로막는 '장애물'이 무엇이며 그 장애물들을 생산하는 남북 주민의 사회적 신체 형성과 대중 심리에 대한 분석을 포함하고 있다.

이 책은 전체가 3개의 '부'로 구성되어 있으며 각 '부'에 맞춰 이제까지 건국대학교 통일인문학연구단에서 통일인문학의 '소통 패러다임'과 관련하여 연구된 결과물들을 각 주제에 맞춰 싣고 있다. 이 책의 1부 '통일과 인문학의 만남'에서는 분단 극복과 통일에 대해서 인문학적으로 사유했던 기존 연구들을 검토하면서 분단 극복과 통일을 위해서는 '통일과 인문학'이 만나야 한다는 것, 더 나아가서 통일과 인문학의 단순한 결합이 아니라 '통일인문학'이라는 '인문학적 패러다임'에 근거한 통일연구 방향을 제안하고 있다.

① 김성민, 「분단과 통일, 그리고 한국의 인문학」(『대동철학』 53호, 대한철학회, 2010)은 '인문학이 왜 통일을 초점화해야 하는가'와 '인문학이 연구해야 할 통일의 주제가 무엇인가'에 대해 논의하고 있다. 그는 인문학이 정전화를 벗어나 실천적 성격을 확보하고 남과 북으로 분단된 인문학을 벗어나기 위해서라도 인문학은 통일을 본격적으로 연구해야 한다고 주장하면서 인문학이 연구해야 할 주제로, "공통성과 차이에 기초한 가치와 이념의 창조적 재해석", "분단의 트라우마와 치유", "분단의 아비투스와 민족 공통의 생활 문화의 창조" 등을 제안하고 있다.

② 김성민·박영균, 「인문학적 통일담론에 대한 비판적 성찰: 강만길·백낙청·송두율의 통일담론에 대한 비판적 검토」(『대한철학』 59호, 범한철학회, 2010)는 통일을 인문학적으로 사유한 대표적인 한국의 통일인문학자들인 강만길, 백낙청, 송두율의 통일담론을 비판적으로 다루고 있다. 여기서 그들은 이들이 남·북의 분단 국가 체제가 강제하는 분단 시대의 인문학을 넘어서 분단과 통일의 문제를 인문학적으로 사유한, "통일인문학의 선구자"라고 규정하면서도 그들의 한계점으로 "분단 체제가 우리의 몸과 신체에 내면화하는 가치-정서-생

활 문화의 차원을 구체적으로 다루지 않고" 있다고 비판하고 있다.

③ 김성민·박영균, 「인문학적 통일담론과 통일인문학: 통일 패러다임에 관한 시론적 모색」(『철학연구』 92호, 철학연구회, 2011)은 「인문학적 통일담론에 대한 비판적 성찰: 강만길·백낙청·송두율의 통일담론에 대한 비판적 검토」에 대한 후속작으로서, 이들 인문학적 통일담론과 구별되는 통일인문학의 고유한 분석 대상과 방법 등에 대한 패러다임의 전환을 모색하고 있다. 그들은 여기서 동질성 대 이질성이라는 틀을 '차이와 공통성'의 패러다임으로, '분단된 사회적 신체'를 '연대와 우애의 아비투스'로, 민족적 리비도에 근거한 민족 공통성 창출 등을 제안하고 있다.

2부 '분단의 아비투스와 통일론에 대한 성찰'은 '분단의 아비투스'라는 다소 생소해 보일 수밖에 없는 개념에 대한 정의에서 시작하여 분단의 아비투스가 작동되는 구체적인 사례분석, 그리고 분단의 사회적 신체와 심리 관계에 대한 분석에서 제기될 수 있는 여러 가지 쟁점들을 다루고 있다. 그러나 '분단의 아비투스'는 기본적으로 남과 북의 분단에서 작동하는 '사람의 분단'이 '분단의 사회적 신체'를 형성하는 기제들과 상징 체계들의 내면화를 통해 작동한다는 점을 규명하기 위한 개념이라고 할 수 있다.

① 박영균, 「분단의 아비투스에 관한 철학적 성찰」(『시대와 철학』 21권 3호, 한국철학사상연구회, 2010)은 남북 분단의 '적대적 공생' 관계가 어떻게 생활과 신체 속에서 체현되어 반복적으로 재생산되는지를 밝히면서 소통의 핵심을 '타자의 타자성'에 대한 이해와 소통임을 주장하고 있다. 여기서 그는 "'참여적 객관화'로서 분단과 통일을 사유할 것을 제안"함과 동시에 "남북 상호 간의 오인의 구조-일루지오를 수용하는 차원에서의 소통과 게임을 제안"하면서 '타자의 타자성'에 근거한 소통의 전략과 '분단의 사회적 신체'를 '통일의 사회적 신체'로 바꾸어 가는 통일 전략을 제안하고 있다.

② 이정재·박민하, 「〈이승복 기념관〉의 공간 스토리텔링을 통해 본 반공이데올로기 전시구현」(『통일인문학논총』 50집, 건국대학교 인문학연구원, 2010)은 〈이승복 기념관〉이 반공이데올로기를 정착화한 공간이라고 하면서 공간 스토리텔링 방법론을 적용하여 이를 실증적으로 다루고 있다. 여기서 그들은 〈이승복 기념관〉의 권장관람 동선과 본관 전시실의 전시 구조가 쌍둥이 구조를 이루고 있다고 하는데, "환시와 교육의 경험"이 본관에서 반복됨으로써 반공이데올로기를 강화하고 재생산하기 때문에 "평화 통일의 관점에서 과거와 현재 그리고 미래를 함께 내다볼 수 있는 전시구현을 모색"해야 한다고 주장하고 있다.

③ 박영균, 「분단의 사회적 신체와 심리 분석에서 제기되는 이론적 쟁점들」(『시대와 철학』 23권 1호, 한국철학사상연구회, 2012)은 '분단의 아비투스'와 '분단의 트라우마'에 대한 이론적 쟁점들을 다루고 있다. 여기서 그는 분단의 아비투스와 트라우마가 세 가지의 중요한 테제들에 근거하고 있다고 주장하면서 세 가지를 테제를 '신체는 사회 속에 있으며 사회는 신체 속에 있다', '사회화된 신체의 생산은 사회적 무의식을 낳는다', '민족≠국가의 분단 국가는 민족적 리비도의 억압을 생산한다'로 정리하고 "식민지-분단의 상처라는 공감과 연대에 기초하여 '통일의 사회적 신체'를 만들어 가는 것이자 공감적 불안정', 또는 '이종 요법의 동일시'에 기초한 치유 프로그램을 만들어 갈" 것을 주장하고 있다.

3부 '소통의 길'에서는 1부와 2부에서 이루어진 '통일인문학'의 인문학적 패러다임으로의 전환과 '분단의 아비투스'에 대한 분석에 근거하여 남북 대화가 '소통의 길'로 나아가는 방향을 찾고 있다. 이것은 인문학적 상상력을 발휘하여 냉탕과 온탕을 오가는 남북 관계의 적대성을 벗어나서 남북이 함께 만들어 온 대화의 역사 속에서 드러나는 통일원칙들뿐만 아니라 북쪽에 살다가 남쪽에 정착한 북한이탈주민들의 정서적 상태에 대한 진단을 통해서 어떻게 분단의 아비투스를 벗어나 남북 주민들 사이의 소통을 만들어 갈 것인가에 대한 분석들을 포함하고 있다.

① 김성민, 「인문학적 상상력으로 풀어 보는 한반도 통일 방안」은 남북 관계의 특수성에 주목하면서 과정으로서 통일과 결과로서 통일이라는, 통일의 변증법을 '사랑과 증오의 변증법'이라는 차원에서 논의하고 있다. 그가 보기에 "'남북 관계'는 미국, 일본, 중국 등 다른 나라들과 맺는 관계와 다르며 '통일을 지향'하면서, '평화 통일을 성취하기 위한 공동의 노력'을 수행하는 관계"이다. 그러나 분단으로 인해서 '민족애'의 사랑은 오히려 상대에 대한 증오로 변화하였다. 따라서 그는 "한민족뿐만 아니라 해외 동포들까지 포함하여 독특한 가치와 정서, 문화를 가진 사람들의 통일이라는 '규제적 이념' 속에서 차이를 민족 공통성 생산의 자원으로 바꾸어 가는 '소통'과 '협력'의 체계를 고안해 가야 한다"고 주장하고 있다.

② 박영균, 「통일의 인문적 비전: 소통으로서 통일론」(『시대와 철학』 24권 3호, 한국철학사상연구회, 2013)은 기존의 통일 방안 중심의 통일론들이 국가 중심의 기능주의적인 체제 통합 및 국가 통합의 차원을 벗어나지 못함으로써 본질적으로 '국가 우선적 시각'에 빠져 있다고 비판하면서 소통으로서의 통일론을 다루고 있다. 여기서 그는 '남과 북'의 차이에 기초한 "가르치고-배우는 비대칭적 관계"로서의 소통을 주장하고 있다. 즉, 그는 여기서 "남과 북이 각자 가지고 있는 '평화'·'자유'·'평등'·'민주'·'인권'·'생태'와 같은 인문적 가치들의 의미를 괄호 속에 묶고 서로 가르치고 배움으로써 소통 속에서 통일한(조선)반도의 미래 규칙을 생성하는" 소통으로서의 통일론을 주장하고 있다.

③ 박영균, 「남북의 통일원칙과 통일과정의 기본 가치: 민족과 평화」(『시대와 철학』 25권 2호, 한국철학사상연구회, 2014)는 남과 북이 공통으로 공유해야 할 통일의 기본 가치를 남북합의문을 만들어 온 역

사적 과정을 통해서 탐구하고 있다. 여기서 그는 〈7·4 남북 공동성명〉는 '자주·평화·민족 대단결'이라는 '조국 통일 3대원칙'을 '하나의 민족'이라는 기본 가치에 근거하고 있는 것으로 평가하고, 〈남북기본 합의서〉는 '두 국가'라는 현실에서 출발함으로써 '평화'라는 기본 가치를 새롭게 정립한 것으로 평가하면서 "남과 북이라는 '둘'이 구축해 가는 '하나의 삶'이란 관점에서 '평화'로부터 출발하는 민족애가 통일"과 소통을 만들어 가는 길임을 주장하고 있다.

④ 하지현, 「북한이탈주민의 정서적 소통 방법의 이해」(『통일인문학논총』 53호, 건국대학교 인문학연구원, 2012)는 북한이탈주민의 정신 건강과 관련한 실태 조사와 기타 보고서를 분석하면서 이에 대한 대안으로 정서적 소통을 만들어 가는 교육 시스템이 필요하다고 주장하고 있다. 여기서 그는 북한이탈주민이 한국 사회에서 사용되는 감정 관련 단어들의 정의 및 용례, 사용법에 익숙하지 않아서 친밀한 관계 맺기와 의사소통에 어려움을 겪는다고 말하면서 "남한에서 사용하고 있는 감정과 관련한 단어와 용례에 대한 교육을 동반하여 실시하는 프로그램을 구축하는 것이 북한이탈주민의 성공적인 사회 정착을 위해 필요"하다고 주장하고 있다.

현재, 통일인문학연구단은 이론적 패러다임의 정립을 거쳐 통일의 인문적 가치와 비전 정립 등을 수립하고 이에 근거한 통일인문학의 사회적 확산 및 의제화, 분단 극복의 실천적 적용, 대중화 프로그램 개발로 진화하고 있다. 따라서 건국대학교 통일인문학연구단은 통일의 인문적 가치와 비전 속에서 분단의 아비투스와 트라우마를 극복하는 치유프로그램이나 교육프로그램, 정책개발 등을 포함하여 디지털 콘텐츠들을 활용한 통일인문콘텐츠 개발에 나아가고 있다. 또한, 그 과정 속에서 더 많은 이론적 수정과 연구 분석들이 이루어져야 할 것이다. 따라서 여기서 제시된 통일인문학의 이론적 분석 및 방향이 완결된 것이라고 할 수 없으며 통일인문학의 현실적 구현은 더 많은 연구자들의 결합과 대중들의 대화를 통해서만 완수될 수 있을 것이다.

하지만 그렇기 때문에 이 책이 가지고 있는 의미가 있다. 여기에 실린 글은 새로운 글이 아니다. 이 책에 실린 글들 대부분은 국내·외 학술지나 잡지 등을 통해 발표된 바가 있는 글들이며 그것 중에 한두 개의 글은 다른 책에 실린 경우도 있다. 하지만 그럼에도 불구하고 하나의 책으로 전체 논문들을 다시 엮은 것은 '소통·치유·통합의 통일인문학'이라는 이론적 틀에서부터 그것의 적용까지 전체적인 틀을 보여 주는 데 없어서는 안 되는 글이며 이 책을 통해서 우리는 통일인문학 전체를 보여 주고자 했다. 아마도 독자들은 이 세 권의 책을 통해서 그동안 '통일인문학'이라는 새로운 패러다임에 기초하여 진행되어 왔던 연구 성과의 현재적 지점을 확인할 수 있을 것이다. 게다가 독자들은 이 세 권의 책을 통해서 통일인문학연구단이 어떻게 소통·치유·통합의 통일인문학이라는 길을 찾아 왔는지를 연대기적으로, 이론추상에서 현실적 적용까지를 한눈에 볼 수 있는 기회를 가질 수 있을 것이다.

이렇게 말하고 보니 새로운 통일사유의 지평을 열기 위해 분투해 온 지난 역사와 연구단 선생님들의 고민과 열정을 새삼 떠오르게 되는 것은 어쩔 수 없는 인지상정인지도 모르겠다. 또한, 뿌듯함도 느끼게 된다. 〈통일인문학 '길' 시리즈〉 3권의 발간은 본 연구단의 HK(연구)교수님들 및 일반연구원 선생님들, HK연구원 선생님들의 노고가 오롯이 담겨 있는, 연구단 구성원 모두의 노력과 역량이 결집된 산물이다. 이번 책의 출판을 통해서 모든 분들에게 깊은 고마움과 감사를 드린다. 아울러 연구단의 연구 성과들을 단행본 시리즈로 출간할 수 있도록 배려해 주신 도서출판 경진에도 깊은 감사의 말씀을 전한다. 하지만 그럼에도 불구하고 인문학적 상상력과 성찰이 살아 있는 통일연구는 단순한 고민과 열정만으로 이루어지지 않는다는 점 또한 명백하다. 왜냐하면 분단현실을 정면으로 직시하는 비판적 성찰, 분단 고통을 외면하지 않는 감수성, 인류보편적 가치가 실현되는 통일과정에 대한 비전 등 통일연구의 학문적 자세와 지향은, 그만큼의 노고를 요구하기 때문이다. 앞으로 우리는 그 초심을 잃지 않고 정진하고자 한다.

건국대학교 통일인문학연구단장 김성민

차례

|제1부| 통일과 인문학의 만남

|제2부| 분단의 아비투스와 통일론에 대한 성찰

제1부

통일과
인문학의 만남

분단과 통일, 그리고 한국의 인문학

김성민

1. 들어가는 말: 통일과 인문학!?

통일과 인문학, 그것을 우리는 동시에 사유할 수 있을까? 사실, 이 질문은 우리로 하여금 당혹에 빠지도록 만든다. 왜냐하면 둘 사이에는 불가분의 어떤 긴밀한 관계가 있으며 당연히 함께 연결해서 사유해야 할 것처럼 느껴지기는 하지만 막상 그 둘을 함께 사유하려고 하면 한없이 막막해지기 때문이다. 1990년대 초반 이후 인문학의 위기가 인구에 회자되면서 인문학에 대한 많은 이야기들이 있었지만 통일과 인문학을 본격적으로 다룬 논문은 거의 없었다. 그것은 아마도 인문학을 인간의 학문, 이해의 학문, 의미의 학문, 규범 또는 가치의 학문이라는, 보다 넓은 지평에서 다루고자 했기 때문일 것이다. 그러나 단지 그 이유 때문이기만 한 것일까?

사실, 분단과 통일의 문제는 우리 민족에게 매우 특별한 의미를 가지고 있었음에도 불구하고 몇몇 인문학자들을 제외한다면 본격적으로 다룬 사람은 거의 없다. 분단과 통일의 문제는 인문학보다 사회과학과 더 많은 관계를 가지고 있었으며 많은 사람들은 이 문제를 정치적이고 경제적인 문제들로 간주하는 경향이 있었다. 그래서 분단과 통일에 관한 연구 및 담론은 주로 정치학, 경제학, 사회학 등과 같은 사회과학 영역에서 다루어졌으며 체제 통합이나 남북관계에 대한 현안 정책들을 중심으로 연구되었다. 게다가 1970년대까지 분단과 통일에 대한 논의는 국가에 의해 배타적으로 독점되었다. 그러나 1980년대 민중운동의 성장과 함께, 그리고 1990년대 동·서독의 통일과 함께 분단 및 통일에 대한 논의가 폭발적으로 증가했다. 게다가 대학 곳곳에서 북한학이라는 특수한 통합학문이 만들어지기도 했다. 하지만 이 또한 대부분 인문학보다는 사회과학에 의존하고 있다. 그래서 그런지 통일과 인문학에 대한 물음은 우리가 느끼는 당위성과 정당성에도 불구하고 여전히 진척되지 않은 물음으로 남아 있다.

그러나 그것이 이 물음을 전혀 개척되지 않은 불모지, 미개척지로 남겨 놓았던 것은 아니다. 몇몇 지성들은 이 물음에 대해 끊임없이 도전을 해 왔다. 또한, 개별분과학문의 차원이기는 했지만 인문학 내부의 몇 개 학과들에서 다루어 왔다. 대표적으로 문학계와 사학계가 그러했다. 특히 문학계는 8·15해방 이후, 분단을 향해 치닫던 1945~1948년 당시부터 이 문제를 고민해 왔으며 민족문학이라는 하나의 장르를 형성했다. 그러나 이런 문학적 작업은 우리의 현재적 삶의 문제와 고뇌를 작품 속에 담아내는 작업의 특성에 의존하는 바가 컸을 뿐만 아니라 문학비평이나 문학창작, 문학운동 등의 개별분과학문의 틀을 벗어나지 못했다. 이런 점에서 개별분과학문의 틀을 벗어나 분단과 통일을 인문학자의 과제로 제시하고 전면적으로 사유한 인문학자들이 있다면 그것은 강만길과 백낙청, 그리고 송두율[1]일 것이다.

---

1) 이는 일반적인 평가로 보인다. 김정인 또한, 이런 관점에서 그의 논문을 썼다. 이 세 사람에 대한 논의를 총괄적으로 정리하고 있는 글은 김정인, 「분단과 통일에 관한 인문학적 성찰: 강만길, 백낙청, 송두율」, 신정완·이세영·조희연 외, 『우리 안의 보편성: 학문 주체화

그렇다면 왜 인문학은 우리의 현재적 삶에 지대한 영향을 미치고 있는 분단과 통일의 과제를 본격적으로 사유하지 않았던 것일까? 아마도 그것은 다음과 같은 이유에서 일 것이다. ① '통일'에 대한 표면적 이해-통일을 단순히 하나의 민족이 두 개의 국가로 나누어져 있는 현재의 분단체제 또는 분단구조를 다시 하나의 민족국가로 합치는, 정치-경제적인 통합의 문제로만 사고하는 경향이다. ② 통일의 친숙성 이면에서 작동하는 분단의 아비투스-분단 극복이나 통일이 당위적인 것으로 자명하고 너무나 친숙한 것으로 받아들임으로써 하이데거가 말한 것처럼 초점화를 방해하고 망각을 유발하면서 사유의 진척을 가로막았다. 그리고 이 친숙함의 이면에서는 남과 북의 금기라는 상호 적대성에 근거한 국가폭력과 자기검열체계, 그리고 남·북 체제경쟁 속에서 체화된 분단의 아비투스가 고스란히 작동하고 있었다. ③ 통일에 대한 당위적 또는 낭만적 이해-통일문학의 형상화나 통일운동이 보여 주는 바와 같이 인문학에서의 통일논의들은 원민족적인 동질성이라는 정서에 근거하여 동질성의 회복이라는 신화로 회귀하거나 단일민족국가의 건설이라는 당위를 전제하였다.

　그러므로 통일과 인문학을 동시에 사유하기 위해, 또는 분단 극복의 과제 속에서 인문학을 사유하기 위해서는 무엇보다도 먼저 이 세 가지의 문제들을 다룰 필요가 있다. 이를 위해 이 논문은 우선, ①과 ②의 문제를 인문학과 관련하여 다룰 것이다. ①과 ②는 분단과 통일의 문제를 인문학의 주제로 초점화하는 것을 방해한다. 따라서 이 문제는 통일과 인문학이라는 물음을 동시에 사유하도록 하는 길을 여는 역할을 할 것이다. 이어 둘째로, ②와 ③을 다룰 것이다. ②와 ③은 인문학 내부에 존속하는 경향성이자 분단 그 자체가 낳은 효과로서, 인문학이 분단과 통일을 사유하면서 자신의 역할과 방향성을 잡기 위해서 반드시 극복해야 할 문제이다. 그리고 마지막으로, ①과 ③은

의 새로운 모색』, 한울, 2006이 있다.

사회과학과 인문학이라는 두 개의 근대적 분과학문 체계가 낳은 결과이자 분과학문 체제에 의해 습성화된 대립을 함축한다는 점에서 이에 대한 논의는 오늘날 근대적인 학문체계가 낳은 폐해를 극복하면서 사회과학과 인문학이 함께 나아가야 할 방향성을 보여줄 것이다.

2. 분단과 통일의 인문학적 초점화: 과정으로서 통일

분단과 통일의 인문학적 초점화는 두 가지 필요성에서 나온다. 하나는 분단 극복과 통일을 위해서 정치-경제적인 사회과학이 제공할 수 없는, 인문학이 반드시 필요로 되는, 통일의 입장에서 본 필요성이며 다른 하나는 한국의 인문학이 진리탐구라는 본연의 역할을 수행하기 위해서, 곧 자기 혁신을 위해서 필요로 되는, 인문학의 입장에서 본 필요성이다. ① '통일에 대한 표면적 이해'는 전자와 관련되어 있으며 ② '통일의 친숙한 이면에서 작동하는 분단의 아비투스'는 후자와 관련되어 있다. 그러나 모든 학문이 인간의 삶 속에서 제기된 문제들을 다룬다는 점에서 ①은 분단과 통일논의를 사회과학적 대상으로 넘겨버리지 않고 인문학이 자신의 본격적인 연구대상으로 삼기 위해서 무엇보다 먼저 극복해야 할 문제이다.

①은 통일을 두 개의 분단국가를 하나로 합치는, 정치-경제적 체제 통합으로만 생각한다. 그러나 이는 분단에서 통일로 나아간 역사적 사례들에서 그 문제점과 한계를 볼 수 있다. 아마도 분단을 극복하고 통일로 나아간 사례 중 가장 바람직한 사례로 여겨질 수 있는 것은 전쟁이 아닌 평화적인 방식으로 통일을 이룬, 올해로 통독 20주년을 맞이하고 있는 독일의 통일일 것이다. 베트남은 남과 북의 전쟁을 통해서 통일을 했다. 물론 통일이 반드시 평화적일 수는 없다. 그러나 통일이 사회적 갈등의 가장 극한적 형태인 전쟁의 형태를 가질 때 무수한 사람들의 생명과 삶이 파괴될 수밖에 없으며 그것을 치유

하는 데 지불해야 하는 사회적 비용 또한 엄청나다. 따라서 문제는 사회적 갈등과 비용을 최소화하면서 통일을 해 가는 것이 중요하다. 이런 측면에서 예멘의 사례는 통일이 두 정상 간의 합의와 권력 분점의 형태를 가질 때 어떤 결과가 나오는지를 보여 준다.

예멘은 통일 이후에 결국 두 권력집단 간의 내전이라는 파괴적인 갈등을 겪은 이후에야 온전히 통일될 수 있었다. 따라서 예멘의 사례는 단순히 두 정상 간의 합의 또는 국민적 합의 창출 없이 외교적인 방식으로만 이루어질 때 지니는 문제점을 보여 준다. 반면 독일은 예멘처럼 두 정상 사이의 합의에 근거하여 권력을 분점 하는 방식이 아니라 동독과 서독이 합의에 의해 서독에 동독이 흡수되는 방식으로 통일을 했다. 따라서 위의 세 가지 사례 중에 독일통일이 가장 낫다고 할 수 있다. 그러나 독일통일은 통일과정에서 사회문화적인 통합을 결여하고 있었다. 이것은 1990년 10월 3일 독일통일 선포 이후, 얼마 안 되어 발표된 "통일된 민족-극도로 분열되다"라는 1991년 2월의 페터 벤더의 글 제목[2]에서 드러난다.

임정택이 말했듯이 "이러한 통일은 예전에는 장벽의 양편에서 의식 속에만 내재해 있던 민족 간의 이질감과 소외감을 적나라하게 노출시켜 주고만 결과를 낳았다. 그것은 통일을 통한 분단의 확인이었던 것이다."[3] 이것은 무엇보다도 독일의 통일이 준비 없이 이루어졌기 때문이다. 그러나 이 준비라는 것은 체제 통합이 결여되어 있었다는 것을 의미하지 않는다. 문제는 정치-경제적인 거시체제의 통합이 아니라 그것을 튼튼하게 떠받칠 수 있는 사회문화적인 사람들 사이의 통합이 이루어지지 않았기 때문이다. 게다가 흡수통일의 형식은 동독을 서독의 역사에서 배제하는 결과를 낳았다. 1990년 12월 출범

---

2) Bender, Peter, 「통일된 민족-극도로 분열되다: 독일인들은 다시 하나의 국가에서 살고 있다. 그러나 동서독 간의 골은 깊어만 간다」, 임정택 공편, 『논쟁-독일통일의 과정과 결과』, 창작과비평사, 1991, 320쪽.
3) 임정택, 「실패한 혁명에서 강요된 통일로」, 임정택 공편, 『논쟁-독일통일의 과정과 결과』, 창작과비평사, 1991, 32쪽.

한 연방하원의회가 1대 통일의회가 아닌 서독 정부의 12대 의회였다는 점은 이것을 반증한다. 그리하여 통일된 지 20년이 지난 오늘날 독일에서 동독은 불법적인 국가로, '오시(Ossi, 게으른 동독 사람)'와 '베시(Wessi, 거만한 서독 사람)'라는 대립으로 남아 있다.

이런 점에서 통일의 문제가 정치경제적인 체제 통합의 문제가 아니라 이보다 더 중요한 것이 '사회·문화적 통일'이라는 점을 자각한 사람은 송두율이었다.[4] 그는 독일통일을 보면서 "'마음의 장벽'을 허무는 과제는 단순하게 '경제의 논리'로만 해결할 수 없으며 문제는 오히려 "'사회·문화적인 논리'를 개발'하는 것"[5]이라는 점을 자각할 수 있었다. 그래서 그는 '과정으로서의 통일'과 그만의 독특한 "경계인(Grenzgäger)"의 철학을 주창하였다.[6] 마찬가지로 백낙청은 베트남이나 예멘식의 통일을 반대하면서 국가연합으로, 그리고 과정으로서의 통일을 제시한다. 그가 제시하는 국가연합은 단순한 두 국가의 연합이 아니라 "분단 극복이라는 대원칙에 합의"하면서도 "통일국가의 최종 형태나 주도층의 문제를 열어둔 채", "잠정적이고 가장 초보적인 형태에 동의"해 가는, "남북 현 정권의 일정한 안정성을 보장하고 남북 간의 주민이동의 적당한 통제를 인정하는 국가연합"이다.[7] 여기서 그가 주목하는 것은 권력집단에 의한 국가주의적 개입들, 분단체제의 영구화 시도나 급격한 붕괴에 따른 흡수통일 양자를 지양하면서 통일 과정에 민중을 참여시킴으로써 통일국가를 창조해 가는 것이다.

그런데 송두율과 백낙청이 모두 다 '과정으로서 통일'을 이야기하지만 약간의 차이를 가지고 있다. 송두율은 통일의 핵심을 '마음의 통일'로 보고 '과정'에서 '사회문화적 논리의 개발'을 강조한다면 백낙

---

4) 송두율, 『통일의 논리를 찾아서』, 한겨레신문사, 1995, 8쪽.
5) 송두율, 『민족은 사라지지 않는다』, 한겨레신문사, 2000, 188쪽.
6) 이런 송두율의 철학에 대한 논의는 박영균, 「분단을 사유하는 경계인의 철학: 송두율의 통일담론에 대한 비판적 검토」, 『철학연구』 제114호, 대한철학회, 2010 참조.
7) 백낙청, 『한반도식 통일, 현재진행형』, 창비, 2006, 79쪽.

청은 "분단체제로부터 이득을 보는 국내외 세력과 그로 인해 고통과 자기소외를 겪는 대다수 한반도 주민 간의 대립"[8]에 주목하고 있기 때문에 분단체제의 와해와 더불어 나타날 혼란과 위험성들을 관리하는 '국가연합'에 강조점을 두고 있다. 사실, 독일에서 통일독일 후 지식인들이 지적한 문제는 '민족 없는 통일'이었다는 점에서 "민중대참여의 원칙이야말로 진정한 민족대단결을 구현하는 길"[9]이라고 파악하는 백낙청이야말로 통일의 핵심을 파악하고 있다고 할 수 있다.

그러나 그렇기 때문에 백낙청의 논의는 주로 사회과학적인 논의들, 월러스틴의 세계체제론과 분단체제, 그리고 정세에 대한 끊임없이 읽기와 개입 등이 초점이 맞추어져 있다. 반면 송두율의 논의는 타자에 대한 우리의 이해와 관점을 재정립하는 인문적이고 철학적인 논의들에 초점이 맞추어져 있다. 그는 내 안의 타자와 타자 안의 나를 "집합적 단수로서의 우리"라는, "우리의 관점이 그들의 관점과 반드시 동일하지는 않지만 우리와 그들의 관점은 곧 수렴될 수 있고 또 쉽게 서로 배울 수 있다는 연대성"을 창출하는 데 주목하고 있다.[10] 따라서 그는 내재적·비판적 방법론과 해석학적 순환과 같은 방법론과 이에 따른 북이라는 타자에 대한 이해의 폭을 넓히는 연구들과 '다투면서 화합하고 화합하면서 다투는 화쟁(和諍)', '화이부동(和而不同)' 등 '다양성의 비폭력적 통일'과 같은 주장들을 내놓고 있다. 이런 점에서 송두율의 논의는 백낙청과 달리 정치·경제적인 사회과학적 논의들을 넘어서 분단 극복과 통일의 입장에서 필요로 되는 인문학, 인문학적인 통일론의 내용적 단초들을 보여 주고 있다고 할 수 있다.

---

8) 위의 책, 81쪽.
9) 위의 책, 25쪽.
10) 송두율, 『전환기의 세계와 민족지성』, 한길사, 1991, 42~43쪽.

3. 인문학의 자기 성찰적 기능의 회복: 분단의 아비투스와 한국의 인문학

인문학에서 분단과 통일의 사유를 방해하는 요소는 인문학 내부에도 존재한다. 그것이 바로 ② 통일의 친숙성 이면에서 작동하는 분단의 아비투스이다. 우리는 통일을 너무나 친숙한 주제로 여긴다. 그러나 실제로 통일에 대한 본격적인 사유를 전개하는 경우는 드물다. 실제로, 인문학계에서 인문학이 필요하다는 관점을 공유하면서 분단과 통일을 인문학과 연결시켜 사유하기가 어려운 것은 인문학 자체가 너무나 친숙한 이 주제에 대해 다루면서 자기 내면에 존재하는 분단의 아비투스를 다루지 않기 때문이다. "분단의 아비투스는 분단이라는 역사가 만들어 내는 신체와 사물, 아비투스와 장의 관계를 통해서 이루어지는 '분단 질서', '분단구조'의 지배체제가 상징폭력에 의해 '신체'에 아로새겨지는 성향과 믿음들의 체계이다."11) 따라서 이것은 의식의 층위를 벗어나 무의식의 층위에서, 우리 신체 속에서 아무런 자각 없이 살아 움직인다. 이런 점에서 비록 개별분과학문의 차원이기는 했지만 강만길이 '분단시대'라는 관점에서 당시 한국사학에 제기한 문제는 근본적이라고 할 수 있다.

강만길은 분단이 역사학에 대해서 어느 한편에 서기를 강요하고 있으며 이것이 한국의 사학을 식민사학론에서 벗어날 수 없도록 만들고 있다고 비판했다. 특히, 그는 식민지시대 현실을 외면했던 문헌고증사학12)뿐만 아니라 식민사학극복론이 박정희 정권의 '주체적 민족사관의 수립'과 연결됨으로써 분단 현실을 벗어나지 못했다고 비판하면서 분단시대와 통일운동의 시대를 구분하고 통일민족국가 수립을 지향하는 통일민족주의론을 제시했다.13) 따라서 한국의 인문학이라

---

11) 박영균, 「분단의 아비투스에 관한 철학적 성찰」, 『시대와 철학』, 2010, 378~379쪽.
12) 강만길, 「분단시대 사학의 성격」, 『분단시대의 역사인식』, 창작과비평사, 1978, 19쪽.
13) 강만길, 「분단 극복을 위한 실천적 역사학자」, 역사문제연구소 엮음, 『학문의 길, 인생의

는 입장에서 보더라도 분단과 통일은 자신을 검사하고 성찰하는 데 반드시 참조해야 할 대상이다. 하지만 인문학계에서 이런 성찰이 제대로 이루어지지 않고 있다. 이것은 객관성이라는 근대학문의 초월론적 구조 또는 실증주의적 관점 때문이다.

특히, 인문학의 초월론적 구조는 이념, 가치에 대한 고수 및 전통의 찬양을 낳으며 실증적인 자연과학과 대립해 왔다. 이 속에서 인문학은 고전을 정전화하고 문명과 야만을 대립시킨다. 이것은 휴머니즘이라는 말 자체의 기원이 이미 내포하고 있는 바이기도 하다. 키케로가 처음 사용했다고 알려진 이 휴머니즘은 모든 인류에게 적용되는 인간다움을 말하지 않으며 오직 자신들만을 문명으로 제한하는 독단성을 내재하고 있었기 때문이다. 키케로는 후마니타스를 '문명인만이 가질 수 있는 어떤 특성'을 가리키는 말로, 매우 제한적으로 사용했다. 이런 개념의 사용은 당시 로마인들의 일상적 관용법, 즉 '호마 발바루스(homo barbarus, 야만적인 인간)'와는 다른 인간으로서, 야만에 대비되는 문명인으로서 자기 자신들을 가리키는 '호마 후마누스(homo humanus, 인간다운 인간)'라는 용법을 반영하고 있다. 그리고 근대의 이성적 주체로서 인간은 바로 이와 같은 정신을 따라 계몽과 근대적 정신을 만들어 왔다.

그러나 오늘날 이런 근대적 정신과 이성적 주체로서 인간은 문명대 야만, 서구 대 동양 등 제국주의적 지배와 권력을 낳은 독단으로 비판의 대상이 되고 있다. 그것은 물론 대항해시대 이후 흑인노예화와 제국주의적 지배, 그리고 두 번의 세계대전과 파시즘 등의 폐해에 대한 반성의 결과이기도 하지만 다른 한편으로 오늘날 세계상의 변화, 즉 국가와 인종 등 기존의 경계들을 넘는 정치-경제-문화적인 뒤섞임이라는 세계화를 반영하고 있는 것이기도 하다. 이런 점에서 사이드가 베트남전에 대한 반감에서 비롯된 1970년대 미국의 반인문

길』, 역사비평사, 1999, 214~215쪽.

주의를 조망하면서 이런 운동들이 왜 인문학에 대한 저항운동으로 발전되었는지에 대한 논의를 참조할 필요가 있다. 그가 보기에 이 당시의 인문주의자들은 고집스럽게 과거의 미덕을 찬양하고, 정전의 신성불가침과 '우리가 정전을 연구해 온 방식'의 우월함에 대해 칭송했다. 그러나 바로 그렇기 때문에 사이드는 반제국주의 운동과 함께 인문주의는 신용을 잃었게 되었다고 진단한다.[14] 따라서 그는 정전을 뜻하는 캐논(canon)을 음악의 관점에서 재조명하면서 "캐논적인 인문학"[15]을 제기했을 때, 그 의미를 되새겨볼 필요가 있다.

또한, 이 측면에서 부르디외가 제기하는 '참여적 객관화(objectivation partici-pate)'를 인문학 내부에서도 수행할 필요가 있다. 이것은 객관화하려는 연구자 자신의 이해관계를 다시 객관화하는 것으로, 부르디외가 말하는 "실제적 이론과 학문적 이론 사이의 거리를 이론에 포함시키면서 이 실제적 논리를 이론적으로 재구축하는 것"[16]이다. 이것은 △객관적 관계구조, △위치에 따른 행동의 객관적 의미 관계, △주체가 자기 존재의 객관적 조건과 의미와 맺는 관계를 구성하는 것으로, "사유의 사회적 조건들에 대한 하나의 사유로서, 이러한 조건들에 대하여 진정한 자유의 가능성을 사유"하는 "반성"[17]이다. 따라서 분단과 통일을 사유하는 인문학은 먼저 자신의 학문 장, 특히 학문의 장이 그 내부에

---

14) Said, Edward W., 김정하 옮김, 『저항의 인문학: 인문주의와 민주적 비판』, 마티, 2008, 32쪽.

15) 정전을 뜻하는 canon, 음악에서 캐논은 "보통 서로를 엄격히 모방하는 다수의 목소리를 배치하는 대위법적 형식으로서, 요컨대 선율의 진행과 유희, 구상, 수사적 의미에서 창조를 표현하는 형식입니다. 이렇게 볼 때, 캐논적인 인문학이란 고정된 규칙의 고집스런 목록이거나 과거로부터 우리를 위협하는 역사적 기념물이 아니라 변화하는 감각과 의미의 조합에 언제나 열려 있는 것입니다. 캐논적 작품의 모든 독해와 해석은 그 작품을 현재 속에서 새롭게 소생시키며, 재독해의 계기를 제공하며 근대적인 것과 새로운 것이 폭넓은 역사적 영역 안에서 같이 자리잡을 수 있도록 합니다. 이러한 폭넓은 역사적 영역이 지니는 유용함이란 역사를 여전히 구성되어 가고 있는 논쟁적 과정으로서 우리에게 제시한다는 것입니다. 역사가 아미 끝났다거나 완전히 정착했다고 보지 않는다는 말입니다."(위의 책, 46~47쪽)

16) Bourdieu, Pierre, 김웅권 옮김, 『파스칼적 명상』, 동문선, 2001, 81쪽.

17) 위의 책, 172쪽.

서 가지고 있는 편향과 외부가 그 자신에게 미치는 편향들을 우선적으로 성찰할 필요가 있다.

우선, 학문의 장 내부에서 생산되는 편향은 부르디외가 말하는 무사무욕, 불편부당, 금전적 이해로부터 벗어난 지식세계라는 '스콜레(scole, 여유의 공간)'을 객관화하는 것이다. 스콜레는 부르디외가 말하듯이 모든 학문 장이 존재할 수 있도록 하는 존재조건이다. 그러나 그렇기 때문에 스콜레에 근거한 학문의 장은 학구적 성향과 지식인주의를 생산한다. 부르디외는 연구자들이 학구적 성향을 가지고 있는데, 이 학구적 성향은 언어유희와 주의주의를 낳으며 이것이 '사유가 이루어지는 세계'와 '삶이 이루어지는 세계' 사이의 경계를 망각하도록 만들며 관념적인 지식인주의를 생산한다고 말한다. 사이드가 말하는 엘리트적 인문주의는 바로 이와 같은 경향들이다. 또한, 강만길이 이야기하는 문헌고증사학이나 실증주의적 경향 또한 마찬가지이다. 이들은 자신의 연구가 객관적이며 보편타당한 진리에 관여하고 있다고 생각한다. 그러나 학자 자신과 자신의 연구생산물 또한 이 사회가 놓여 있는 특정한 사회-역사적 맥락 속에서 생산된 것이다. 쿤의 정상과학 논의 이래로, 인문학에 비해 객관적이라고 여겨지는 자연과학조차 그들의 연구 작업과 연구 성과물이 사회-역사적 맥락 속에 위치한다는 것을 부정하지 않는다.

이런 점에서 사이드가 말하는 "세속성(worldiness)"에 주목할 필요가 있다. 그는 비코로부터 발전시키는 이 개념을 다음과 같은 의미로 사용하고 있다. "이 개념은 제가 실제 역사적 세계를 가리키기 위해서, 그 영향으로부터 우리 누구도 이론적으로나 실제적으로 분리될 수 없는 이 세계를 가리키기 위해 줄곧 사용해 왔습니다. (…중략…) 제가 의미하는 세속성은 정확히 문화적 차원에서 모든 텍스트와 모든 재현은 세계 안에 있으며 세계의 숱한 이질적 현실들에 지배된다는 것입니다. 말하자면 세속성은 오염과 연루를 피할 수 없습니다. 다양한 집단과 개인의 역사와 그 존재로 인해 그 누구도 물질적 실재라는 조건으로부터 자유로울 수 없기 때문입니다."18) 따라서 둘째로, 학문의 장 내부 위치뿐만 아니라 외부로 받는 영향에 대해서도 반성적인 성찰을 수행해야 한다.

강만길이 이야기하는 분단국가주의는 바로 이런 외적 영향, 분단의 아비투스에 대한 성찰을 제기한 것이라고 할 수 있다. 예를 들어 분단국가로서 한국 대 조선은 정통성 경쟁을 통해서 국가주의와 발전주의를 생산했다. 국가주의는 소련제국주의=김일성=매국노 대 미제국주의=이승만=매국노라는 상호 적대성을 통해서 분단국가의 내부를 결집시키는 이승만=국부=건국의 아버지, 김일성=항일무장투쟁의 장군=민족의 어버이라는 코드를 생산하고 민족주의를 국가주의로 변환시키며 국가주의와 발전주의를 결합시킨다. 따라서 학문의 장에서도 이와 같은 근현대 한국 역사의 왜곡과 국가주의적인 근대화이론이 발전되어 나왔다. 여기서 분단의 아비투스는 의식을 넘어 무의식의 층위에서 작동하며 사고-신체-실천도식들이다. 따라서 인문학이 분단과 통일의 문제를 사유해야 하는 것은 이런 분단 극복과 통일이라는 관점에서 요구되는 필요성만이 아니라 인문학 자신이 본래의 시대성과 비판적 성격, 그리고 진리의 개방성과 자기 성찰성을 가지기 위해서도 필요하기 때문이다.

4. 한국의 인문학이 사유해야 할 분단과 통일: 소통·치유·통합 의 인문학

아마도 분단과 통일을 사유하기 위해서 한국의 인문학이 출발해야 할 지점이 있다면 그것은 ①에서 나온 정치-경제적인 체제 통합 논리를 넘어서 '마음의 장벽'을 허무는 사회문화적 논리를 개발하는 데

---

18) Said, Edward W., 김정하 옮김, 『저항의 인문학: 인문주의와 민주적 비판』, 마티, 2008, 77쪽.

에서의 인문학적 역할을 계승하는 것과 ② 통일의 친숙함을 넘어서 자기 자신의 내부에 자리 잡고 있는 분단의 아비투스를 극복하려는 성찰적 자세일 것이다. 하지만 ①의 관념을 극복하고 인문학의 역할을 인지한다고 하더라도 ②때문에 인문학에서의 분단과 통일은 본격적으로 사유되지 못하는 경향이 있다. 그리고 이것은 '③ 통일에 대한 당위적 또는 낭만적 이해'에서 그대로 드러난다.

일반적으로 분단과 통일을 주제로 삼아 전개되었던 인문학 영역에서의 작업은 문학과 역사학에서 주로 이루어졌다. 그러나 강만길의 '통일민족주의'라는 '주체적 민족사관의 수립'조차 통일을 근대적인 민족국가 수립의 과제와 동일시함으로써 통일민족국가의 수립을 근대사회의 완성이자 하나의 새로운 시대로서 현대의 시작으로 본다는 점에서 서구역사의 일반적인 법칙, 즉 근대적인 민족국가의 수립을 보편화한다는 문제점을 가지고 있다.[19] 또한, 민족문학에서 형상화되는 통일은 원형-민족주의의 회복 또는 복귀라는 점에서 어머니 대지의 동질성에 기반하고 있는 경향이 있다. 물론 이런 경향은 남과 북을 총체적으로 사유하지 못한 분단시대의 관점을 벗어나 남과 북, 한반도 전체를 사유한다는 점에서 진일보한 것이라고 할 수 있다.

그러나 분단과 통일을 사유하는 인문학이 당면했던 진짜 난제는 바로 여기서부터 시작된다. 왜냐하면 통일의 전제로 가정되었던 '단일 민족', 민족적 동질성, 민족의 문화-혈연-언어의 원형질은 분단구조와 질서 속에서 매우 이질적인 것이 되어버렸기 때문이다. 그래서 기껏해야 인문학이 사유하는 분단과 통일은 소설적 형상화가 보여주듯이 분단의 고통에 대한 호소를 통한 통일의 당위성을 보여 주거나 조국의 어머니적 형상화를 통해서 고전적인 민족적 정서와 가치의 동질성을 보여줄 수밖에 없었다. 그러나 이런 식의 논의는 현실적이라기보다 낭만적이었으며 과학적이라기보다 공상적이었다. 따라

---

19) 역사문제연구소 엮음, 『학문의 길 인생의 길』, 역사비평사, 1999, 195쪽.

서 인문학은 통일의 꿈을 꾸는 데서 멈추어버린다. 반면 사회과학은 가치-정서-문화적인 것들의 소통이나 통합이 아니라 보다 현실적인 정책들과 정치적 정세를 읽는 데 주목하면서 인문학의 비현실성, 공상성을 비판해 왔다.

그렇다면 우리는 왜 이런 상호 정반대의 대립적 틀을 생산해 온 것일까? 그것은 바로 한반도 분단의 복잡성을 상징적으로 보여 주는 '휴전선'이라는 특수성에 주목하지 못했기 때문이다.[20] '휴전선'은 말 그대로 '휴전', 전쟁을 쉬고 있는 상태를 가리킨다. 이것은 한편으로 남과 북의 분단이 극한 대결-전쟁을 경과하면서 이루어졌으며 극한적 대치상태가 지속되고 있음을 보여 주며 다른 한편으로 그것은 너무나 많은 사회-문화-정치·경제적 비용을 유발하기 때문에 언젠가는 해체될 수밖에 없는 운명을 지닌 한시적 존재라는 것을 보여준다. 따라서 휴전선이 함축하는 남과 북의 적대성은 '두 개의 국가이지만 영원히 두 개의 국가일 수 없는, 통일을 향한 민족적 리비도가 대치상태를 보여줄 뿐이다. 만일 그런 민족적인 욕망의 흐름이 없었다면 6·25도, 현재의 대치상태도 일어나지 않았을 것이다.

이런 점에서 6·25는 민족적 비극이지만 다른 한편으로 동질성-통일성을 향한 민족적 리비도의 열망을 보여 주는 것이기도 하다. 문제는 그것이 극단적 폭력으로 발전했다는 점이다. 그렇다면 물어야 할 질문은 왜 통일을 해야 하는가 또는 민족주의라는 괴물에 대한 비판이 아니라 '왜 그것이 극단적 폭력으로 전화되었는가'이다. 이미 현실적으로 남과 북은 이질화되어 있다. 이들을 하나의 동질성으로 묶는 방법은 두 가지이다. 하나의 방법은 기존의 민족문학이나 민족사관처럼 남과 북이라는 이질성을 민족이라는 동질성으로 묶는 것이며 다른 하나는 자신의 관점에서 상대를 가치-사상-문화적으로 변질된 집단

---

20) 이에 대한 논의는 김성민, 「인문학자는 왜 통일을 사유해야 하는가」, 『분단 인문학의 인식론적 반성』, 통일인문학 제3회 국제학술심포지엄자료집, 2010. 2 참조.

으로 배제하고 폭력적인 강권을 사용해서 자아의 동일성 안으로 그들을 흡수하는 것이다. 따라서 온탕과 냉탕을 오가는 남과 북의 특이한 분단구조는 이 동질성 대 이질성이라는 대립쌍이 낳는 효과이다.

이런 점에서 남과 북의 통일 문제가 폭력으로 전화하는 것은 동일성에 대한 욕망이 타자의 차이를 지우고자 하는, 바로 그 배제의 논리에 있다. 송두율이 경계인의 철학을 통해서 해체하고자 했던 것은 바로 이와 같은 동일성에 갇혀 있는 '타자', 즉 '북' 안에 있는 남, '남' 안에 있는 북이다. 그리하여 그는 남과 북이 대립하고 있는 '체제와 이념을 넘어서' 한반도 전체를 사유하는 '인식의 전환', 즉 "'북한 살리기'나 '남한 살리기'의 양자택일이 아니라 '남북한 다 살리기'라는 인식의 전환"21)을 주장하고 있다. 그리고 더 나아가 그는 "남과 북이 서로가 체제로서, 또 서로가 상대방을 환경으로 설정하여 동적 안정성을 유지한다는 사고"와 이 속에서의 세계 환경과의 관계를 사유해야 한다고 말한다.22) 따라서 분단 극복과 통일을 사유하는 인문학은 무엇보다도 먼저 '타자'를 사유해야 한다.

그러기 위해서 동질성 대 이질성이라는 과거의 틀, 동일성의 신화를 벗어나야 한다. 스피노자주의의 전통을 따르는 사람들은 동질성 대 이질성을 '공통성' 대 '차이'의 틀로 바꾸어 놓고 있다. 동일성은 타자의 타자성을 배제한다. 따라서 사람들은 자신이 이해할 수 있는 한에서만 타자를 이해하며 '북'을 이해한다. 이런 의미에서 가라타니 고진은 진정한 의사소통은 '타자의 타자성'을 전제하는 '가르치고 배우는 관계'라고 말한다. 그것은 미리 정해진 언어규칙 속에서 대화를 하는 것이 아니다. 그런 대화는 이미 자신의 규칙만을 고집하기 때문에 내성적 대화, 독백이 된다. 따라서 "대화란 언어게임을 공유하지 않는 자와의 사이에만 있다. 그리고 타자란 자신과 언어게임을 공유

---

21) 송두율, 『통일의 논리를 찾아서』, 한겨레신문사, 1995, 235쪽.
22) 송두율, 『미완의 귀향과 그 이후』, 후마니타스, 2007, 221~222쪽.

하지 않는 자가 아니지 않으면 안 된다."[23] "규칙은 도약 후에 발견된다."[24] 이런 점에서 남과 북의 소통 또한 이런 새로운 언어규칙을 만들어 가는 과정으로 사유되어야 한다. 이때, 통일은 '원초적인 고향으로의 복귀'라는 '과거형'이 아니라 '새로운 통일공동체의 건설'이라는 '미래형'이 될 수밖에 없다.

그러나 문제는 남과 북의 분단문제가 이런 식의 자세전환, 소통만으로 극복될 수 없다는 점이다. 두 사람 사이의 관계가 단지 발화되는 언어의 문제가 아니라 그 대화 속에 스며들어 있는 정서와 가치, 문화의 문제이듯이 분단의 장벽과 통일의 문제는 가치, 정서, 문화의 문제이기도 하기 때문이다. 기존의 사회과학이 제도와 절차, 사회적 구조의 문제들에 집중했다면 인문학은 인간의 자신에 대한 학문, 즉 지인(知人)의 학이기 때문에 가치와 의미, 정서들에 집중한다. 그런데 남과 북의 분단은 일제식민지에 의한 근대화라는 과정 속에서 좌절된 단일민족국가 건설을 향한 민족적 리비도의 열망이 좌·우 대립과 6·25라는 전쟁의 참화로 귀결되었던 역사, 즉 분단의 트라우마라는 상처를 가지고 있기 때문에 그 상처를 추적하고 치유하는 과정을 거쳐야 한다. 이런 점에서 분단 극복과 통일의 과제를 수행하는 데 인문학이 해야 할, 또 하나의 일은 분단의 트라우마를 극복할 수 있는 치유의 방향을 찾는 것이다.[25]

마지막으로, 인문학이 사회과학과 달리 분단 극복과 통일의 문제에 사유해야 할 주제는 '분단의 아비투스와 생활문화'이다. 이미 앞에서 논의해 왔듯이 분단의 구조, 체제는 단순한 두 국가의 대립만을 낳는 것이 아니다. 그것은 국가장치와 제도, 의식, 교육 등을 통해서 분단의 신체를 생산한다. 따라서 분단의 아비투스는 우리의 몸속에

---

23) 위의 책, 13~14쪽.
24) 위의 책, 50쪽.
25) 분단의 트라우마에 관한 논의는 김성민·박영균, 「분단의 트라우마에 관한 시론적 성찰」, 『시대와 철학』 21-2, 2010 참조.

체현되어 있다. 이것은 양자 간의 이해와 소통을 가로막을 뿐만 아니라 상호 적대성을 생산한다. 특히, 이것은 남과 북의 분단체제를 벗어나고자 하는 분단과 통일을 다루는 담론에서도 재현된다. 예를 들어 북을 전체주의로 규정하고 비합리적인 체제로 이해하면서 국가가 완전히 사회를 통제하고 있다고 보는 방식이 그러하다. 이런 점에서 이서행은 탈 전체주의적 접근과 더불어 "아래로부터의 시각", "정책 의도와 집행 간의 불일치, 정책형성의 사회적 맥락", "정치적 안정보다 은폐된 비공식적 갈등"에 주목하라고 말한다.[26] 새겨들을 이야기이다. 그러나 분단의 아비투스에 대한 성찰은 보다 정확한 타자에 대한 이해뿐만 아니라 남·북 공통의 문화를 창조하는 데에서도 반드시 필요로 되는 작업이다.

통일은 단순한 체제 통합이나 정치–경제적 통합이 아니라 그것을 넘어서 사회문화적인 통합이나 남과 북의 신체, 사회적 신체의 통합이다. 그것은 곧 분단된 사회에서 생산된 분단된 사회적 신체를 벗어나 통일된 사회에서의 사회적 신체를 생산하는 작업인 것이다. 이런 점에서 분단의 아비투스를 연대와 우애의 아비투스로 바꾸어 가는 것은 분단의 장벽을 허무는 것[27]일 뿐만 아니라 궁극적으로 남과 북의 이질적인 사회를 차이의 소통과 연대, 그리고 차이를 생성의 힘으로 바꾸면서 새로운 미래사회로서의 통일된 민족공동체를 창출하는 것이기도 하다. 그리고 이 속에서 인문학은 과거의 문화적 유산을 재해석하고 현대적으로 재창조한다. 그리고 새로운 사회에 건설되어야 할 가치와 정서, 문화의 방향을 제공해야 한다.

그러므로 인문학적 통일, 또는 통일인문학은 소통과 치유, 통합의 과제를 각기 '공통성과 차이'에 기초한 가치와 이념의 창조적 재해석, 분단의 트라우마와 치유의 과정, 분단의 아비투스와 민족 공동의 생

---

26) 이서행, 『새로운 북한학: 분단시대 통일문화를 위하여』, 백산서당, 2002, 30~31쪽.
27) 김성민, 「통일인문학의 관점에서 본 분단의 아비투스와 생활문화」, 『분단의 아비투스와 생활문화』, 통일인문학 제4회 국제학술심포지엄, 2010. 7 참조.

활문화의 창조를 통해서 체제 통합뿐만 아니라 실질적인 통일의 토대가 될 수 있는 사회문화적 공통성, 민족적 공동체의 삶, 통일사회의 사회적 신체를 생산하는 작업이 되어야 할 것이다. 그러나 이 세 가지의 과제들은 명확히 분리되거나 단계적으로 진행될 수 있는 것이 아니다. 세 가지의 과제들은 서로 중첩되어 있다. 소통을 위해서는 동일성을 일단 벗어나야 하지만 이것만으로는 부족하다. 그것은 남과 북이 공유하고 있는 분단의 트라우마에 대한 치유뿐만 아니라 남과 북의 아비투스를 서로 이해해야 하는 과정이 함께 이루어져야 한다. 치유 또한 분단된 서사를 자신의 통합적 서사로 엮어 가는 소통과 연대 또는 우애의 아비투스를 창출하는 과정과 함께 이루어져야 한다. 따라서 이 세 가지의 과제는 독립적인 것이 아니라 중첩되어 있으며 동시 병행적으로 진행되어야 한다.

5. 나가며: 인문학에 통일의 길을, 통일에 한국인문학의 길을 물으며

베트남과 예멘, 독일 통일이 보여 주듯이 사회과학적인 논의만으로 통일의 길을 열어갈 수는 없다. 앞에서 논의해 왔듯이 그것은 인문학의 도움을 필요로 한다. 그러나 이것은 인문학만으로 할 수 있는 것은 아니다. 여기에 ①'통일'에 대한 표면적 이해와 ③통일에 대한 당위적 또는 낭만적 이해 사이에 가로놓인 장벽이 있다. 여기서 사회과학은 인문학을 현실성 없는 학문으로, 사회과학은 현실적이어서 꿈이 없는 학문으로 비쳐진다. 따라서 분단과 통일 문제를 다루는 데에서도 이 대립과 분리가 작동한다. 그러나 분단과 통일의 문제는 인문학만으로도, 사회과학만으로도 접근할 수 없는 문제이다. 이런 점에서 인문학과 사회과학의 통섭적 연구가 필요하다.

일반적으로 인문학은 자신만이 인간에 대한 학문이라고 자부하는 경향이 있다. 그러나 본질적으로 모든 학문이 인간에 의해 생성된 것이고 만들어진 것이다. 이 점에서 자연과학 또한, 인간 그 자신의 생산물이라는 점에서 인간에 관한 학문이기도 하다. 이런 점에서 월러스틴이 적절하게 지적한 바와 같이 인문학과 자연과학의 분리 및 분과학문 체계의 성립은 서구적 근대화가 낳은 결과일 뿐이다.[28] 예를 들어 의미, 논리, 마음에 대한 물음조차 자연과학적인 연구와 분리되어 있는 것이 아니다. 오늘날 통일에 대한 물음에서도 사회과학이 필요하다. 따라서 통일이 인문학에 자신의 길을 묻는 것은 인문학만으로 그것을 할 수 있기 때문이 아니라 인문학이 빠진 상태에서 그 길은 매우 불충분할 뿐만 아니라 통일에 보다 전제가 되는 마음의 통일, 사회문화적인 통일이 불가능하기 때문이다.

물론 통일의 과정은 언제나 예측 불가능하기 때문에 국가 또는 체제 통합이 먼저 이루어질 수도 있다. 그러나 국가 간 통합이든 체제 간 통합이든 간에 결국 통일은 가치와 정서, 문화의 통일을 요청할 수밖에 없다. 이런 점에서 통일은 인문학에 길을 물을 수밖에 없으며 이 땅에 사는 인문학자는 이 시대적 물음에 응답을 할 수밖에 없다. 그러나 이 물음에 대한 답변은 인문학 혼자서 찾아갈 수 있는 것이 아니다. 인문학은 근대적인 분과학문 체계를 넘어서 서로 함께 도약하기라는 통섭[29]을 수행할 필요가 있다. 백낙청의 분단체제론에 영향을 미친 월러스틴과 분단의 아비투스라는 개념에 영향을 미친 부르디외는 근대적인 분과체제로 따지면 사회과학이다. 또한, 분단의 트라우마라는 개념에 영향을 미친 프로이트주의는 심리학이다. 이런

---

28) 이에 대한 월러스틴의 분석은 Wallerstain, Immanuel, 유희석 옮김, 『지식의 불확실성』, 창비, 2007, 23~33쪽 참조.

29) 통섭에 대한 개념 정의에는 몇 가지 논란이 있다. 심광현은 consilience를 統攝으로 번역한 최재천을 '환원주의'를 벗어나지 못한 것으로 비판하고 윌슨이 사용하는 consilience가 아니라 그 이전 19세기에 윌리엄 휴얼이 주장한 consilience, 'jumping together'라는 의미로 통섭의 개념을 사용하고 있다. 그래서 그는 "함께 도약하며 서로 끌어당겨 통하게 한다"는 의미에서 '通攝'으로 이를 번역하고 있다. 또한, 그는 학제간 연구라는 것이 제도화된 대학의 틀을 벗어나지 못한다고 비판하면서 통섭은 전문가와 비전문가의 경계를 넘는 지식의 대통합이라고 주장하고 있다. 이에 대한 논란은 있지만 여기서는 일단 심광현이 주장하는 '통섭'의 의미로 이 개념을 사용하였다.

점에서 인문학은 적극적으로 인접학문과 함께 해야 하며 학문 간의 경계를 가로질러야 한다.

그렇다면 이 학문 간의 경계를 넘어서는 가로지르기와 함께 도약하기가 시작되는 것은 어디인가? 그것은 바로 물음의 구체성과 현재성, 그리고 실천적 힘으로부터 나온다. 모든 학문적 물음은 언제나 실천적이며 특정 시대와 지역을 전제할 수밖에 없다. 이미 백낙청은 "근원적 진리에의 물음에서 나온 이론은 그 자체가 이미 실천과 떼어 생각할 수 없고 실천을 통해 스스로를 드러내는 진리의 힘을 지닌다"[30]고 말한 바 있다. 따라서 한국의 인문학이 주체적인 한국인문학의 길을 찾아가야 하는 것도 바로 이런 실천적 물음으로부터 시작되어야 한다. 주체적인 한국의 인문학은 한국에서 인문학을 하는 사람들의 이상이다. 그러나 기간 한국의 인문학은 종속성을 벗어나지 못했다. 그것은 우리에게 주어진 실천적 과제로부터 길을 찾지 않았기 때문이다. 일반적으로 인문학은 특수성을 부정하고 보편성만을 주장하는 경향이 있다. 그러나 인문학이 오직 보편성만을 추구하고자 한다면 그것은 월러스틴이 이야기하는 '과학적 보편주의'에 빠지는 것이다. 과학적 보편주의는 진리로서의 과학을 주장하면서, 보편적 진리는 인문학자가 아니라 과학자라고 주장하는, "강자들의 가장 교묘한 이데올로기 정당화 방식"이다.[31] 따라서 그는 '보편적 보편주의'를 주장한다.

"보편적 보편주의는 사회적 현실에 대한 본질주의적 성격 부여를 거부하고 보편적인 것과 특수한 것 모두를 역사화하며 이른바 과학적인 것과 인문학적인 것을 단일한 인식론으로 재통합하고 약자에 대한 강자의 개입을 위한 정당화 근거들을 고도로 객관적이고 지극히 회의적인 시선으로 바라볼 수 있도록 해 준다."[32] 또한, 그것은 "우리가

---

30) 백낙청, 『민족문학의 새단계: 민족문학과 세계문학』 III, 창작과비평사, 1990, 348쪽.
31) Wallerstain, Immanuel, 김재오 옮김, 『유럽적 보편주의: 권력의 레토릭』, 창비, 2008, 135쪽.

바로 가까이에서 연구하고 있는 현실을 더 큰 맥락, 즉 그 현실이 자리 잡아 작동하는 역사적 구조 속에 위치시키는 것이다.”[33] 따라서 한국의 인문학은 한국과 서구의 역사 모두를 상대화하고 서구적 보편성을 지역적인 것으로 특수화하고 역사화하는 과정을 통해서 새로운 보편성을 추구해야 한다. 여기서 분단과 통일의 문제는 특수적인 것이 아니라 보편성을 함축하는 특수성으로 포착될 수 있다.

그러나 한국에서 인문학은, 비록 최근 주체적인 모색이 있기는 하지만 기간 지적·학문적 식민주의의 현실을 벗어나지 못했다. 이것은 미국적 근대화를 추구했던 주류 우파학자들뿐만 아니라 이에 저항했던 좌파학자들도 피해 갈 수 없었다. 조희연이 보여 주듯이 ‘과잉 보편화’된 서구적 보편에 대항하여 ‘과잉 특수화’된 한국적·동양적 특수성을 고집하면서 오리엔탈리즘이 옥시덴탈리즘으로, 동양과 서양의 대립이 부활하기 때문이다. 그래서 그는 서구적 보편의 특수화와 ‘우리 안의 보편성’, 보편과 특수를 차이로 파악하려는 자세를 제안하고 있다.[34]

그렇다면 그것은 한국의 인문학이 찾아내야 할 우리 안의 보편성은 어디에 있는 것일까? 그것은 인문학이 서 있는 현실이 던지는 물음, 우리가 직면해 있는 세계상에 있다. 그래서 사이드가 말했듯이 인문주의의 중심에는 비판이 있고 비판은 “민주주의적 자유의 형식이자 끊임없이 질문하고 지식을 축적하는 실천이며 구성되어 가는 역사적 현실들”에 열려 있는 것이다.[35] 따라서 한국의 인문학이 주체적인 ‘한국인문학’이 되기 위해서는 우리의 역사적 현실에 열려 있는 질문, 분단과 통일의 문제를 사유해야 한다. 그러나 이것은 한국의 전통으로 회귀하여 한국인들이 한 어떤 것들에서 찾아내는 것이

---

32) 위의 책, 138쪽.

33) 위의 책, 143쪽.

34) 조희연, 「우리 안의 보편성: 지적·학문적 주체화로 가는 창」; 신정완·이세영·조희연 외 지음, 『우리 안의 보편성: 학문 주체화의 새로운 모색』, 한울아카데미, 2006, 49~52쪽.

35) Said, Edward W., 김정하 옮김, 『저항의 인문학: 인문주의와 민주적 비판』, 마티, 2008, 74~75쪽.

아니다. 오히려 학문의 주체성은 물음에 있으며 서구적인 학문들을 우리의 문제와 사유양식, 길 찾기로 전화시키는 데 있다.

게다가 이 과정은 주체적인 한국인문학의 정립하는 과정과 분리될 수 없다. 분단 현실은 '국학'조차 '한국학'과 '조선학'으로 찢어 놓았다. 여기서 역사도, 문학도, 사상도 두 개로 분단된 한국의 인문학적 지평을 볼 수 있다. 이런 점에서 한국의 인문학은 실천적 관점에서 분단 극복과 통일에 개입하는 것뿐만 아니라 그 물음에 답을 찾아가는 과정에서 역으로 한국인문학의 길을 통일에게 물어야 한다. 그리고 그 물음은 두 가지 지점에서 전개되어야 한다. 하나는 한국학과 조선학으로 분리되어 있는 역사에 대한 물음을 통해서 온전한 의미에서 국학을 세워가는, 한국인문학의 주체성을 정립하는 것이며 다른 하나는 그 속에서 세계사의 지평을 우리 안으로 가지고 들어와 한국인문학의 역사에 통합시키고 우리 물음이 가지는 차이와 해답 속에서 세계사적 보편성의 구체성을 획득해 가는 것이다.

참고문헌

강만길, 「분단시대 사학의 성격」, 『분단시대의 역사인식』, 창작과비평사, 1978.

_____, 「분단 극복을 위한 실천적 역사학자」, 역사문제연구소 엮음, 『학문의 길, 인생의 길』, 역사비평사, 1999.

김성민, 「인문학자는 왜 통일을 사유해야 하는가」, 『분단 인문학의 인식론적 반성』, 통일인문학 제3회 국제학술심포지엄 자료집, 2010.

_____, 「통일인문학의 관점에서 본 분단의 아비투스와 생활문화」, 『분단의 아비투스와 생활문화』, 통일인문학 제4회 국제학술심포지엄, 2010.

김성민·박영균, 「분단의 트라우마에 관한 시론적 성찰」, 『시대와 철학』 21-2, 한국철학사상연구회, 2010.

김정인, 「분단과 통일에 관한 인문학적 성찰: 강만길, 백낙청, 송두율」, 신정완·이세영·조희연 외, 『우리 안의 보편성: 학문 주체화의 새로운 모색』, 한울, 2006

박영균, 「분단을 사유하는 경계인의 철학: 송두율의 통일담론에 대한 비판적 검토」, 『철학연구』 제114호, 대한철학회, 2010.

_____, 「분단의 아비투스에 관한 철학적 성찰」, 『시대와 철학』, 한국철학사상연구회, 2010.

백낙청, 『민족문학의 새단계: 민족문학과 세계문학』 III, 창작과비평사, 1990.

_____, 『한반도식 통일, 현재진행형』, 창비, 2006.

송두율, 『전환기의 세계와 민족지성』, 한길사, 1991.

_____, 『역사는 끝났는가』, 당대, 1995.

_____, 『통일의 논리를 찾아서』, 한겨레신문사, 1995.

_____, 『민족은 사라지지 않는다』, 한겨레신문사, 2000.

_____, 『미완의 귀향과 그 이후』, 후마니타스, 2007.

이서행, 『새로운 북한학: 분단시대 통일문화를 위하여』, 백산서당, 2002.

임정택, 「실패한 혁명에서 강요된 통일로」, 임정택 공편, 『논쟁-독일통일의 과정과 결과』, 창작과비평사, 1991.

조희연, 「우리 안의 보편성: 지적·학문적 주체화로 가는 창」, 신정완·이세영·조
희연 외 지음, 『우리 안의 보편성: 학문 주체화의 새로운 모색』, 한울아
카데미, 2006.

Bender, Peter, 「통일된 민족-극도로 분열되다: 독일인들은 다시 하나의 국가에
서 살고 있다. 그러나 동서독 간의 골은 깊어만 간다」, 임정택 공편,
『논쟁-독일통일의 과정과 결과』, 창작과비평사, 1991.

Bourdieu, Pierre, 김웅권 옮김, 『파스칼적 명상』, 동문선, 2001.

Said, Edward W., 김정하 옮김, 『저항의 인문학: 인문주의와 민주적 비판』,
마티, 2008.

Wallerstain, Immanuel, 유희석 옮김, 『지식의 불확실성』, 창비, 2007.

─────────────, 김재오 옮김, 『유럽적 보편주의: 권력의 레토릭』, 창비,
2008.

인문학적 통일담론에 대한 비판적 성찰

: 강만길·백낙청·송두율의 통일담론에 대한 비판적 검토

김성민·박영균

1. 들어가는 말: 분단을 사유하는 인문학자들

분단문제는 한반도의 인문학자라면 누구도 피해 갈 수 없는 문제였다. 하지만 80년대까지만 하더라도 인문학자가 본격적으로 분단과 통일문제에 관심을 가지는 경우는 극소수였다. 90년대 독일의 통일과 함께 분단과 통일에 대한 관심이 고조되었지만 이 또한 주로 사회과학에 치중되어 있었다. 이것은 분단체제가 강요한 '금기', '자기검열' 때문이기도 하지만 다른 한편으로 한국 인문학의 실천적인 자기성찰이 부족했기 때문이기도 하다. 이를 두고 백낙청은 일종의 "후천성 분단인식결핍증후군"[1]이라고 명명했다. 그렇다면 왜 그렇게 되

---

[1] 백낙청, 『어디가 중도며 어째서 변혁인가』, 창비, 2009, 270쪽. 이에 대해 백낙청은 "분단을 의식하기는 하되 분단 현실에 대한 성찰이 부족하다는 문제점"을 들고, 이런 사례로 분단체제의 책임을 북쪽에 전가하거나 진보세력 중에서 북을 무시하면서 평화국가 또는 평등사회 수립, 남한의 독자적 사회주의 또는 사회민주주의 건설을 주장하는 것 등을 들고 있다(같은 책, 272쪽).

었을까? 아마도 그것은 두 개의 분단국가가 만들어 내는 적대성이 분단된 국가의 결핍을 감추는, 강력한 내적 동일성, 상징폭력의 내면화와 분단국가의 사회적 신체를 만들어 냈기 때문일 것이다.

사실, 일본 제국주의로부터의 해방이 분단이라는 기괴한 결과로 나아가던 해방 정국 당시 한반도의 지식인들은 하나의 근대적 국가를 꿈꾸었으며 분단을 민족적 배신이자 고통이며 파멸적인 공포로 생각하고 있었다. 그래서 당시 지식인들은 분단이 이미 6·25와 같은 민족상잔의 참상을 불러올 것이라는 점을 예감하고 있었다.[2] 그러나 분단과 함께 6·25는 도래했으며 이후 분단은 두 개의 분단국가체제로 공고하게 자리 잡기 시작했다. 이와 더불어 남과 북은 상호 적대성 속에서 민족의 순결성에 대한 찬양과 상대에 대한 '오염'이라는 비난 속에서 정화작업을 시행했으며 '민족정신의 순결성'과 '이데올로기적 순결성'을 내세우면서 분단국가의 국민을 창출하는 국민적 동종화를 만들어갔다. 여기서 통일은 정통성 경쟁 속에서 압도되었다.

억압된 통일에 대한 열망이 터져 나온 것은 4·19혁명이었다. 민주화는 통일의 열정을 불러일으켰다. 그럼에도 불구하고 이 당시 통일담론들은 이승만 정권에 의해 내면화된 분단 이데올로기적 시각에서 북과의 무조건적인 통일을 주장하는, 모순적이면서 낭만적인 주장이었을 뿐이다. 그들은 북의 김일성 지배체제를 배제한 즉각적인 통일을 주장하였다. 그 후 4·19혁명은 5·16쿠데타라는 반혁명에 의해 압살되었다. 5·16쿠데타는 '반공'이라는, 북에 대한 남의 적대성을 이용하여 자기 스스로를 '한국적 민주주의'라는 유신체제로 변환시켰다. 그러나 이 과정에서 분단체제에 대항하는 민중의 역량이 국가에 의해 완전히 흡수된 것은 아니다. 왜냐하면 4·19혁명의 민중적 역량은 7·4

---

2) "남북조선이 갈려서 미·소전쟁의 전초전을 담당케 할 위험이 있는 것이며 이리하여 민족통일과는 반대로 총화(銃火)를 나누는 골육상잔으로써 민족 자멸의 참화를 두렵게 하는 바이다."(오기영, 『자유조국을 위하여』, 161쪽; 임헌영, 『분단시대의 문학』, 태학사, 1992, 57쪽 재인용)

남북공동성명과 그 배신으로서 유신체제라는 역설적 결과로부터 보다 본격적이면서 체계적이고 현실적인 연구를 촉발시켰기 때문이다.[3]

이 당시 이와 같은 작업을 수행했던 대표적인 논자들은 문학계의 백낙청, 사회학계의 이효재[4], 역사학계의 강만길이었다. 특히, 강만길은 '분단시대'의 사학을 비판하고 '분단 극복의 사학'을 주창하면서 분단과 통일에 대한 학문적 성찰을 주도했으며 백낙청은 1980년대 사회구성체논쟁에서 제기된 분단 모순을 발전시켜 '분단체제론'을 정립하였다. 그리고 현실사회주의권이 붕괴하고 탈현대담론이 유행처럼 번지던 1990년대에 송두율은 현대와 탈현대 문제를 넘나들며 공존과 연대의 공동체로서 통일철학을 제시하였다. 따라서 이들 인문학자들은 분단된 국가의 이데올로기국가장치와 상징폭력에 의한 억압 또는 망각되도록 강제되거나 그것이 내면화되어 자신도 모르게 은연중에 자기를 검열하고 남 또는 북이라는 어느 한쪽의 시각과 관점에서만 인문학적 공부와 사유를 수행하는 분단시대의 인문학을 넘어서 분단과 통일의 문제를 인문학적으로 사유한, 통일인문학의 선구자들이었다고 할 수 있다.

그러나 이들의 인문학적 통일담론은 아직까지 통일인문학이라는 새로운 학적 기반을 만들었다고 볼 수 있다. 그것은 그들이 분단과 통일의 문제를 인간의 가치-정서-생활문화의 차원으로까지 가지고 가서 이를 구체적으로 분석하지 않았기 때문이다. 이런 점에서 이 논문은 강만길-백낙청-송두율로 이어지는 인문학적 통일담론들의

---

3) 이런 점은 남의 역사학에 내재하는 분단을 자각하고 통일사학을 주창하면서 통일에 대한 인문학적 담론을 주도했던 강만길의 이야기에서도 잘 드러난다. 강만길은 자신의 책, 『분단시대의 역사인식』의 탄생배경이 7·4 남북공동성명 직후 유신헌법을 선포한 박정희 정권에 대한 배신감에서 나온 것이라고 말하고 있다(「분단 극복을 위한 실천적 역사학자」, 역사문제연구소 엮음, 『학문의 길, 인생의 길』, 역사비평사, 1999, 214~215쪽).

4) 이효재, 「분단시대의 사회학」, 『창작과 비평』, 1976년 봄호; 김진균, 「한국 사회과학의 현재적 과제」, 『한국의 사회현실과 학문의 과제』, 문화과학사, 1997, 209쪽.

역사적 전통 속에서 ① 이들의 인문학적 통일담론의 기본적인 발상과 논리를 소개하면서 ② 상호 비교를 통해서 강만길-백낙청-송두율의 통일담론이 기여한 공헌과 이들 이론들이 역사적으로 가지고 있었던 한계점을 진단함과 동시에 ③ 인문학적 통일담론이 통일인문학이라는 새로운 학적 체제가 되기 위해서는 연구영역과 대상, 그리고 패러다임에서 어떤 변화가 있어야 하는가를 논의할 것이다.

2. 강만길의 통일담론: 분단시대와 통일민족주의

통일이 인문학적 사유의 대상이 되기 위해서는 분단의 인문학을 넘어서야 했다. 이것을 시작한 사람은 강만길이었다. 강만길은 70년대 중반, '분단시대론'을 제시하면서 20세기 전반기를 일제하 식민지로부터 벗어나는 과제를 가지고 있는 '식민지시대'로, 20세기 후반기를 민족분단을 청산하고 통일민족국가를 수립해야 하는 과제를 가진 '통일운동시대'로 규정하였다.[5] 이것은 당시 역사학 내부로 보면 분단 이후, 비록 4·19라는 동요의 시기가 있기는 했지만 역사학계의 주류를 형성하고 있었던 문헌고증사학에 대한 전면적인 문제 제기였다고 할 수 있다. 강만길은 문헌고증사학이 학문의 현재성으로부터 유리된 채, 과거에서 학문적 안식처를 찾는 것이라고 비판하였다.[6] 따라서 그는 문헌고증사학에 비해 신채호나 박은식의 민족사학이나 마르크스주의적 사회경제제사학론을 식민사학론에 대한 극복 노력으로 평가하였다.

그러나 그렇다고 그가 문헌고증사학에 대립하여 식민사학론을 그대로 계승했던 것은 아니다. 그가 보기에 식민사학론 또한 한계를

---

5) 강만길, 「분단시대 사학의 성격」, 『분단시대의 역사인식』, 창작과비평사, 1978, 14~15쪽.
6) 위의 책, 17쪽.

가지고 있었다. 그것은 식민사학론이 5·16쿠데타 이후 유신체제의 성립과 더불어 박정희의 '주체적 민족사관'과 연결됨으로써 분단체제에 흡수되어버렸기 때문이다. 따라서 그는 민족통일의 지도 원리로서 민족주의를 주창하지만 보다 철저한 역사학계 내부의 반성과 성찰을 요구하고 이에 대한 분석을 수행해갔다. 특히, 그는 분단시대와 통일운동의 시대를 구분하고 통일민족국가 수립을 지향하는 통일민족주의론을 제시[7]하면서 실패의 원인을 사상의 분열에서 찾고 이에 대한 대안적 역사전통을 일제시대와 해방정국 시기에 이루어졌던 좌우합작에서 찾았다.[8]

여기서 그가 찾아낸 '통일민족주의' 역사인식은 첫째, 영웅주의적 역사관이 아니라 민중이 주체가 되는 민족주의적 역사인식이며[9] 둘째, 남과 북 어느 한 편이 아니라 한반도의 주민 전체를 하나의 민족사적 대상으로 보는 역사인식이었다.[10] 따라서 그는 현재의 분단시대를 서로 다른 사회경제적 기반에 근거하고 있는 다른 정치체제이지만 민족 전체의 차원에서 보면 남북의 분단국가가 한 시대에 공존하고 있는 '제2의 남북국시대'로 규정하면서 이에 대한 극복방향으로서 '통일민족주의'라는 이념을 제시했다. 통일민족주의는 박정희식의 민족주체사관과 같은 쇼비니즘적 민족주의, 분단국가주의가 아니다. 그것은 한반도 전체 주민을 하나의 역사공동체·문화공동체로 인식하고 민족의 평화적, 호혜적, 대등적 통일의 길을 열어 가는 이

---

7) 강만길, 「분단 극복을 위한 실천적 역사학자」, 역사문제연구소 엮음, 『학문의 길, 인생의 길』, 역사비평사, 1999, 214~215쪽.

8) 그는 좌우합작운동을 좌익헤게모니가 관철되지 않은, 우리식의 통일전선운동으로 평가하고 한반도의 민족주의운동의 역사를 다음과 같이 나누고 있다. ① 대한제국시기의 민족주의운동: 반외세운동과 국민주권주의운동, ② 식민지시기의 민족주의운동: 국민주권국가 수립을 위한 항일독립운동, ③ 해방 후 민족주의운동: 민주주의운동과 결합된 민족통일운동. 따라서 그는 국민주권체제를 가진 통일민족국가가 수립되었을 때 현대가 시작된다고 주장하고 있다. (위의 책, 195쪽.)

9) 강만길, 「분단시대 사학의 성격」, 『분단시대의 역사인식』, 창작과비평사, 1978, 21쪽.

10) 강만길, 「분단 극복을 위한 실천적 역사학자」, 역사문제연구소 엮음, 『학문의 길, 인생의 길』, 역사비평사, 1999, 229쪽.

념이다.11) 따라서 그가 생각한 통일은 남과 북의 '대등통일'이며 통일의 방법 또한 노동자, 농민, 지식인뿐만 아니라 일부 자산계급까지를 포함한 민중이 주체가 되는 "계급연합적 방법"이었다.12)

이런 점에서 강만길의 공헌은 무엇보다도 먼저 인문학 내부에서 처음으로 남·북의 정통성 경쟁 속에서 내면화된 분단의 인문학을 넘어서 분단과 통일문제를 학적 대상으로 초점화했다는 점이다. 비록 그가 역사학이라는 분과학문의 틀을 벗어난 것은 아니지만 그는 분단과 통일의 문제를 처음으로 인문학 내부의 자기 성찰, 즉 일제하의 식민사관과 유신의 민족적 주체 사관의 극복으로 연결시키고 역사학 내부의 성찰을 진행시켰다. 따라서 그의 역할은 분단이 내면화된 한국의 인문학 내부에서 최초로 분단과 통일을 인문학적 성찰로 연결시킨, 선구자의 역할이었다고 할 수 있다. 또한, 그의 분단시대와 통일민족주의라는 이념은 몇 가지 한계들을 가지고 있으며 이후 비판의 대상이 되기도 하지만 그의 기본적인 두 가지 관점, 통일의 주체로서 민중과 한반도 전체를 민족사적 주체로 보는 관점은 분단과 통일을 사유하는 백낙청과 송두율에게서도 지속적으로 유지되는, 인문학적 통일담론의 기본적인 시각을 제공하였다고 할 수 있다.

그러나 이런 공헌에도 불구하고 강만길의 '분단시대론'은 선구적이기에 겪어야 했던 그 당시의 역사적 한계를 넘어서고 있지 못하고 있었다. 첫째, 강만길의 분단시대론은 역사학의 통사적 측면에서 분단을 다룰 뿐 남·북 분단의 상호의존적 체제메커니즘을 규명하지 못했다. 또한, 그의 인문학적 성찰은 주로 역사학의 내부에만 맞추어져 있었다. 따라서 여전히 근대적인 분과학문의 틀을 강하게 유지하고 있었다. 둘째, 박정희식의 민족주의가 분단국가주의라는 점을 간과하고 이전의 민족주의와 다른 통일민족주의를 내세우기는 했지만 그

---

11) 강만길, 『우리 통일, 어떻게 할까요』, 당대, 2003, 165쪽.
12) 강만길, 「통일사관 수립을 위하여」, 『역사비평』, 1991년 가을호 참조.

는 여전히 근대성-근대화의 논리에 사로잡혀 있었다. 물론 분단을 일제하 식민지 극복과 연결시켜 이해하는 것은 실로 탁견이었다. 하지만 식민지의 연속선상에서 역사를 이해함으로써, 그는 남과 북의 분단체제가 나름의 근대화 논리 속에서 작동했다는 점을 보지 못하고 단일 민족국가의 건설이 곧 근대화의 완성이라고 관점, 당시 박정희의 개발독재를 정당화하는 근대화론에 머무를 수밖에 없었다. 셋째, 강만길의 분단시대론은 통사적 측면에 주목하다 보니 분단의 구조가 가지고 있는 복잡성, 국내·외적으로 얽혀 있는, 중층적으로 위계화되어 있는 분단의 구조를 구체적으로 다룰 수 없었다. 그래서 강만길의 분단시대론은 남쪽의 분단국가주의를 비판하면서도 북쪽의 문제는 다루지 않고 있으며 남쪽의 '통일지형' 형성과 북한학 연구를 촉구할 뿐이었다.

분단체제의 이런 중층적 구조를 체계적으로 파악하기 위해서는 우선적으로 근대적인 분과학문의 체계를 벗어날 필요가 있었다. 이 문제를 집중적으로 파고 든 사람은 백낙청이었다.[13] 백낙청은 일단 역사학이나 한반도라는 지역적 협소성을 벗어나 있었다. 이것은 그가 월러스틴의 세계체제론을 차용함으로써, 전 세계적 차원에서 남북 분단의 구조를 해명하고자 했기 때문이다. 이런 점에서 백낙청의 분단체제론은 문학이라는 분과학문의 틀에 사로잡혀 그 안에서 민족문화, 민중문학들을 다루는 데 머무르는 것이 아니라 월러스틴의 사회과학적 성과들을 활용하여 남·북 분단구조 속에서 창조적으로 변용함으로써 남·북 분단체제에 대한 보다 과학적인 분석을 수행할 수 있었다. 물론 그렇다고 그가 강만길이 닦아 놓았던 민중사관, 분단시

---

13) 이런 점에서 백낙청은 다음과 같이 말하고 있다. "분단 현실의 과학적 검토는 당연히 분단시대의 생성과 변천에 대한 역사적 인식과 분단된 남북 각각의 사회에 대한 구조적 인식이 함께 해야 한다. 이렇게 파악된 현실은 두 개의 크게 이질화된 사회 또는 국가이면서 단순히 구성원들의 정서적 유대감이나 국가기구 간의 대치관계 이상의 다각적인 상호 관련을 지닌 하나의 분단체제를 구성한다는 것이 나의 지론이다."(『분단체제 변혁의 공부길』, 창작과비평사, 1994, 136쪽)

대와 통일운동시대, 그리고 한반도 전체라는 시각 등을 버린 것은 아니다. 오히려 그는 '세계체제론'을 변용함으로써, 이런 강만길의 시각을 보다 구체화하여 남북 분단의 구조를 체계적으로 해명할 수 있었던 것이다.

3. 백낙청의 통일담론: 분단체제론과 분단체제극복운동

백낙청의 분단체제론이 가지고 있는 논리의 핵심은 "한반도의 분단을 두 개의 체제, 이념 또는 (정상적인) 국민국가 사이의 대립으로 보기에 앞서, 남북을 아우르는 하나의 분단체제가 있고 이 또한 완결된 체제이기보다 세계체제의 하나의 독특한 시·공간적 작동형태에 해당한다고 보는 관점"[14]이라고 할 수 있다. 여기서 '체제(system)'라고 하는 것은 그것이 일정한 독자성을 가지고 자기 스스로를 재생산하는 힘을 가지고 있다는 것을 의미한다. 즉, 분단체제라고 함은 분단 그 자체가 나름의 생산메커니즘을 가지고 있다는 것을 의미한다.

이것은 매우 획기적인 발상이었는데, 왜냐하면 이전까지 분단은 남 또는 북의 불법 점령(분단국가의 이데올로기)에 의한 것이거나 외세에 의해 강제된 것(민중운동의 저항이데올로기)으로 간주되었기 때문이다. 따라서 백낙청의 분단체제론은 분단 모순을 반외세-반제국주의로 환원하거나 내부의 계급 모순으로 환원하는 관점을 벗어나 분단 모순 자체를 변혁의 대상으로 삼을 수 있도록 만들었다. 또한, 분단체제론은 분단을 남과 북, 또는 반외세의 측면에서만 단순화하는 관점을 벗어나 세계체제, 분단체제, 두 개의 분단국가체제라는 세 가지의 층위들의 복잡한 지형 속에서 읽을 수 있도록 했다.

이런 점에서 백낙청의 분단체제론은 그가 말하고 있듯이 세 가지

---

14) 백낙청, 『한반도식 통일, 현재진행형』, 창비, 2006, 81쪽.

지점에서 혁신적인 관점을 제공했다.15)

① 분단체제의 재생산구조: "분단체제론은 한반도의 분단구조가 '체제'라고 불릴 만큼의 일정한 자생력과 안정성을 확보했다는 점을 부각시킨다. 단순히 음모론이나 괴뢰 정권론 또는 식민지론의 차원에서 설명할 수 있는 현실이 아니라는 것이다."

② 분단기득권세력 대 민중의 대립: "현실적으로 이는 분단 현실을 남북의 국가 간이나 상반된 이념 간의 대립위주로 인식하기보다 한반도 전역에 걸쳐 작동하는 어떤 복합적인 체제와 그에 따른 다수민중의 부담이라는 차원 위주로 파악하는 발상의 전환을 요구한다. 한반도 주민과 한민족 대다수의 실익을 중심으로 현실을 보자는 것이며 그리할 때 일견 대립하는 남북의 기득권세력 사이에 일정한 공생관계가 성립하는 경우도 놓치지 않을 수 있다."

③ 세계체제의 하위체제로서 남북의 국가체제: "끝으로 한반도의 분단이 한반도만의 문제가 아니듯이 분단체제는 그 자체로서 완결된 체제가 아니며 현존 자본주의 세계체제가 한반도를 중심으로 작동하는 구체적인 양상임을 기억할 필요가 있다."

그러므로 ①분단체제의 재생산구조는 세계체제나 두 개의 분단국가체제와 독립적으로 자신을 재생산하면서 역으로 세계체제나 두 개의 분단국가 체제에 영향을 미친다는 것을 의미하며 바로 그렇기 때문에 분단체제는 ②분단기득권세력 대 민중의 대립이라는 차원으로 분단 모순을 볼 수 있게 만든다. 왜냐하면 분단체제가 두 개의 분단국가체제를 유지하는 데 상호 적대성만이 아니라 분단으로부터 얻는 상호 이득에 기초한 지배세력 간의 공모 또는 닮음이 존재하기 때문이다. 이것은 이후 남·북 분단의 지배적 관계를 보는 기본적인 시각,

---

15) 이하 인용된 세 개의 인용문의 출처는 다음과 같다. 위의 책, 45~46쪽.

이종석이 이야기하는 "적대적 의존관계"나 "거울이미지효과(mirror image effect)"로 정립16)되었다. 그러나 이는 한반도의 분단 모순이 분단체제나 두 개의 분단국가체제에 의해서만 구성된다는 것을 의미하는 것은 아니다. ③이 보여 주듯이 분단체제는 독자적으로 완결된 체계가 아니라 세계체제의 하부체제이기 때문이다.

이런 점에서 분단체제론이 제공하는 합리적 핵심은 첫째, 두 개의 분단국가체제 내부의 민주화는 분단체제의 해체와 연결되어 있으며 분단 극복과 통일의 과제가 두 개의 분단국가체제의 민주화와 연결되어 있음을 보여 준다는 점이다. 분단체제론 이전까지만 하더라도 분단문제가 어떻게 남·북의 민주화, 자주화문제와 연결되어 있는지를 해명하지 못했다. 그러나 분단체제론은 남·북의 분단국가체제가 상호공모적 또는 상호 의존적이라는 점을 보여줌으로써 분단체제극복운동이 통일운동이자 자주화운동이며, 민주화운동이라는 점을 설득력 있게 제시할 수 있었다. 따라서 분단체제론은 김정인이 이야기하듯이 남북의 지배자들은, 비록 상호 적대적이고 이해관계가 완전히 일치하지 않지만 "상호 공생관계"이기 때문에 이것의 극복은 한반도 민중의 생활주도력을 극대화하는 통일이라는 공통목표를 중심으로 연대를 구상한다는 대안적 방향을 제시할 수 있었다.17)

둘째, 백낙청의 분단체제론은 분단체제극복운동을 세계적 차원의 현실개혁운동과 연결시킴으로써 보편성을 제공할 수 있었다. "분단체제가 스스로 완결된 체제가 아니고 자본주의 세계경제의 하위체제 가운데 하나이므로 남북 민중이 연대한 분단체제 극복운동은 곧바로

---

16) 여기서 적대적 의존관계는 "남북한이 서로 상대방과의 적당한 긴장과 대결국면 조성을 통해서, 이를 대내적 단결과 통합 혹은 정권안정화에 이용하는 관계"이며 거울이미지효과는 "일방의 행위가 상대방의 반작용을 일으키는 효과"를 말한다(이종석, 「남북한 독재체제의 성립과 분단구조」, 역사문제연구소 엮음, 『분단 50년과 통일시대의 과제』, 역사비평사, 1995, 146~148쪽. 이종석은 'mirror image effect'를 '면경영상효과'로 번역했으나 여기서는 '거울이미지효과'로 번역).

17) 김정인, 「분단과 통일에 관한 인문학적 성찰: 강만길, 백낙청, 송두율」, 신정완·이세영·조희연 외, 『우리 안의 보편성: 학문 주체화의 새로운 모색』, 한울, 2006, 279~280쪽.

세계적 차원의 현실개혁운동이 된다. 현존 세계체제가 인간다운 삶에 대한 세계민중의 욕구를 실현할 수 없을뿐더러, 생태계 파괴를 통한 인류공영의 운명을 재촉하는 체제임을 인식하는 모든 사람들과 국경을 초월한 연대가 가능하기 때문이다. 이 지점에서 분단체제 극복운동이 보편성을 획득한다는 것이 백낙청의 시각이다."18) 따라서 백낙청의 분단체제론은 이전까지 막연하게 위치 지어졌던 분단 그 자체의 독특한 위치와 구조를 처음으로 밝힘으로써 이것의 독특한 질을 밝혔다고 할 수 있다.

그러나 백낙청의 분단체제론은 월러스틴의 사회과학적 분석 방법론을 사용함으로써, 분단체제의 구조적 질과 특성을 밝혔다는 장점에도 불구하고 바로 그 장점 때문에 분단체제극복방향에서 사회과학적 시각 그 자체를 벗어나지는 못했다. 이후, 그는 분단체제극복운동의 방향에서 장기적인 통일과정을 관리하는 시스템으로서 "국가연합"이나 좌우 대립이 아닌 분단의 지배체제에 대항하는, 광범위한 세력의 결집으로서 "변혁적 중도주의"를 제시한다. 물론 이것이 제공하는 의미가 있다. 그러나 이것은 인문학적이라기보다 차라리 사회과학적이라고 해야 할 것이다. 강정인이 말했듯이 "분단체제 극복을 위한 통일운동은 분단 극복을 위한 통일운동과는 다르"며 "'체제'라고 하면 그 안에 사는 사람들의 일상생활에 만만찮게 뿌리를 내린 사회현실을 뜻하는 것으로, 남북분단이 일정한 체제적 성격을 띠고 있다는 말은 분단이 고착되면서 분단구조가 남북 주민 모두의 일상생활에 그 나름의 뿌리를 내렸고 그리하여 상당수준의 자기재생산 능력을 갖추었다는 말"이 되기 때문이다.

따라서 백낙청이 사회과학적 관점을 벗어나 인문학적 통일담론으로 나아가기 위해서는 "사람들의 일상생활에 만만찮게 뿌리를 내린 사회현실"을 분석하고 이로부터 "일상에 뿌리박은 지속적인 운동"을

---

18) 위의 책, 284~285쪽.

모색했어야 한다.19) 그러나 백낙청은 '일상생활에 뿌리내린 사회현실', '분단 현실'을 구체적으로 분석하지 않았다. 대신에 그는 여전히 정치-경제적 차원에서의 통일 방법론, '국가연합'과 '변혁적 중도주의'를 제창하는 데 머물렀다. 이런 점에서 그의 통일담론은 인문학자가 수행하는 통일담론은 될 수 있지만 인문학적 통일론, 또는 통일인문학이라는 새로운 영역을 개척하는 것이 될 수는 없었다.

만일 이점에 착목했다면 인문학적인 통일담론은 분단체제가 일상의 신체들에 뿌리내린 심리와 가치-문화들에 대한 독자적인 탐구로 나아가야 했으며 그 질을 밝힘으로써 이들 '신체'들을 일상적인 삶에서 바꾸어 가는 총체적인 변혁의 과정을 제시했어야 한다. 그런데 백낙청은 이에 대한 분석을 구체적으로 행하지 않았으며 단지 '과정으로서의 통일'을 제시하면서 '국가연합'과 '변혁적 중도주의'를 주창하는 데 머물렀다. 물론 그는 분단이 "단순히 국토의 분단만이 아니라 사회 구석구석의 모든 분열, 우리 마음속의 모든 병들과 결합되어" 있다고 보고 "우리 마음이 통일을 향해 열리는 일과 분단체제의 외부적 기구를 몸으로 허물어 가는 일이 동시에 진행"되어야 한다고 말하고 있다.20)

하지만 백낙청은 마음의 장벽을 과학적으로 고려하지 않고 마음의 수양만을 이야기한다는 점에서 계몽적이며 사람들의 무의식까지를 포함하여 스며들어 있는 분단의 상처를 고려하지 못하고 있다는 점에서 충분하지 못했다. 또한, 그는 통일의 과제를 마음의 공부로 설정하고 소태산의 후천개벽사상21)에서 마음의 병을 치료하는 자세를 재발견하거나 오늘의 기술문명이 '도(道)' 없는 '기(器)'만 남았다는 점에서 '동도서기(東道西器)'가 아닌 '도기합일(道器合一)'이라는 세계사

---

19) 김정인, 「분단과 통일에 관한 인문학적 성찰: 강만길, 백낙청, 송두율」, 신정완·이세영·조희연 외, 『우리 안의 보편성: 학문 주체화의 새로운 모색』, 한울, 2006, 285쪽.
20) 백낙청, 『분단체제 변혁의 공부길』, 창작과비평사, 1994, 87쪽.
21) 위의 책, 196~197쪽.

적 보편성을 주장[22]하고 있다. 그러나 그의 통일담론은 현재로서 세계체제론의 정치경제학적 분석틀을 벗어나지 못하고 있으며 통일의 세계사적 보편성도 한국적 전통 또는 민족적 틀의 한계를 벗어나지 못하고 있다고 평가할 수 있다.

하지만 이것은 그의 근본적인 한계는 아닌 것 같다. 최근에 그는 근대의 이중과제론[23]을 이야기하면서 녹색담론을 분단체제극복과 연결[24]시키는 시도를 수행하고 있기 때문이다. 따라서 백낙청의 분단체제론은 끊임없이, 그가 말하는 '분단체제 변혁의 공부길' 위에 있는 것처럼 보인다. 또한, 그 점에서 분단체제론은 분단체제극복과 통일을 세계사적 보편성과 연결시킬 수 있는 잠재력을 가지고 있다. 그가 말했듯이 "한반도의 분단체제는, 흔히 내세우는 그 불안정성과 잠재적인 폭발성에도 불구하고 미국의 지속적인 패권자 역할을 정당화할 뿐만 아니라 식민성을 또 다른 형태로 재생산하고 그리하여 국가주의, 민족주의, 개발지상주의, 인종차별주의 그리고 성차별주의 등 근대 세계체제의 제반 이데올로기를 강화함으로써 이 체제의 충실한 구성요인으로 복무"[25]하고 있다는 점을 포착하고 있기 때문이다.

---

22) 위의 책, 252쪽.

23) 이중과제론에서 말하는 이중과제는 근대적응과 근대극복을 이야기한다. "적응은 제약조건하에서 생존공간을 확대하는 동시에, 그 속에서 전지구적 자본주의의 문제점을 극복할 수 있는 맹아들의 형성을 촉진하는 대응이라고 할 수 있다. 전자가 근대기획의 틀 내에 있는 것이라면 후자는 근대극복의 가능성을 모색하는 것이라고 할 수 있다."(이남주, 「전지구적 자본주의와 한반도 변혁」, 이남주 엮음, 『이중과제론: 근대적응과 근대극복의 이중과제』, 창비, 2009, 59~60쪽) 이에 백낙청은 세계체제의 중심문화를 본받기는 하지만 하버마스가 말하는 근대의 미완의 기획에 동참하는 것이 아니라 두셀이 말하는 근대 가로지르기(trans-modernity) 과제에 부합하는 본받기를 해야 한다고 말하고 있다(「한반도에서의 식민성 문제와 근대 한국의 이중과제」, 이남주 엮음, 『이중과제론: 근대적응과 근대극복의 이중과제』, 창비, 2009, 43쪽).

24) 이에 대한 논의는 백낙청, 「21세기 한국과 한반도의 발전전략을 위해」, 『한반도식 통일, 현재진행형』, 창비, 2006, 김종철, 「민주주의, 성장논리, 農的 순환사회」, 이남주 엮음, 『이중과제론: 근대적응과 근대극복의 이중과제』, 창비, 2009; 백낙청, 「근대 한국의 이중과제와 녹색담론-'이중과제론'에 대한 김종철씨의 비판을 읽고」, 이남주 엮음, 『이중과제론: 근대적응과 근대극복의 이중과제』, 창비, 2009 참조

25) 백낙청, 「한반도에서의 식민성 문제와 근대 한국의 이중과제」, 이남주 엮음, 『이중과제론: 근대적응과 근대극복의 이중과제』, 창비, 2009, 39쪽.

그럼에도 불구하고 백낙청이 말하는 한반도의 분단체제 극복이 월러스틴이 이야기하는 근대 세계체제의 극복이 되기 위해서 현(근)대성/탈현대성이라는 근본적인 가치 변동 속에서 보다 깊이 있게 논의를 전개해야 한다. 오늘날 현대/탈현대 담론의 지평은 서구문명이 낳은 문제들에 대한 전면적인 문제 제기의 성격을 가지고 있다. 따라서 이들에 대한 전면적인 대결 없이 한국적인 정신만을 이야기하는 것은 동시대성을 가지기 힘들다. 게다가 백낙청은 현(근)대(modern)와 현대성(modernity), 탈현대(postmodern)와 탈현대성(postmodernity)을 구분하지 않고 탈현대적인 현상들을 탈현대성이 제시하는 가치들과 혼동하기도 한다.26) 이런 점에서 현대/탈현대의 논의 지평 위에서 통일이 지닌 세계사적 의미나 동시대적 사유패러다임, 분단체제를 극복하기 위한 가치나 의미들을 밝히는 사유는 송두율의 통일철학에서 찾아야 할 것이다.

4. 송두율의 통일담론: 통일철학과 경계인의 사유

송두율의 통일담론은 한국에서 제대로 평가받지 못하고 있는 것처럼 보인다. 예를 들어 김정인은 송두율에 대해 다음과 같이 평가하고 있다. "소련의 동구사회주의권의 붕괴와 독일 통일로 이어지는 일련

---

26) 이 점에 있어서는 이남주의 논의가 보다 더 앞서 있다. 이남주는 수동적 대응과 능동적 대응을 구별하고 "적응은 제약조건하에서 생존공간을 확대하는 동시에, 그 속에서 전지구적 자본주의의 문제점을 극복할 수 있는 맹아들의 형성을 촉진하는 대응이라고 할 수 있다. 전자가 근대기획의 틀 내에 있는 것이라면 후자는 근대극복의 가능성을 모색하는 것이라고 할 수 있다."(「전지구적 자본주의와 한반도 변혁」, 이남주 엮음, 『이중과제론: 근대적응과 근대극복의 이중과제』, 창비, 2009, 59~60쪽)라고 말하고 있다. 그러나 이 경우에도 근대극복은 탈현대성과 무관한 것이 아니다. 'post'는 '-을 넘어서'라는 뜻으로 근대극복과 관련되어 있기 때문이다. 그러나 이 경우 탈현대성이 다른 것은 근대극복을 근(현)대라는 상황과 관련하여 다루는 것이 아니라 근(현)대극복을 탈현대적 상황과 관련하여 다룬다는 점이다. 이 점에서 근대극복을 단순히 근대라는 상황에만 관계시키는 극대극복은 불완전할 수밖에 없다.

의 과정이 한반도에서의 흡수통일을 기정사실로 받아들이게 만들었던 시절, 송두율은 독일과 한반도의 통일은 역사적으로나 현실적으로나 동일시할 수 없으며 동독과 북한 역시 다른 사회라는 '상식'을 계몽하는 일종의 전도사 역할을 도맡았다. 특히, 강만길이나 백낙청처럼 분단을 해결하고 통일을 모색하는 데 역사철학적으로, 이론적으로 기여하고자 했던 인문학자들이 거론하지 못한 북한의 체제와 이념, 그 실상에 대해 분석함으로써, 탈냉전적인 북한 연구의 초석을 놓기도 했다."27)

그러나 이것은 송두율의 연구가 당시 사회에 미친 효과에 대한 평가일 뿐이며 송두율의 통일철학이 제시하고 있는 핵심적인 이론적 성과에 대한 평가라고 할 수 없다. 게다가 김정인은 "남의 것이어서 계몽적 담론에 머문다"28)고 평가할 때, 그는 문화적 쇼비니즘에 빠져서 송두율의 통일철학이 세계사적 담론 지평에서 어떤 역할을 수행하고 있는지를 보지 못하고 있다. 송두율이 통일담론에서 기여하는 핵심적인 역할은 북한의 체제와 이념, 실상에 대한 분석이 아니라 오히려 그가 제시하고 있는 '경계인의 철학'으로서 통일철학이다. 이런 점에서 주목해야 할 것은 송두율이 통일철학을 통해서 오늘날의 동시대적인 철학적 사유를 어떻게 통일의 문제로 변용-접합시키고 있는가이다.

그가 통일의 문제에 동시대적 사유를 접목시키는 것은 통일의 문제가 현재나 과거에 속한 것이 아니라 미래에 속한 것이라고 보기 때문이다. "민족통일은 단순히 '과거'로 돌아가는 것이 아니라 미래지향적인 창조행위가 되며, '지역적'인 사건이 아니라 '지구적'인 의미를 일구어내는 사건이 될 수 있다."29) 또한, "'지구화'가 동반하는

---

27) 김정인, 「분단과 통일에 관한 인문학적 성찰: 강만길, 백낙청, 송두율」, 신정완·이세영·조희연 외, 『우리 안의 보편성: 학문 주체화의 새로운 모색』, 한울, 2006, 291쪽.
28) 위의 책, 295쪽.
29) 송두율, 『민족은 사라지지 않는다』, 한겨레신문사, 2000, 129쪽.

민주주의의 새로운 가능성과 한계에 직면해서 우리나라의 통일은 '보편주의'와 '특수주의'는 물론, '지구화'에 대해서 어떤 체제의 '열림'과 '닫힘' 사이에 존재하는 모순과 긴장을 해결하는 데 중요한 시사점을 던지고 있다."30) 따라서 송두율이 생각하는 통일은 미래의 고향을 건설하는 것이자 세계사적 보편성과 의미를 생산하는 작업으로서 통일이다.

그렇다면 '미래지향적인 작업'으로서 사유되어야 할 통일은 단순히 분단된 두 개의 국가를 합치는 체제 통합, 또는 세계체제의 변동에 따른 제도적 방안이나 근대적 서구가 직면한 문제들에 대한 전통적인 가치의 복원과 같은 문화적 국수주의에 머물 수 있는 것이 아니다. 오히려 그것은 근대적인 서구문명화가 유발하는 문제들을 동시적으로 사유하면서 진행되어야 할 가치 지향적이면서 보편적 가치를 생산하는 작업이 되어야 할 것이다. 이런 점에서 송두율은 위험사회와 분단사회의 극복문제를 연결31)시키고 울리히 벡이 이야기하는 '위험사회'의 문제들과 이를 둘러싼 현대성/탈현대성 논쟁이라는 동시대적 담론 지평32)으로 뛰어들어 이것과 정면으로 대결하면서 세계 환경 속에서 통일33)을 사유한다. 그렇다고 그가 서구적인 문제의

---

30) 위의 책, 97쪽.

31) "'위험사회'와 '분단사회'가 중층적인 구조를 이루고 있는 우리나라에서는 이제 어느 것이 주요모순이고 어느 것이 부차적 모순이라고 갈라 볼 수 없을 정도로 이 두 모순이 복잡하게 얽혀 있다."(송두율, 『21세기와의 대화』, 한겨레신문사, 1998, 41쪽)

32) "한반도는 세계화를 지향하는 동시성의 세계와 주체를 강조하는 비동시성의 세계가 동시에 공존하는 곳이기 때문에, 우리는 이중의 과제를 안고 있다. 다시 말해서 통일된 민족국가 형성이라는 (근)현대적(modern)인 과제와 국제화 또는 지구화라는 탈현대적인 과제를 동시에 안고 있다."(송두율, 『통일의 논리를 찾아서』, 한겨레신문사, 1995, 220쪽)

33) 송두율은 분단시대와 분단구조, 분단체제를 각각 다음과 같이 규정하면서 환경을 강조한다. "'민족'이나 '민중'이라는 주체 그리고 이들이 설정한 객체로서 '분단 극복'의 대상을 전제하는 '분단시대'라는 개념을 사용하면서도 분단구조와 분단체제는 분단을 규정하는 여러 요소들의 공시적인 상호관계로 재설정한다. 구조는 항상 어떤 체제의 구조이며 '구조' 없는 '체제'는 없다는 점에서 구조는 항상 지속적인 사건들을 통해서 내적으로 변화하면서 체제의 동적인 안정성을 보장해 준다. 이에 그는 분단구조라는 개념은 주로 남북을 내부적으로 규정하는 어떤 상태를 좀 더 강조한다면 분단체제는 이에 조응하는 복잡한 환경을 강조하고 있다고 본다. 남북은 각각의 체제로서 서로를 환경으로 설정할 뿐만 아니라 다시

식을 그대로 받아들이고 있는 것도 아니다. 오히려 그 속에서 그가 사유하는 것은 '경계(Grenze)"이며 그 자신 "경계인(Grenzgäger)"이 되고자 한다.

"'경계인'은 민족분단으로 생긴 '남'과 '북' 사이에, '동양과 서양' 사이에, 그리고 '부국'과 '빈국'이라는 '북과 남' 사이에 있는 '경계'에서 살고 있다는 세 가지 의미를 담고 있다. 이 경계가 단순한 선(線)이 아니라 '전체성'의 철학을 내포한다는 의미에서 … 평소 나는 '남과 북', '동과 서', 그리고 '북과 남' 사이에서 양자를 통합하면서도 또 이 양자를 동시에 배제할 수 있는 '긴장'에 주목해 왔다. 그러나 양자를 통합하면서도 또 양자를 배제-원효의 '역동역이(亦同亦異)'와 '비동비이(非同非異)'의 세계처럼-하는 능력을 갖춘다는 것이 무척 어렵다는 것을 느끼면서 지난 30년을 유럽에서 살아왔다. '경계인'의 삶이 얼마나 더 지속될지 모르지만, 이 '통합하고 배제하는 제3'의 역량을 키우는 것이 앞으로 남은 과제이다."34) 따라서 경계인의 통일철학은 'A=A'라는 동일성이 아니라 '제3'의 모호함과 애매성 속에서 전체를 사유하는 철학이다.

그렇다면 왜 이와 같은 경계의 철학이 분단 극복과 통일에서 중요한가? 일반적으로 정치-경제적인 체제 통합만이 아니라 송두율처럼 사회·문화적 통합을 말하는 사람들조차 통일을 사유할 때 동질적인 민족문화를 생각하는 경향이 강하다. 그러나 송두율은 독일통일에서 체제 통합보다 더 중요한 것은 '사회·문화적 통일'이며 '마음의 장벽'

서로를 둘러싼 중국과 일본 등을 포함하는 동북아를 환경으로, 그리고 다시 더 복잡한 '세계 사회'라는 환경과 소통하고 있다는 것이다. 따라서 그는 '남과 북이 서로가 체제로서, 또 서로가 상대방을 환경으로 설정하여 동적 안정성을 유지한다는 사고'를 필요로 하며 이렇게 되었을 때, 양자가 보는 관점의 대립을 벗어날 수 있다고 생각한다. 즉, 세계 환경에 대응하는 남·북이 직면하고 있는 전체성이라는 환경을 인식할 수 있다는 것이다. 6·15 남북공동성명의 경제공동체 건설 구상, 국가연합과 낮은 단계의 연방제 사이의 공통된 인식 등은 바로 이런 한반도의 전체성 속에서 남북의 분단 극복을 사유하기 때문에 나온 것이다."(박영균, 「분단을 사유하는 경계인의 철학: 송두율의 통일담론에 대한 비판적 검토」, 『철학연구』 114, 2010, 70~71쪽)

34) 송두율, 『민족은 사라지지 않는다』, 한겨레신문사, 2000, 189~190쪽.

을 허무는 것이라는 점35)을 자각하고 은밀하게 숨어 있는 동질성-분단의 국가주의의 관점을 발본적으로 비판한다. 이들은 사회문화적 통합을 주창함에도 불구하고 민족문화의 동질성 회복이라는 통속적인 견해를 그대로 반복한다. 그러나 그렇게 되었을 때, 남·북 분단체제를 극복하는 과제는 어느 한쪽의 문화를 은연중에 강요하는 논리가 되기 쉽다. 따라서 송두율이 철학자들의 작업을 가지고 사유하는 현실은 바로 한반도의 분단 그 자체이다. 그가 경계를 사유하는 것은 딱 잘라서 어느 하나를 선택하거나 나눌 수 없는 분단의 특성 때문이다. '휴전선'이라는 상징이 보여 주듯이 분단은 일시적이며 상호의존적인 것으로, 두 개로 딱 잘라 대립시킬 수 없다.

그런데도 많은 사람들은 부지불식간에 어느 한편의 입장에 서며 내면화된 분단의 아비투스를 반복한다. 따라서 송두율은 두 개의 분단된 국가가 양자택일을 강요하면서 기묘하게 상호 적대성을 재생산하는 분단구조를 해체하기 위해 경계에 서고자 한 것이다. 그것은 곧 경계인이라는 독특한 위치 즉, "이쪽과 저쪽이 모두 숨을 쉴 수 있는 틈을 만드는 사람", "이 틈을 열고자 경계인은 이쪽 안에서 저쪽을 발견하고 저쪽 안에서 이쪽을 발견하는, 쉽지 않은 작업을 해야만"36)하는 위치에 서는 것을 요구한다. 이점에서 그의 통일철학은 차이의 배제로서 동일성이 아니라 차이에 기초한 연대를 만드는 작업으로서의 통일이라는 관점-태도의 변경을 의미한다.

또한, 그는 분단 극복과 통일이 왜 세계사적 보편성을 갖는지도 제시한다. 그가 보기에 한반도의 분단이 가지고 있는 민족문제의 독특성은 ① '일본주의'와 '중화주의'가 부딪히고 만나는 길목인 한반도에서 진행되는 민족 담론이라는 점에서 미래진행형37)의 문제이고, ②휴전선이 가진 일시성과 가변성, 상호성이라는 문제에서 발견될

---

35) 송두율, 『통일의 논리를 찾아서』, 한겨레신문사, 1995, 8쪽.
36) 송두율, 『미완의 귀향과 그 이후』, 후마니타스, 2007, 101쪽.
37) 위의 책, 192쪽.

수 있다. 물론 그 또한 한반도의 분단 극복과 통일에서 가장 강력한 동력은 민족주의[38]라는 점을 받아들인다. 하지만 그는 이 민족주의가 한반도라는 특수한 상황이 빚어낸 예외적인 것이 아니라 오히려 보편성을 가질 수 있는 민족주의라고 본다. 그것은 휴전선이라는 경계가 남북의 갈등과 긴장을 지속적으로 만들어 내며 '경계체험(Grenzerfahrung)'을 제공[39]하기 때문이다.

따라서 그는 경계체험이 세계화(남) 대 일체화(북)의 대립뿐만 아니라 '동시성'(신자유주의 지구화가 강요하는 폭력에 저항하는 비동시성의 덕목) 대 '비동시성'(민족주의가 가진 전체주의에 저항하는 덕목)의 대립을 넘어서게 하는 지점으로 받아들이고 있다. 이 점에서 그는 분단사회의 극복문제를 위험사회와 연결시키고 오늘날의 탈현대적 지평을 탐색한다. 그리고 이것을 통해 그는 "'밖'만을 의식하는 민족주의가 아니라" "'안'을 반성하는 민족주의", "'인간성'을 상실하지 않는 '민족성'을 지켜내고 이를 통해서 다른 민족과 공존할 수 있는 보편성도 획득할 수 있는" 반성된 민족주의를 내세운다.[40] 또한, 그렇기 때문에 그는 "'남이냐 북이냐'는 논리를 대신할 '남과 북'이라는 논리는 '남' 속에 '북'이 들어 있고 '북' 속에 '남'이 들어 있다는 '상호성'을 전제한다"[41]고 말한다. 이것은 곧 송두율이 분단 속에서 '타자'를 인식한다는 것을 의미한다.

이전까지 통일담론들은 이 '타자'의 문제를 고려하지 않았으며 그래서 이질성을 제거하고 동질성을 확보하는 방식으로 나아갔다. 그러나 송두율은 타자를 인식함으로써, 동일률이 가지고 있는 배제중항의 논리를 벗어나 남과 북의 공통분모를 찾아가는 길을 제시한 것이다. 그리

---

38) 송두율, 『민족은 사라지지 않는다』, 한겨레신문사, 2000, 87쪽.
39) 송두율은 "휴전선이라는 경계는 '타자로서의 나(alter ago)'를 끈질기게 긴장 속에서 상기"시키도록 한다고 말한다(『역사는 끝났는가』, 당대, 1995, 259쪽).
40) 송두율, 『민족은 사라지지 않는다』, 한겨레신문사, 2000, 127쪽.
41) 위의 책, 128쪽.

고 그것을 위해 그는 칸트식의 '내재적·비판적(immanent-kritisch)'[42] 접근방법을 내세워 북한을 연구했다. 물론 북한에 대한 그의 연구는 내재적 방식에 충실하다 보니 비판적 기능이 제대로 작동하지 않는 결함이 가지고 있다. 그러나 그럼에도 불구하고 송두율이 제시하고자 하는 통일철학의 핵심은 남과 북의 어느 하나라는 양자택일을 벗어나 남과 북을 전체로 하여 세계 환경 속에서 분단문제를 바라보고 통일을 '다름의 공존'과 '과정으로서의 변화'로 규정한 데 있다. 따라서 그는 이 두 가지 가치가 자신의 철학이 지닌 핵심이며 오늘날 한국에서 절대적으로 요청되는 가치라고 말하고 있다.[43]

그러나 그가 제시하는 '다름의 공존'은 다름을 다름으로 놓아두거나 그냥 인정하는 것이 아니다. 그는 원효의 화쟁(和諍)을 이야기하면서 "다름이 있어야 같음이 드러나고 같음이 있어야 다름이 드러난다"[44]고 하면서 여기에 '생산적인 제3자'로서의 '경계인'이 갖는 철학의 핵심이 놓여 있다고 말한다. 따라서 그의 철학은 양자 사이에서 상생을 추구하는, '다양성의 비폭력적 통일'[45]을 만들어 가는 관계성의 철학이라고 할 수 있다.

그러나 송두율의 통일철학은 통일에 임하는 남과 북의 근본적인 태도 변경을 지점을 보여 주기만 할 뿐, 분단이 남·북의 사람들에게 미친 정신적이고 정서적이면서 가치적인 영향력을 분석하고 있지 않다. 또한, 분단체제가 우리 신체에 아로새긴 삶의 양식들과 체화된 문화들을 구체적으로 다루고 있지 않다. 게다가 그의 다름은 여전히 '내 안의 타자'일 뿐으로, 이 속에서의 타자는 여전히 '남'이 이해할 수 있는 '북'과 '북'이 이해할 수 있는 '남'이라는 전체성 속의 타자일 수 있다는 한계를 가지고 있다. 이런 점에서 그의 통일철학은 합리적

---

42) 송두율, 『통일의 논리를 찾아서』, 한겨레신문사, 1995, 242쪽.
43) 송두율, 『미완의 귀향과 그 이후』, 후마니타스, 2007, 279쪽.
44) 위의 책, 101쪽.
45) 위의 책, 175쪽.

인 소통과 타자에 대한 배려의 차원을 도입하였을 뿐, 분단체제가 우리의 신체와 마음에 아로새긴 비합리적인 영역들을 극복할 수 있는 전망을 제시하고 있지 못하다. 만일 우리가 이해할 수 있는 타자만을 이해한다면 비합리적인 영역에서의 부딪힘은 곧 충돌이 될 수밖에 없다. 따라서 분단체제에서 다루어져야 할 것은 합리적인 소통조차 가로막는 분단된 국가에서 사는 우리들의 신체와 정신에 아로새겨진 분단체제의 아비투스와 정서, 트라우마이다.

5. 나가며: 인문학적 통일담론에서 통일인문학으로의 전환을 모색하며

일반적으로 사회과학은 주로 정치-경제적인 거시통합과 체제 통합을 다루는 데 비해 인문학은 사람들이 가지고 있는 정서와 가치, 생활의 통합을 이야기한다는 점에서 다소간 낭만적인 감성에 호소하는 경향이 있다. 그러나 강만길, 백낙청, 송두율은 '분단시대', '분단체제', '경계인'을 내세우면서 민족적 감성에 호소하는 낭만적 통일론과 정치-경제적인 체제 통합론을 넘어서 인문학적인 통일담론을 만들어 왔다. 그러나 이들 통일담론은 일상을 살아가는 사람들의 몸 전체에 아로새겨진 분단의 흔적들을 탐구하지는 못했다.

인문학은 기본적으로 인간 자신에 대한 학문, 곧 지인(知人)의 학이며 사람다움을 추구하는 학문이다. 따라서 통일의 인문학적 패러다임은 분단체제의 극복 또는 통일과 관련하여 한반도에서 살아가고 있는 인간 그 자체를 탐구해야 한다. 그런데 이들의 인문학적 통일담론은 분단체제가 사람들의 몸에 남긴 흔적과 상처들, 그리고 분단체제가 우리의 몸과 마음에 심어 놓은 가치, 정서, 생활양식들에 대한 탐구에 기반하고 있지 않다. 물론 인문학적 통일담론들이 발전시킨 인문학적 요소들도 있다. 그러나 그런 것들은 주로 통일에 대한 관점 및 가치-이념들이었으며 분단이 사람들의 몸과 마음에 기친 영향들에 대한 분석으로까지 나아가지는 못했다. 이런 점에서 기존의 인문학적 통일담론과 달리 통일인문학은 분단체제와 사람들의 정서-가치-문화들을 본격적으로 탐구하는 학으로 정립될 필요가 있다. 물론 이것이 이들의 인문학적 통일담론이 기여한 바가 없다는 것은 아니다.

인문학적 통일담론은 적어도 세 가지 지점에서 통일에 대한 새로운 관점과 상을 제공하고 있다고 할 수 있다. 인문학적 통일담론은 세 가지 지점에서 매우 중요한 이론적 전진을 이룩해 놓았다. ① 학문적인 객관화의 대상화로서 인문학적 통일담론의 개방: 이전까지 감상적이고 낭만적인 통일론을 벗어나 인문학적 차원에서 학적으로 분단과 통일문제를 사유할 수 있도록 문제를 개방했다(강만길, 백낙청, 송두율). ② 새로운 미래의 고향으로서 통일한반도를 만들어 내는 과정으로서의 통일: 기존의 통일은 두 개의 분단된 나라의 정치-경제적 거시 구조를 합치는 문제 또는 양국의 협상과 타협에 의한 일회적인 사건으로 사고되었다. 그러나 통일은 일시적인 사건을 통해서 이룩될 수 없으며 보다 장기적인 과정을 통해서 모색되고 창출되어야 하는 창조 작업이다(백낙청, 송두율). ③ 분단체제의 내면화된 구조: 분단이 단순한 체제 간의 경쟁이나 정치이데올로기의 차원에서만 작동하는 것이 아니라 이미 우리 몸에 일상화된 방식으로 체화되어 있다는 점을 자각하게 되었다(백낙청, 송두율).

그러나 그렇기 때문에 통일인문학이 탐구해야 하는 것은 우리 몸과 마음에 체화된 분단이 무엇이며 그것을 어떻게 극복할 것인가이다. 백낙청과 송두율은 이 문제를 느끼고 있었지만 이것을 구체적으로 다루지는 못했다. 이것은 그들의 문제라기보다 당시 처한 시대적 상황들이 그들로 하여금 더 나아가는 것을 가로막았기 때문일 것이다. 그럼에도 불구하고 백낙청과 송두율은 그들이 통일의 주체라고 하는 시민과 민중이 왜 스스로 분단을 강화하는 발언과 행위를 하는지를 밝히지 못했다. 또한, 분단체제로부터 나온 병이 어떤 상처를 반영하고 있는지도 밝히지 못했다. 그것은 단지 잘못되었다는 비판으로 극복 가능한 것이 아니다. 왜냐하면 그것은 이미 의식의 저 밑바닥에 가라앉아 있는 무의식의 층위와 반복적으로 일상화되면서 우리 몸에 체현된 행위체계이기 때문이다. 따라서 통일인문학은 이 영역에 대한 본격적인 탐구를 수행해야 한다. 그것은 다음의 세 가지 문제들이다.[46)]

① 소통과 상생의 패러다임: 송두율이 제기한 경계인의 철학을 발전시켜서 동질성 대 이질성이라는 대립을 '차이와 공통성'의 패러다임으로 바꾸는 것이다. 송두율의 타자는 진정한 타자라고 할 수 없다. 타자는 내가 내 안에 없는 것이며 나의 밖에 있기 때문에 나의 머리로 이해할 수 없는 것이다. 남과 북의 적대성은 바로 이와 같은 이해할 수 없는 기괴한 것으로서 '타자의 타자성'에서 나온다. 따라서 소통에 근거한 상생의 패러다임이 이루어지기 위해서는 '타자의 타자성'을 '가르치고 배우는' 비대칭적 소통의 체계를 만들어 가야 한다. 이것은 가라타니 고진이 이야기하듯이 언어 규칙을 공유하지 않는 자들과의 소통이며 새로운 언어규칙을 만들어 가는 것으로서의 소통이다. 따라서 '과정으로서의 통일'이라는 개념은 남과 북이 타자의 타자성을 가르치고 배우는 과정을 통해서 만들어 가는 새로운 언어규칙의 정립, 즉 새로운 통일한반도의 가치와 규범을 마주침이 만들어 내는 공감을 통해서 공통적으로 만들어 가는 과정이라고 할 수 있다.

② 분단의 트라우마와 아비투스: 분단체제는 단일 민족국가를 향한 민족적 리비도가 좌절되는 트라우마를 '분단국가'의 결핍을 감추는 국가주의로 전치시키는 과정을 통해서 이루어졌다. 또한, 분단체

---

46) 이에 대한 기초적인 연구와 논의는 박영균, 「통일론에 대한 스피노자적 성찰」, 『분단극복을 위한 인문학적 성찰』, 선인, 2009; 김성민, 「인문학자는 왜 통일을 사유해야 하는가」, 『분단 인문학의 인식론적 반성』, 통일인문학 제3회 국제학술심포지엄자료집, 2010. 2; 김성민, 「통일인문학의 관점에서 본 분단의 아비투스와 생활문화」, 『분단의 아비투스와 생활문화』, 통일인문학 제4회 국제학술심포지엄, 2010. 7; 김성민·박영균, 「분단의 트라우마에 관한 시론적 성찰」, 『시대와 철학』 21-2, 한국철학사상연구회, 2010; 박영균, 「분단의 아비투스에 관한 철학적 성찰」, 『시대와 철학』, 한국철학사상연구회, 2010 등을 참조.

제는 단순히 남과 북의 적대적 공생의 구조를 유지시키는, 지배메커니즘 차원에서만 작동하는 것이 아니라 분단국가의 국민들을 만들어 내는, 분단된 국가의 사회적 신체들, 즉 신체에 내면화된 '성향, 믿음들의 체계'를 만들어 내는 과정을 통해서 작동한다. 따라서 남·북 분단의 적대성과 공생성이라는 악순환을 벗어나기 위해서는 분단의 트라우마를 치유하면서 상호 분단체제 속에서 내면화한 아비투스가 가진 오인의 구조를 승인하고 그 속에서 분단의 아비투스를 극복하는 전략을 만들어 내야 한다. 따라서 이것은 백낙청처럼 분단체제가 유발하는 병리적 현상들을 '병'으로 간주하고 마음의 수양으로 이를 극복하려는 전략과 다르다. 오히려 그것은 분단체제의 역사가 빚어낸 비극을 상호 자신의 역사로 통합하면서 분단을 극복하려는 전략이다.

③ 미래기획적 통합의 패러다임: 통일인문학은 통일이 정치·경제적 통합 이전에 보다 더 근본적으로 정서·문화적인 삶의 통일을 필요로 한다고 본다. 정서·문화적인 삶의 통일은 정치·경제의 통합을 떠받치는 바탕이자 통일을 진정한 사회적 통합으로 만드는 근본적인 힘이다. 따라서 통일인문학은 여기서 출발한다. 그러나 이런 통합은 미래기획적인 관점 없이 이룩될 수 없다. 송두율이 이야기하는 '미래의 고향'으로서 통일이나 백낙청이 이야기하는 '다민족공동체'의 건설로서 통일은 오늘날 분단과 통일이 동시대적이면서 세계사적 보편성을 지닌 문제라는 점을 보여 준다. 따라서 통일은 남과 북으로 분열된 한국학과 조선학을 포괄할 뿐만 아니라 식민지 치하에서 고국을 떠나야 했던 재외동포들이 그들의 삶에서 변용시킨 다양한 가치들과 문화들의 자산을 근거로 근대화가 낳은 '위험사회'의 문제들까지 포괄적으로 해결해 가는 기획이라고 할 수 있다. 이런 점에서 통일인문학은 이들의 자산들을 연결시키고 소통시키면서 분단과 통일을 통해서 인문적 가치를 창조해 가야 한다.

참고문헌

강만길, 「분단시대 사학의 성격」, 『분단시대의 역사인식』, 창작과비평사, 1978.

_____, 「통일사관 수립을 위하여」, 『역사비평』 가을호, 1991.

_____, 「분단 극복을 위한 실천적 역사학자」, 역사문제연구소 엮음, 『학문의 길, 인생의 길』, 역사비평사, 1999.

_____, 『우리 통일, 어떻게 할까요』, 당대, 2003.

김성민, 「인문학자는 왜 통일을 사유해야 하는가」, 『분단 인문학의 인식론적 반성』, 통일인문학 제3회 국제학술심포지엄자료집, 2010. 2.

_____, 「통일인문학의 관점에서 본 분단의 아비투스와 생활문화」, 『분단의 아비투스와 생활문화』, 통일인문학 제4회 국제학술심포지엄, 2010.7.

김성민·박영균, 「분단의 트라우마에 관한 시론적 성찰」, 『시대와 철학』 21-2, 한국철학사상연구회, 2010.

김정인, 「분단과 통일에 관한 인문학적 성찰: 강만길, 백낙청, 송두율」, 신정완·이세영·조희연 외, 『우리 안의 보편성: 학문 주체화의 새로운 모색』, 한울, 2006.

김종철, 「민주주의, 성장논리, 農的 순환사회」, 이남주 엮음, 『이중과제론: 근대 적응과 근대극복의 이중과제』, 창비, 2009.

김진균, 「한국 사회과학의 현재적 과제」, 『한국의 사회현실과 학문의 과제』, 문화과학사, 1997.

박영균, 「통일론에 대한 스피노자적 성찰」, 『분단 극복을 위한 인문학적 성찰』, 선인, 2009.

_____, 「분단을 사유하는 경계인의 철학: 송두율의 통일담론에 대한 비판적 검토」, 『철학연구』 114, 대한철학회, 2010.

_____, 「분단의 아비투스에 관한 철학적 성찰」, 『시대와 철학』, 한국철학사상 연구회, 2010.

백낙청, 『분단체제 변혁의 공부길』, 창작과비평사, 1994.

_____, 『한반도식 통일, 현재진행형』, 창비, 2006.

_____, 『어디가 중도며 어째서 변혁인가』, 창비, 2009.

_____, 「근대 한국의 이중과제와 녹색담론-'이중과제론'에 대한 김종철씨의 비판을 읽고」, 이남주 엮음, 『이중과제론: 근대적응과 근대극복의 이중과제』, 창비, 2009.

_____, 「한반도에서의 식민성 문제와 근대 한국의 이중과제」, 이남주 엮음, 『이중과제론: 근대적응과 근대극복의 이중과제』, 창비, 2009.

송두율, 『역사는 끝났는가』, 당대, 1995.

_____, 『통일의 논리를 찾아서』, 한겨레신문사, 1995.

_____, 『21세기와의 대화』, 한겨레신문사, 1998.

_____, 『민족은 사라지지 않는다』, 한겨레신문사, 2000.

_____, 『미완의 귀향과 그 이후』, 후마니타스, 2007.

이남주, 「전지구적 자본주의와 한반도 변혁」, 이남주 엮음, 『이중과제론: 근대적응과 근대극복의 이중과제』, 창비, 2009.

이종석, 「남북한 독재체제의 성립과 분단구조」, 역사문제연구소 엮음, 『분단 50년과 통일시대의 과제』, 역사비평사, 1995.

이효재, 「분단시대의 사회학」, 『창작과 비평』 봄호, 1976.

임헌영, 『분단시대의 문학』, 태학사, 1992.

인문학적 통일담론과 통일인문학

: 통일패러다임에 관한 시론적 모색

김성민

1. 들어가며: 인문학적 통일담론과 통일인문학

통일인문학(humanities for unification)은 인문학적 통일담론(humanistic discourse for unification)과 다르다. 인문학적 통일담론은 통일을 사유한 인문학자들의 논의 또는 인문학 영역 내에서 이루어진 통일에 대한 논의들을 가리킨다. 한국의 인문학자 중에서 통일에 대한 사유를 개척한 주요한 인물은 강만길, 백낙청, 송두율이다. 이들은 각기 사학자, 영문학자, 철학자로서 통일에 대한 사유를 발전시켰을 뿐만 아니라 자신들이 주로 연구해 왔던 영역, 역사학과 민중·민족문학, 그리고 철학에서 분단과 통일, 민족문제를 사유해 왔다.

그들은 "① 학문적인 객관화의 대상화로서 인문학적 통일담론의 개방", "② 새로운 미래의 고향으로서 통일한반도를 만들어 내는 과정으로서의 통일", "③ 분단체제의 내면화된 구조"라는 세 가지 지점에서 매우 중요한 이론적 공헌을 수행했다. 그러나 그들의 논의는 이미 우리의 선행논문에서 밝혔듯이 ① 백낙청과 송두율이 사회과학적 분석들을 응용하면서 분석하고 있지만 여전히 '역사학, 문학, 철학'이라는 근대분과학문 체계 내에 있으며 ② 인문학이 분단과 통일에서 사유해야 할, 고유한 대상과 방법을 제시하지 못하고 있다.[1]

인문학은 사람에 관한 학문이다. 인문학은 사회의 정치-경제적 구조, 사회문화적 양상과 형태만이 아니라 몸과 마음을 가지고 있는 인간 자신의 심리적 층위를 분석한다. 따라서 분단과 통일에 관한 인문학적 사유는 사회과학의 기계적 결합 또는 보완으로 해결할 수 없는, 인문학 고유의 관점과 방법, 대상에 기초할 수밖에 없으며 이런 점에서 기존의 사회과학적 방법 위에서 세워진 통일담론과 근본적으로 패러다임을 달리할 수밖에 없다. 그러므로 이 논문은 인문학적 통일담론과 다른 '통일인문학'이라는 새로운 패러다임과 '학적 체계'를 수립하기 위한 시론적 탐색을 진행시키고자 한다.

백낙청과 송두율의 인문학적 통일담론은 그들이 주장하는 통일의 주체로서 시민과 민중이 왜 그 스스로 분단을 강화하며 분단체제를 재생산하는가 하는 문제를 해명할 수 없다. 게다가 백낙청이 이야기하는 '마음의 병'도, 송두율이 이야기하는 '제3의' 통일철학도 분단이 생산하는 정치-경제-문화적인 체제대립을 넘어서 분단체제가 사람들의 신체와 마음에 작동하는 '심리적 중핵'과 작동메커니즘에 대한 분석 없이 제대로 논의될 수 없다. 왜냐하면 분단체제를 허물고 하나의 통일된 민족국가를 건설하는 과정은 결국 사람들의 통일일 수밖에 없으며 이때 사람의 통일이란 몸과 마음, 머리의 통일이기 때문이다. 따라서 이 논문은 인문학적 통일담론을 개척한 강만길, 백낙청, 송두율을 참조하면서 하나의 학적 체계로서 통일인문학이 다루어야 할 대상과 방법들을 논의할 것이다.

---

1) 이에 대한 논의는 이 논문의 선행편이라고 할 수 있는, 김성민·박영균, 「인문학적 통일담론에 대한 비판적 성찰: 강만길·백낙청·송두율의 통일담론에 대한 비판적 검토」, 『범한철학』 59집, 범한철학회, 2010a에서 이미 다루었다.

2. '통일' 관념과 분단국가주의: 동질성 대 이질성 패러다임 비판

'통일'은 영어로 'unification', 또는 'reunification'이라고 한다. 이때 'uni'는 '일(一), 단(單)'이라는 뜻을 가지고 있으며 're'는 '다시, 원상(原狀)으로'라는 뜻을 가진 접두사이다. 또한, 한자로 '統一'은 '큰 줄기, 본 가닥, 핏줄'이라는 의미에서의 '統'과 하나라는 의미에서의 '一'이 합쳐 '한 핏줄', '하나의 큰 줄기'를 의미한다. 따라서 '통일'이라는 말은 '하나' 또는 '한 줄기'로 합쳐지는 것을 의미하며 그것은 '핏줄'이든 '영토'이든 '문화'이든 간에 근본적으로 '하나'라는 의미에서 그 집단의 '동질성(homogeneity)', 원형을 전제한다.

이런 점에서 '동질성' 대 '이질성'이라는 관점에서 접근되는, '민족적 정체성(national identity)'은 그것이 'unification'의 '회복'을 의미하는 're'이든, 'unification'의 'uni'이든 간에 다음의 두 가지 관점을 전제하는데, 하나는 회복되어야 할 어떤 것으로서 민족적 동질성이 우리에게 이미 주어져 있다고 가정하는 것이며 다른 하나는 하나의 통일된 민족국가의 건설은 동질적인 정체성을 가져야 한다는 점이다. 특히, 이것은 '정체성'을 의미하는 'identity'가 '동일성'이라는 의미를 가진다는 점에서 더욱 강하게 '동질성'이라는 관념을 재생산한다.

그러나 이런 관념이 가지고 있는 문제점은 첫째, 민족의 정체성은 오랜 역사 동안 이루어져 온 다양한 종족들과의 접촉과 전이, 변동들을 거쳐 이루어진 것이라는 점에서 하나의 '순수한 정체성', '원형'이라는 전제가 신화에 불과하다는 점을 깨닫지 못하고 있다는 점이다. 그것은 핏줄이나 언어, 샤머니즘에서도 동일하게 적용된다. 그런데도 '하나의 핏줄', '하나의 문화'를 고집하는 것은 실상 훼손되지 않은 하나의 핏줄-'단일민족의 신화'와 '순수한 민족문화'를 전제하면서 자신이 생각하는 '전통'을 잣대로 상대의 '이질성(heterogeneity)'을 '변질(deterioration)'로 단죄하는 배제와 폭력으로 이어질 수밖에 없다.

이런 점에서 이와 같은 통일 관념은 이미 강만길이 간파한 바와 같이 '분단국가주의'를 반복할 뿐이다. 그는 남과 북이라는 두 개의 분단국가가 각기 자신의 문화를 민족 고유의 순수한 문화이자 가치라고 주장하면서 상대의 문화와 가치를 '변질'로 단죄하는 정통성 경쟁을 통해서 분단을 강화해 왔다는 점을 밝히고 있다. 또한, 백낙청도 '분단체제' 그 자체가 남과 북의 이런 '정통성 경쟁', '정신의 정화'와 '순수성'이라는 이데올로기를 통해서 각기 분단된 국가의 국민들에게 상대에 대한 우월성과 적대성을 가진 집단으로 통합하면서 작동해 왔다는 점을 밝히고 있다.

그러나 이것은 분단체제의 기득권자들에 의해서만 이루어진 것이 아니다. 심지어 분단국가주의에 저항하면서 민중적인 통일론을 주창하는 측에 의해서도 재생산되었다. 이들은 순수한 민족문화의 원형을 가정하며 과거-전통 속에 있었던 특정한 민족문화, 특히 쇼비니즘적인 성질을 가지고 있는 문화의 복원을 통일이라고 주장해 왔다. 하지만 민족문화의 원형 그 자체를 바라보는 남과 북의 관점이 매우 상이할 때, 그것은 현실적으로 남과 북의 적대적 정통성 경쟁을 강화할 뿐이다.

게다가 특정한 전통문화들이 가지고 있었던 가치와 생활습관은 분단체제를 재생산하는 이데올로기로 기능하기도 했다. 예를 들어 남과 북은 서로 매우 이질적인 적대성을 가진 듯이 보이지만 실제로는 서로 닮아 있는, '거울상의 반영 효과(mirror image effect)'를 가지고 있다.[2] 백낙청의 분단체제론과 송두율의 '휴전선',[3] 그리고 남과 북의 유교적 특성들은 이것을 보여 준다. 남과 북이라는 두 개의 분단국가는 서로의 결여를 메우기 위해 민족적 동질성의 신화를 끌고 들어와 상호 의존적인 분단체제를 구축했다. 여기서 분단체제의 이데올로기가 되는 것은 정통성 경쟁을 만들어 내는 민족주의이지만 실제로는

---

2) 이종석, 「남북한 독재체제의 성립과 분단구조」, 역사문제연구소 엮음, 『분단 50년과 통일 시대의 과제』, 역사비평사, 1995, 146~148쪽.
3) 그에게서 '휴전선'은 상호의존성을 가지고 있는 것이자 "이러한 '상호성'을 긍정적인 의미에서보다는 부정적인 의미에서 더 부각"시키는 것이다(송두율, 『민족은 사라지지 않는다』, 한겨레신문사, 2000, 128쪽).

'분단국가주의'를 재생산하는, '민족주의의 탈을 쓴 분단국가주의'일 뿐이다. 그래서 강만길은 '통일민족주의'를 제창했다.

그러나 통일민족주의는 분단국가주의의 위험을 포착하기는 했지만 그 뿌리가 '민족적 정체성'을 '하나' 또는 '동일성'으로 사유하는 통일 관념에 있다는 점을 명확히 하지 못했다. 아마도 이 문제를 발본적으로 사유한 사람은 '송두율'일 것이다. 그는 '동질성' 대 '이질성', '순수성 대 비순수성'이라는 이분법적 적대를 끊임없이 재생산하는 프레임을 벗어나 '다수' 또는 '복수의 정체성'으로 사유하고자 했다. 따라서 그의 통일철학은 근본적으로 '제3의', '경계인의 철학'이다. 여기에는 하나의 '원형', 또는 단일한 것으로서의 '정체성'이란 존재할 수 없다. 대신에 그는 "다투면서 화합하고 화합하면서 다투는 화쟁(和諍)"이며 "화이부동(和而不同)"이라는 '상생의 철학'을 제시했다.4)

3. 통일인문학의 존재론적 패러다임: 타자의 타자성과 민족적 공통성

송두율은 남과 북이 아니라 한반도라는 전체성에 근거하고자 했기 때문에 '내 안의 타자', 즉 '남 속에서 북'을, '북 속에서 남'을 사유하고자 했다. 그에게 휴전선은 남북의 갈등과 긴장이 낳는 '경계체험(Grenzerfahrung)'5)에 제공한다. 따라서 그는 "타자의 본질을 타자의 내부에서 찾"6)는 "내재적·비판적(immanent-kritisch) 방법론"과 "내가 원하는 것을 네가 해 준다면, 네가 원하는 것을 내가 해준다"라는 "역지사지(易地思之)"7)라는 "해석학적 순환"이라는 방법론을 제시하

---

4) 송두율, 『미완의 귀향과 그 이후』, 후마니타스, 2007, 175쪽.

5) 송두율, 『역사는 끝났는가』, 당대, 1995b, 259쪽.

6) 송두율, 『통일의 논리를 찾아서』, 한겨레신문사, 1995a, 242쪽.

7) 송두율, 『경계인의 사색』, 한겨레신문사, 2002, 104~105쪽.

인문학적 통일담론과 통일인문학　73

였다. 그러나 송두율이 이야기하는, "'남' 속에 '북'이 들어 있고 '북' 속에 '남'이 들어 있다"는 '상호성'을 전제하는 '다름의 공존'과 '경계의 철학'은 근본적인 한계를 가지고 있다.

여기서 그가 이야기하는 '다름의 공존'은 내가 이해할 수 있는 한에서, 내 안으로 들어온 타자, 즉 내가 구사하는 의사소통의 규칙 속으로 들어온 타자에 대해서만 성립한다. 그가 말하듯이 만일 나를 미루어 타자를 이해할 수 있다면 타자와 나의 소통은 어렵지 않다. 소통이 어려움을 겪고 난관에 봉착하는 것은 내 안의 타자 때문이 아니라 '내 안에 있지 않은 타자', '내가 이해할 수 없는 타자'이다. 송두율은 이 '타자의 문제'를 깊이 있게 사유하지 않고 있다. 물론 송두율 입장에서 남과 북의 '타자 문제'는 본원적인 의미에서 '타자 문제'가 아닐 수도 있다. 왜냐하면 한반도의 민족주의라는 독특성을 가지고 있기 때문이다.

그가 보았듯이 현재의 남북관계가 보여 주는 상호성은 총풍, 북풍 등 "긍정적인 의미에서보다는 부정적인 의미에서 더 부각"[8]되고 있기는 하지만 이 부정성 또한, 남과 북의 관계가 미국과 한국, 독일과 한국 등의 외교관계와 다른 질을 가지는 독특한 것이라는 점을 드러낸다. 하지만 문제는 송두율이 이 적대성을 '긍정적인 상호성'으로 바꾸기만 하면 된다고 쉽게 생각해 버린다는 점이다. 그는 '다름의 공존'과 '과정으로서의 변화'를 통일철학의 핵심으로 제시하면서 "우리의 관점이 그들의 관점과 반드시 동일하지는 않지만 우리와 그들의 관점은 곧 수렴될 수 있고 또 쉽게 서로 배울 수 있다는 연대성 속에서", "집합적 단수로서의 우리"를 확인해 갈 수 있다고 말한다.[9]

그러나 너무나 당연해 보이는 이런 주장에 동의하면서도 많은 사람들이, 한편으로 공허함을 느끼는 것은, 그 말에 동의하는 나 자신

---

8) 송두율, 2000, 128쪽.
9) 송두율, 『전환기의 세계와 민족지성』, 한길사, 1991, 42~43쪽.

조차 수시 때때로 북이 이해 불가능한, 매우 낯설고 기괴한 존재로 느껴지기 때문이다. 여기서 송두율이 간과한 것은 분단 60년의 세월 속에서 우리 몸에 아로새겨진 분단체제의 정서-가치-생활문화이며 분단이 낳은 적대성과 6·25전쟁 등이 낳은 심리적 상처들이다. 여기서 분단은 이미 합리적인 사고의 영역을 넘어서 무의식의 차원에 존재한다. 따라서 차이의 공존과 연대를 합리적 차원에서 받아들이기는 쉽지만 그것을 실제로 실현하는 것은 쉬운 것이 아니다.

의식의 차원에서 타자는 합리적으로 접근될 수 있다. '내 안의 타자'와 '역지사지'는 합리성의 차원에서 작동할 수 있다. 여기서의 타자는 내 안의 타자로서, 최소한 나와 의사소통의 규칙을 공유한 타자이기 때문이다. 그러나 비합리적인 무의식의 차원에서 타자는 나와 규칙을 공유하고 있지 않은, 내 밖에 있으면서 끊임없이 나를 위협하는 타자이다. 남과 북의 적대성은 바로 이 '타자의 타자성'을 통해서 작동한다. 따라서 문제는 이 타자의 타자성을 사유하는 것이다. '타자의 타자성'을 통해서 소통을 사유하는 사람은 가라타니 고진이다. 그는 우리가 알고 있는 상식적인 의미에서 대등한 사람들 사이의 대화라고 하는 '소통'의 개념을 전복적으로 해체한다.

고진이 보기에 '대등한 사람들 사이의 소통'은 이미 서로 간에 규칙을 공유한 사람들 사이의 대화이다. 그러나 그렇게 되었을 때, 대화는 이미 자기가 알고 있는 것들 속에서, 자신의 규칙 속에서 이루어지는 것이다. 이점에서 고진은 이런 대화를 "자기대화"라고 규정하고 자신의 "내성"적 사유로부터 우리를 발견하려고 하는 것은 결국 타자를 배제하는 것이라고 말한다.[10] "나는 자기대화 또는 동일한 규칙을 공유하는 사람과의 대화를 대화라고 부르지 않는다. 대화는 언어게임을 공유하지 않는 사람들 사이에서만 존재한다. 그리고 타자 역시 언어게임을 공유하지 않는 사람이어야 한다. 그러한 타자

---

10) 가라타니 고진, 송태욱 옮김, 『탐구』 1, 새물결, 1998, 14쪽.

와의 관계는 비대칭적이며 '가르치는' 입장에 선다는 것은 바꿔 말해 타자 또는 타자의 타자성을 전제하는 일이다." "가르치고-배우는 비대칭적 관계가 커뮤니케이션의 기본적인 상태"이다.11)

이런 점에서 송두율이 이야기하는 '자기 안의 타자'는 고진의 입장에서 보았을 때, 다른 하나의 자기의식이며 여기서 발견되는 타자는 오직 자신이 이해할 수 있는 한에서의 타자이자 자신의 언어로 말할 수 있는 타자일 뿐이다.12) 마찬가지로 남북관계에서의 대화 또한 마찬가지이다. 남북관계가 냉탕과 온탕을 수시로 반복하는 것은 바로 남과 북이 서로에 대해 가지고 있는 '타자의 타자성' 때문이다. 타자의 타자성은 우리가 이해할 수 없는 것, 낯설고 기괴한 것이다. 그래서 남북관계의 급진전은 반드시 그 반대 편향, 공포를 생산한다.

그러므로 통일철학의 존재론적 패러다임은 '자기 안의 타자'가 아니라 '타자의 타자성'에서 출발해야 한다. "대화란 언어게임을 공유하지 않는 자와의 사이에만" 있으며 "타자란 자신과 언어게임을 공유하지 않는 자가 아니지 않으면 안 된다."13) 물론 여기에는 하나의 난점이 있다. 그것은 바로 내 밖에 있는 타자는 나와 어떤 언어규칙도 공유하고 있지 않기 때문에 서로 소통한다는 자체가 원초적으로 불가능한 것처럼 여겨질 것이기 때문이다. 그러나 이와 같은 곤란은 공통규칙을 미리 주어진 것으로 전제하기 때문에 발생하는 것이다. 만일 우리가 공통규칙을 이미 주어진 것이 아니라 '창조', 또는 '생성되어야 할 것'으로 본다면 문제는 달라진다. 고진은 오히려 이점에 착목하기 때문에 '도약'과 기존 규칙의 파괴와 해체를 주장한다.

그는 '도약'을 이야기하면서 "규칙은 도약 후에 발견된다"14)고 말한다. 도약은 "말하고=듣는 주체에게 '의미하는' 일의 내적 확실성을

---

11) 위의 책, 14~15쪽.
12) 위의 책, 82쪽.
13) 위의 책, 13~14쪽.
14) 위의 책, 50쪽.

잃게 하는 것이고 그것을 근거 없는 위태로움 속으로 몰아가는 것"에서 나온다. 그래서 도약은 '어둠 속의 도약'이며 '목숨을 건 도약'이다.15) 여기서 듣는 자의 명증성을 해체하는 것은 '타자'이다. 또한, 공통규칙이란 바로 이런 '도약'과 '해체' 이후 이루어지는 '가르치고-배우는' 비대칭적 의사소통을 통해서 창출되는 것이다. 따라서 고진의 논의를 따른다면 통일이란 미리 주어진 어떤 것, 우리 민족에게 내재적으로 주어진 '원형', '동질성'을 회복하는 것이 아니라 오히려 '소통'의 '과정'을 통해서 창출되어야 하는 어떤 것이다.

여기서 통일은 일회적인 사건이 아니라 '과정'이 된다. 물론 '과정으로서 통일'이라는 개념을 내세웠던 사람은 백낙청이나 송두율이다. 그러나 그들은 이 '과정으로서 통일'이라는 개념을 명료하게 정초 짓지는 못했다. 왜냐하면 해체되어야 할 대상과 새롭게 창조되어야 할 대상을 제시하지 못했기 때문이다. 그런데 고진의 '타자의 타자성'과 '비대칭적 의사소통'의 개념을 도입하면 '과정으로서 통일'이란 개념이 함축하는 해체와 창조되어야 할 것이 명료해진다. 여기서 해체 대상은 남과 북의 분단체제가 내적으로 체현시켜 온 각자의 명증성과 분단체제의 규칙이며 창조되어야 할 대상은 서로 다른 타자성을 가진 두 개의 분단국가가 가르치고-배우면서 만들어 가는 '공통의 언어규칙'이다.

통일인문학은 바로 이와 같은 패러다임 위에서 출발한다. 그것은 통일을 '내 안의 타자'가 아니라 '타자의 타자성'에 근거하여 남과 북의 소통을 새로운 언어규칙을 만들어 가는 창조적 활동, 미래의 고향으로서 통일한반도를 창조하는 행위로 사고한다. 여기서 타자, 즉 남과 북, 재외동포들은 서로에 대해 이질적인 것이거나 배제되어야 할 것이 아니라 나름의 환경 속에서 변용(affectio)16)을 수행해 온 '차이

---

15) 위의 책, 45쪽.
16) 육체의 변용은 스피노자의 개념을 가져온 것이다. 스피노자에 따르면 변용은 육체와 육체의 마주침에서 발생한다. 여기서 중요한 것은 육체변용에 부적합한 관념이냐 아니냐

들'로서, 통일한반도를 창출해 가는 생성적 힘이자 '민족적 공통성 (national commonality)'의 자산으로 간주한다.

민족적 공통성에서 공통성(commonality)은 'community'가 아니다. 'community'은 정치문화생활을 같이 한 공동체가 가지고 있는 기존의 가치와 문화적 원형을 고수하며 그 속에서 동질적인 정체성, 동일성을 추구한다. 따라서 'community'는 동질성 대 이질성이라는 이분법을 고수하면서 타자의 타자성을 배제한다. 하지만 'commonality'은 '타자의 타자성'이 가지고 있는 '차이들'이 만나서 그 관계성 속에서 형성되는 '공통성'이다. 이런 점에서 민족적 공통성이란 미래의 고향으로서 통일한반도의 건설에 제공되어야 할 문화와 가치, '공통의 언어규칙'을 '남과 북, 해외동포'들의 문화적 변용들 속에서 만들어지는 것이라고 할 수 있다.

4. 통일인문학의 분석대상: 분단의 아비투스와 트라우마

'민족적 공통성'을 형성하는 데, 우선적으로 분석되어야 할 것은 '타자의 타자성'이다. '타자의 타자성'은 타자를 이해할 수 없는, '무시무시한 괴물'로 만들어놓으면서 '마음의 장벽'을 생산하기 때문이다. 이런 의미에서 백낙청은 분단체제가 "단순히 국토의 분단만이 아니라 사회 구석구석의 모든 분열, 우리 마음속의 모든 병들과 결합되어 있어서 어디서부터 풀어가야 할지 모를 악순환을 이루고"[17] 있다고 말한다.

이다. 부적합한 관념은 "수동적 정서로서 '슬픔이나 불쾌, 보복'과 같은 감정을 유발하며 궁극적으로 '죽음, 파괴'와 같은 육체적 활동 능력을 해치는 정념을 유발하는 반면 육체변용에 적합한 관념은 능동적 정서로, 서로의 차이를 통해서 '생성'을 만들어 내는 정념이다. 따라서 생성은 차이를 전제하며 차이의 적극적인 부딪힘을 통해서 각자의 특이성을 생성의 조건으로 만든다. 따라서 남·북 간의 '교환'은 양적인 호혜성을 의미하는 단순한 상호주의가 될 수 없으며 질적 차이를 인정하는 호혜적 관계가 되어야 하며 그 속에서 공통의 규칙과 질서를 만들어 가는 소통이 될 수밖에 없다(박영균, 「통일론에 대한 스피노자적 성찰」, 『분단 극복을 위한 인문학적 성찰』, 선인, 2009, 28~31쪽).

그러나 그는 탐(貪: 이윤추구), 진(瞋: 상대방을 미워하고 죽이려 함), 치(癡: 현존체제를 합리화하는 이데올로기)라는 삼독(三毒)[18]과 같은 계몽적 차원에서 접근하기 때문에 "통일하는 마음"과 "삼동윤리(三同倫理)"[19]에 기초한 마음의 수양을 이야기할 뿐이다.[20] 따라서 이것은 분단체제가 심어놓은 합리성이 작동하지 않은 영역을 고려하지 않고 있다.

남·북 분단이 낳은 마음의 장벽은 합리적인 인지영역을 벗어난 신체의 내면화와 프로이트가 말하는 무의식의 영역에서 작동한다.[21] 따라서 타자에 대한 분석은 이 불구화된 사회의 사회심리와 생활문화를 분석하는 과정이 될 수밖에 없다. 만일 이것이 선행되지 않는다

---

17) 백낙청, 『분단체제 변혁의 공부길』, 창작과비평사, 1994, 87쪽. 이렇게 이야기하는 것은 백낙청만이 아니다. 이미 장준하가 말했듯이 '민족분단'은 이념과 제도의 차이만을 말하는 것이 아니라 한 사람의 생활의 분단이자 파괴요, '나 자신의 분열이며 파괴'이다(장준하, 「민족주의자의 길」, 법정 편저, 『아, 장준하』, 동광출판사, 1982, 208쪽). 또한 함석헌도 분단이란 우리에게 "치명적인 상처"인바, 치명적인 상처를 입은 사람이 그 상처가 낫기까지는 일을 할 수도, 학문을 할 수도, 사회활동을 할 수도 없다고 말한 바 있다(함석헌, 「민족통일의 길」, 『민족통일의 길: 함석헌전집 17』, 한길사, 1984, 17쪽).

18) 백낙청, 『어디가 중도며 어째서 변혁인가』, 창비, 2009a, 294~295쪽.

19) 백낙청은 원불교의 삼동윤리로 세 가지 강령을 이야기하고 있다. 첫째 강령으로 동원도리(同源道理)는: '진리는 하나다'라는 관점으로, 모든 종교와 교회가 근본에서 다 같은 한 근원의 도리임을 의미하는 일원(一圓)의 진리이며, 둘째 강령 동기연계(同氣連契)는 모든 인종과 생령이 근본에서 다 같은 한 기운이요 한 기운으로 연계된 동포라는 것으로. 사해동포-생태친화적 세계관이다, 셋째 강령 동척사업(同拓事業)은 모든 사업과 주장이 다 같이 세상을 개척하는 데 힘이 되는 것으로서. 대동화합을 의미한다(위의 책, 297~300쪽).

20) 일반적으로 '병'이라고 할 때, 우리는 두 가지의 전제를 가지게 된다. 첫째, 병으로 진단하는 주체, 합리적 주체를 전제한다. 따라서 여기에는 차이와 공통성이 아니라 판단자-주재자에 근거한 동일성의 계몽적 신화의 잔재가 남아 있다. 둘째, 합리성을 전제한다. 병은 합리성의 관점에서 보았을 때, 정상적이지 못한 비정상적인 어떤 것이다. 따라서 '병'은 일정한 규범, 범형을 전제한다. 물론 분단체제와 관련된 병적 징후들이 없다는 것은 아니다. 그러나 병적 징후들을 '병적인 것'으로 진단하고 그것에 칼날을 들이대기 전에 필요한 작업이 있다. 백낙청은 이것을 하지 않고 있기 때문에 '마음의 수양'만을 이야기할 뿐이다. 게다가 한반도의 분단체제는 '마음의 수양'만으로 해결할 수 없는 것들을 생산하였다. 예를 들어 6·25와 같은 분단의 트라우마가 그러하다. 따라서 이 지점에 대한 더 깊은 사유가 필요하다. 통일인문학이 제시하는 '분단의 아비투스'와 '분단의 트라우마'는 이와 관련되어 있다.

21) 백낙청도 이것을 어렴풋이 인지하고 있다. 그래서 그는 "남북한이 비록 생산양식부터 판이한 별개의 사회구성이지만 어쨌든 분단이라는 모순을 공유하고 있는 특별한 사회이고 이로 인해 양자 모두 다소간 불구화된 사회들"(『민족문학의 새 단계: 민족문학과 세계문학』 III, 창작과비평사, 1990, 83쪽)이라고 말한다.

면 백낙청이 이야기하는 '범한반도적 프로젝트'[22]뿐만 아니라 송두율이 이야기하는 '전체로서 한반도' 또한 사유될 수 없다. 왜냐하면 일반적으로 남·북의 관계에서 나타나는 매우 강력한 특징 중에 하나는 상호 배움은 고사하고 의사소통조차 불가능하게 만들어버리는 어떤 비합리적인 영역이 지속적으로 작동하고 있다는 점이기 때문이다. 따라서 던져야 할 질문은 다음과 같다.

왜 남북관계에서 사람들의 합리적 인식과 판단능력이 어떤 지점에서는 작동하기를 멈추는가? 그들은 왜 어떤 지점에서 극단적인 적개심과 증오심을 표출하는가? 심지어 왜 사람들은 그 스스로 분단체제에 의해 고통을 받고 있으면서도 그 스스로 분단지배세력이 생산하는 분단체제를 재생산하는가? 이 질문에 답하기 위해서 분석되어야할 것은 ① '분단체제가 생산한 아비투스의 다양한 층위들'과 ② 6·25 전쟁과 같은 '분단으로 인해 야기된 트라우마들'이다.[23]

백낙청의 분단체제론은 이런 문제들에까지 나아가지 못했다. 그의 분단체제론은 분단체제가 남과 북의 체제, 세계체제와 상대적인 독립성을 가지고 자기를 재생산하며 분단체제의 기득권세력을 생산한다고 말한다. 따라서 그는 기득권세력 대 시민 또는 민중을 포함하는 "변혁적 중도주의"[24] 세력 연합이라는 대결 구도를 설정하면서 "단

---

22) 백낙청은 한반도의 통일을 어느 하나의 일방적인 승리가 아니라 매우 적극적인 의미에서 기존의 한계들을 뛰어넘어 미래의 가치를 발견하는 범한반도적 프로젝트로 규정했다. 그는 "분단체제가 좀 더 나은 체제로 바뀌는 '변혁' 과정에서만 자유민주주의, 사회민주주의, 공동체자유주의, '진정한 사회주의' 등의 미덕을 포함한 대안적 가치를 실현할 틈새가 확보되며 이를 위한 대중의 적극적 참여가 가능해진다"(앞의 책, 2009a, 95쪽)고 말한다. 그러나 많은 사람들이 이런 주장을 하고 있음에도 불구하고 문제는 많은 사람들이 이것을 당위론적으로 받아들일 뿐, 실현가능성에는 회의적이라는 점이다.

23) 이에 대한 선행작업으로, 분단의 아비투스에 관한 글은 박영균, 「분단의 아비투스에 관한 철학적 성찰」, 『시대와 철학』 21-3호, 한국철학사상연구회, 2010; 분단의 트라우마에 관한 글은 김성민·박영균, 「분단의 트라우마에 관한 시론적 성찰」, 『시대와 철학』 21-2, 한국철학사상연구회, 2010b 참조.

24) 백낙청이 말하는 '변혁적 중도주의'는 NL/PD의 오랜 갈등을 넘어 분단체제의 변혁이라는 대의를 속에서 온건개혁세력과 손을 잡는 3자 연대를 의미한다. 여기서 중산층 민주주의와 민중적 민주주의 간의 절충은 남북의 점진적 통합에 적극 참여하는 진정한 민족대단결의 일부가 되는 것이다. 그래서 그는 변혁적 중도주의가 "분단체제극복을 겨냥한 합작"

일형 국민국가로의 완전한 통일이라는 고정관념을 버리고 연합제와 낮은 단계의 연방제 사이 어느 지점에서 남북 간의 통합작업이 일차적인 완성에 이르렀음을 쌍방이 확인했을 때, 1단계통일이 이룩되는 것이라는 새로운 발상이 필요"25)하다고 주장하고 있다.

그러나 한국의 시민과 민중들의 일상적 의식이 보여 주듯이 시민과 민중이 오히려 북을 이해할 수 없는 타자이자 자신의 안정을 위협하는 대상으로 인식한다면 어떻게 할 것인가? 또, 독일통일이 보여 주듯이 북을 열등국민으로 간주하고 북이라는 공간을 식민화의 대상으로 삼는다면 어떻게 할 것인가? 백낙청은 민중과 시민을 통일운동의 주체라고 너무나 쉽게 전제하고 있다. 이것은 그가 여전히 분단체제를 의식과 무의식을 포함하는 인간 전체의 차원이 아니라 합리적 의식과 계몽의 차원에서 접근하기 때문이다.

그러나 백낙청이 이야기하는 분단체제는 단순히 남과 북이라는 두 개의 분단국가의 분열과 적대적인 공생을 만들어 내는 허구적인 지배이데올로기와 체제논리 수준에서만 작동하는 것이 아니다. 남·북의 분단에 기초하고 있는 남과 북이라는 두 개의 국민국가는 기본적으로 한반도 전체를 아우르고 있었던 역사적 국가로서의 하나의 민족국가를 형성하지 못한, 민족≠국가인 국민국가이자 "결손국가(a broken nation states)"26)이다. 따라서 국민국가를 만들어 내는 과정 또

이라고 말하고 있다(백낙청, 『한반도식 통일, 현재진행형』, 창비, 2006, 31쪽).

25) 백낙청, 위의 책, 2006, 20~21쪽. 물론 여기에 이견이 있다. 강만길과 송두율이 민중에 주목한다면 백낙청은 "한반도식 통일은 곧 시민참여형 통일"(앞의 책, 2009a, 69쪽)을 주장하며 송두율은 북한에서는 분단 극복이나 통일 주체에서 정부와 인민 간의 이해 일치하는 반면에 남한은 불일치한다고 말하면서 1990년대 이후 부상한 시민, 시민사회에 대해서는 지역주의와 계급문제, 반공주의를 들어 자의적이고 제한적인 개념이라고 비판하고 있다(송두율, 『통일의 논리를 찾아서』, 1995a, 57~62쪽). 또한, 통일 경로에 대해서도 백낙청과 송두율은 다르다. 백낙청은 통일의 중간 과정에서 발생하는 위험을 통제하는 장치로 국가연합을 주장(백낙청, 같은 책, 205~206쪽.)하는 반면 송두율은 외교와 국방 분야를 연방국가가 전담해서 관장하는 연방제 통일안(송두율, 같은 책, 234~235쪽)을 제시하고 있다.

26) 임현진·정영철, 『21세기 통일한국을 위한 모색』, 서울대학교출판부, 2005, 1쪽. 결손국가는 "동일한 민족으로서의 상상적 정치공동체이기는 하지만 서로 주권을 달리하는 두 개의 국가로 나누어져 있다"(17쪽)는 뜻으로 사용되었다. 이들은 한반도가 "세계에서 그 유래를

한 독특한 특징을 가질 수밖에 없었다.

남과 북은 하나의 민족공동체를 아우르지 못한 결손국가로서, 자신의 결여를 감추기 위해 상대에 대한 적대심을 부추기고 자신의 정통성을 통해서 국민을 만들어 냈다.[27] 여기서 개인들은 근대적인 국민국가의 주체로 호명되는 인민주권의 주체로서 "시민(citizen)"이 아니라 국민국가에 복종하는 존재를 뜻하는 "신민, 또는 백성(subject)"으로 조직화되었다. 이것은 곧 국민국가의 국민형성이 분단된 국가의 결여를 메우는 분단된 사회적 신체를 생산하는 과정이었음을 의미한다. 따라서 분단체제가 생산하는 분단의 사회적 신체에 대한 분석은 의식적 차원이 아니라 부르디외가 말하는 의식과 무의식을 포괄하는 '아비투스들'[28]에 대한 분석이 되어야 한다.

여기서 분단체제가 생산하는 분단의 아비투스는 분단체제론과 마찬가지로 세 가지의 층위를 가진다. ① 분단체제 그 자체가 남과 북이라는 결손국가의 결핍을 메우면서 자신을 재생산하는 방식으로 작동하는 '분단체제의 아비투스들'과 ② 남과 북이 가지고 있는 특별한

찾아보기 어려울 정도로 오랜 전통을 갖는 단일민족으로서 '에스니적' 역사문화 공동체의식"(22쪽)을 가지고 있다고 본다는 점에서 이 논문의 입장과 동일하다. 다만, 근대 이전에 형성된 것을 '에스니(echnie)'으로 볼 것인가, '네이션(nation)'으로 볼 것인가 하는 쟁점은 남아 있다. 사실, 이 문제에 있어서 중요한 점은 에스니와 네이션만 아니라 '스테이츠(states)'라는 개념을 구분하는 것이다. 서구에서 네이션스테이츠가 출현한 것은 근대이다. 하지만 한반도에서 에스니는 스테이츠를 만들어 왔다. 따라서 이 논문은 홉스봄이 이야기하는 '역사적 국가'라는 개념을 수용하고 있다.

27) "한마디로 서구의 경우 자유로운 개인들의 고안물이었던 민족, 그리고 그것을 실현하는 기구로서의 민족=국가를 향한 지향이 우리의 경우에는 개인의 고유한 욕망이나 개인의 자율성을 억압하는 기제로 작동하게 되는 것이다."(류보선, 「민족≠국가라는 상황과 한국 근대문학의 정치적 (무)의식」, 『한국 근대문학과 민족-국가 담론』, 소명출판사, 2200, 58쪽)

28) 아비투스는 체화된 성향체계이자 신체(corps)의 사회적 사용이며 사회화된 신체의 생산이다. "그것의 뿌리는 신체를 유지해 주고 떠받치는 하나의 방식이며 계속적으로 자신을 변모시키면서 스스로를 생성시키고 영속시키는, 지속적으로 변화되는 신체의 지속적 존재 방식이고 환경과의 이중적 관계, 즉 구조화되고 구조화시키는 관계"이다(Bourdieu, Pierre, 김웅권 옮김, 『파스칼적 명상』, 동문선, 2001, 208쪽). 따라서 "아비투스는 우리 신체의 운동들 가운데 일부를 생산하는 본능 만큼이나 거의 맹목적이고 무의식적인 본능"(Bourdieu, Pierre, 김웅권 옮김, 『실천이성』, 동문선, 2005, 192쪽)이다.

가치와 지향성에 의해 생산되는 '남과 북의 아비투스들', 그리고 마지막으로 ③ 일제 식민지와 분단된 국가에 의해 강요되는 근대화=서구적 근대화라는 세계질서 속에서 전통들과 함께 착종되어 있는 '식민화/탈식민화의 아비투스들'이 그것이다. 여기서 해체의 대상이 되는 것은 ①이며 ②이며 ②중에 일부는 ③은 '변용'의 관점에서 파악되어야 한다.

그러나 이것만으로 남과 북의 상호 적대성과 증오심이 작동하는 메커니즘 전체를 파악할 수는 없다. 왜냐하면 아비투스들은 신체에 체현된 특정한 성향들, 믿음들의 체계들을 인식하도록 하지만 왜 그런 성향과 믿음들이 내면화될 수 있었는가 하는 심리적 중핵을 보여주지는 않기 때문이다. 분단의 적대성과 상호 증오심은 단순히 위로부터 강제된 것이 아니다. 그것은 아래로부터의 적극적인 동의와 심정적 결합에 기초하고 있다. 따라서 물어져야 할 것은 분단체제가 생산하는 분단의 아비투스만이 아니라 사람들이 그 스스로 남북의 적대성을 재생산하면서 국가폭력에 동조하는 대중의 심리적 중핵이 무엇인가이다.

이점에서 가장 먼저 떠올릴 수 있는 것은 6·25전쟁이라는 동족상잔의 비극이다. 그것은 특정 대상에 대한 공포의 현재화, 사건의 생생함과 정서적 강렬함, 현실왜곡과 최면성 몰입 등을 유발한다. 사람들은 한편으로 잊거나 말해지길 거부하면서도 다른 한편으로 드러내거나 말해지길 원한다. 따라서 그것은 프로이드가 말하는 '트라우마'의 차원에서 접근될 수 있다. 트라우마는 "심각한 기계적 충격, 철도사고, 그리고 생명이 위협받을 수 있는 기타 사고를 겪은 후에 발생"[29]하는 것으로, 과도한 위험과 공포, 스트레스가 유발하는 심각한 심리적 충격을 의미한다.

---

29) Freud, Sigmund., 박찬부 옮김, 「쾌락원칙을 넘어서」, 『쾌락원칙을 넘어서』, 열린책들, 1998, 16쪽.

그러나 이런 심리적 충격은 프로이트가 말했듯이 "본능을 충족시킬 수 없는 사태", 즉 '좌절'과 "이 좌절을 초래하는 규제"인 '금지'에 따른 "박탈"이 유발하는 것[30]이다. 따라서 대중들의 심리적 중핵을 파악하기 위해서는 개인병리학의 차원이 아니라 집단심리학의 차원에서, 특정한 집단이 가지고 있는 리비도의 흐름과 그 리비도의 흐름을 억압 또는 박탈을 분석할 필요가 있다.

에리히 프롬은 "일정한 사회에서 사는 대부분의 사람들의 에너지가 같은 방향으로 향해지면, 그들의 동기가 같은 것으로 될 뿐만 아니라 같은 이념과 이상을 받아들이게 된다"고 말한다.[31] 따라서 특정한 시대의 정신을 만드는 원초적인 질료, 토양은 집단적인 리비도이며 이 리비도의 흐름이 사회적 성격이다. 마찬가지로 민족적 단위에서의 리비도적 흐름이 있으며 이것을 '민족적 리비도(national libido)'라고 규정할 수 있다. 이런 점에서 통일인문학이 제시하는 두 번째 독자적인 분석대상은 '민족적 리비도'의 억압과 박탈, 그리고 전치(displacement)의 구조를 분석하는 것이다.

5. 민족적 리비도와 민족적 공통성의 창출로서 통일패러다임

민족적 리비도는 서구의 '정치적 정체성(political identity)'의 관점에서 보았을 때 성립 불가능한 것처럼 느낄 수 있다. 그러나 한반도에서의 민족적 리비도는 '역사적 국가'라는 오랜 역사성을 기반으로 하고 있기 때문에 성립 가능하다. 또한, 이것은 오늘날 한반도의 분단체제가 가지고 있는 특수성을 보여 주는 것이기도 하다. 한반도의 분단체

---

30) Freud, Sigmund., 김석희 옮김, 「집단심리학과 자아분석」, 『문명 속의 불안』, 열린책들, 1998, 180쪽.
31) Freud, Sigmund., 김진욱 옮김, 『마르크스 프로이트 평전-환상으로부터의 탈출』, 집문당, 1994, 91쪽.

제가 생산하는 적대성은 오히려 강력한 동일성의 의지에 기반하고 있다. 따라서 민족적 리비도의 억압과 좌절을 분석하는 것은 기본적으로 한반도의 분단이 가지는 다음의 두 가지 특성에 근거한다.

첫째, "한반도의 민족주의 또는 민족국가에 대한 열망은 그 강도와 깊이에 있어서 서구와 다르다는 점"이며 둘째, "한반도의 민족주의는 그 강한 열망과 강렬함에도 불구하고 서구의 근대화=민족국가건설과 달리 이 욕망, 민족적 리비도의 좌절을 경험해 왔다는 점에서 리비도 흐름에 결정적인 변용과 왜곡이 있었다는 점"[32]이다. 따라서 한반도에서의 민족적 리비도는 더욱 강력하게 역사적으로 형성된 문화적 토양을 가지고 있으면서도 일제하 식민지와 해방 후 분단이라는 좌절 속에서 억압당하고 배제되어 왔다.

이 점에서 원초적인 민족적 원형으로 회귀하고자 하는 욕망 또한 강력했다. 예를 들어 한반도의 민족주의는 종종 한반도를 수탈당하고 찢겨진, 고향이자 어머니로 표상하였다. 반면 일제하에서 아버지는 부재했으며 분단 이후에는 통합적인 민족적 리비도를 창출하지 못한 결손국가로서, 각기 그 스스로 아버지가 되고자 했다. 따라서 애국계몽과 근대화론-친일-친미의 역사 대 항일무장투쟁과 반외세-반미-주체의 역사는 각기 부재하는 아버지를 자처하는 '주인담론'으로 기능했다.[33]

그러나 그것은 각기 '주인담론'을 자처하는 아버지일 뿐, 자신에게 근본적으로 결여된 공백을 완전히 메울 수는 없었다. 이 부재와 결여

---

32) 김성민·박영균, 2010, 27쪽.

33) 이와 관련하여 김동춘의 다음과 같은 말은 시사하는 바가 있다. "전통을 극복해야 할 대상으로만 파악하고 개화·근대화를 만병통치약으로 생각했던 구한말 일제식민지시기 개화론자들이나 60년대 이후 경제성장제일주의를 신봉한 남북 정치엘리트들의 사고는 물론이고 여기에 대항해 '우리 식대로 살자'고 외치는 북한의 고독한 몸부림, 양자 모두는 세계정치·경제 질서와 강대국의 패권주의 하에서 생존과 발전을 도모해야 했던 '몰락한 문명국가'이자 엄혹한 국제정치 질서 아래서 강대국의 눈치를 볼 수밖에 없는 약소민족인 한민족이 처해 온 독특한 근대의 맥락 속에서 이해되어야 할 것이다."(『근대의 그늘』, 당대, 2000, 237쪽)

를 메운 것이 바로 상대에 대한 적대적인 투쟁이며 남과 북이라는 두 개의 분단국가는 '민족적 리비도'의 좌절을 상대에 대한 원한과 복수의 감정으로 전치시켰다. 남과 북의 '정통성 경쟁'은 바로 이런 적대적 구조에 근거한 부정적 통합(negative integration)을 보여 준다. 신탁통치와 관련된 좌우 대립에서부터 시작하여 "분단시기 역사인식의 대표적 예가 정통론이다." 남과 북의 정부는 각각 자신만을 합법적이고 한국 전체를 대표하는 중앙정부이고 상대방의 정부는 괴뢰 또는 괴뢰집단이라고 주장하였다.34) 여기서 전치되는 것은 '민족' 없는 국가의 주인화였으며 6·25전쟁이 유발한 '전쟁의 트라우마'는 바로 이런 전치를 완성시켜 놓았다.

'분단체제의 아비투스'는 바로 이와 같은 민족적 리비도의 좌절과 억압, 전치에 근거한다. 분단체제는 "민족≠국가로서 남과 북의 국민국가가 전치시키는 민족주의의 국가주의화"를 만들어 내면서 "정통성 논쟁을 통해서 순수 대 오염, 동질성 대 이질성, 발전과 미발전, 남성 대 여성, 고향 대 타향, 주체 대 타자의 대립"이라는 코드를 생산한다.35) 따라서 분단의 트라우마는 ① '민족적 리비도'의 흐름이 중단되고 억압되면서 '원죄의식'을 타자에 대한 폭력으로 전환시키는 메커니즘을 창출하면서 ② 결손국가의 결핍을 메우는, 상대에 대한 증오와 원한을 만들어 내는 사회심리적 중핵을 제공한다.

그러나 이런 균열과 틈새, 공백을 메우면서 '분단된 사회적 신체', 분단체제의 아비투스를 만들어 내는 것은 국가폭력이라는 점에서 ③ 분단의 트라우마를 분단의 아비투스로 전환시키는 과정은 가해자와 피해자의 전도, 그리고 망각의 정치화를 통해서 이루어진다. "시간감각의 변형은 미래를 삭제하는 것에서 시작하지만 점진적으로 과거를 삭제하는 것으로 진행"36)되며 "복수환상은 외상기억에 대한 거울상"

---

34) 서중석, 『배반당한 한국민족주의』, 성균관대학교출판부, 2004, 25쪽.
35) 박영균, 앞의 책, 2010, 395쪽.
36) Herman, Judith., 최현정 옮김, 『트라우마』, 플래닛, 2009, 158쪽.

으로, 이 속에서 가해자와 피해자는 역할이 전도된다."[37] 따라서 분단국가는 더 이상 트라우마의 중핵을 달래지 않는다. 오히려 그것은 트라우마를 환기(상기하자 6·25)시킴으로써 공포를 유발하며 사회적 관계, 즉 남과 북의 관계를 단절시킴으로써 "트라우마의 핵심"인 "두려움과 외로움"[38]을 생산한다.

그러므로 분단체제를 극복하는 것은 무엇보다도 '분단된 사회적 신체'를 '통일의 사회적 신체'로 바꾸어가면서 동일성의 욕망이 상호 적대성으로 전화되어 있는 현재의 '민족적 리비도'의 왜곡과 전치를 극복하고 '민족 역량과 잠재력'이 되어 다시 흐르게 하는 과정을 통해서만 주어질 수밖에 없다. 소통(communication)·치유(healing)·통합(integration)은 바로 이런 현재 왜곡된 '민족적 리비도'의 흐름을 '통일의 사회적 신체'를 만들어 내는 과정을 통해서 민족적 역량으로 바꾸는, 즉 합력(合力)을 창출하는 것이야말로 통일의 인문학적 작업이 독특하게 수행해야 하는 작업에 해당한다.

우선, 분단체제가 생산하는 적대성을 극복하기 위해서 동일성에 근거하고 있는, '대칭적, 또는 수평적 소통'의 개념을 '가르치고-배우는 과정'으로서 '비대칭적 소통'의 개념으로 전도시켜야 한다. 왜냐하면 분단의 트라우마에 근거한 아비투스는 이미 가해자와 피해자의 전도에 근거하여 동일성을 강요하면서 '타자의 타자성'을 지어버리기 때문이다. 따라서 '과정으로서 통일'이라는 개념은 남과 북의 분단체제가 분단된 사회적 신체를 생산해 온 명증성과 분단체제의 규칙들을 해체하고 서로 다른 타자성을 가진 두 개의 분단국가가 '가르치고-배우는' '비대칭적 의사소통' 속에서 만들어 가는 '공통의 언어규칙'이라고 할 수 있다.

이런 점에서 통일인문학이 제안하는 소통의 패러다임은 '내 안의

---

37) 위의 책, 314쪽.
38) Jon G, Allen., 권정혜·김정범·조용래·최혜경·최윤경·권호인 공역, 『트라우마의 치유』, 학지사, 2010, 44쪽.

타자'가 아니라 '타자의 타자성'에 근거하여 미래의 고향으로서 통일한반도를 창조하는 '비대칭적 의사소통'일 뿐만 아니라 남·북, 재외동포들의 문화적 변용을 통일한반도의 내적 자산으로 간주하는 태도에서 출발한다.39) 왜냐하면 통일은 '민족적 공통성'을 생산하는 것으로서, 여기서 '민족적 공통성'은 원형의 회복이나 동질성이 아니라 모두가 공유하는 동일한 특질은 없지만 서로 닮아 있는 '가족유사성'과 같은 것으로서, 서로의 차이가 만나서 생성되는 '공통(common)'적인 것이다. 따라서 통일인문학이 추구하는 소통의 패러다임은 다음의 두 가지 관점을 새롭게 제기한다.

첫째, '아비투스들'을 문화적 변용이자 새롭게 창조되어야 할 통일한반도의 '민족적 공통성'을 만들어 가는 '자산'으로 간주하는 관점을 제공한다. 예를 들어 남과 북의 아비투스는 분단 현실이라는 특수한 환경 속에서 발전시킨 가치와 지향성들로, 사회주의권 대 자본주의권이라는 진영대립을 포함한 냉전질서 속에서 각기 나름의 방식들로 근대화를 추구하는 과정에서 가지게 된 '신체의 변용'이다. 뿐만아니라 '식민화/탈식민화의 아비투스들'은 오리엔탈리즘과 옥시덴탈리즘을 포함하여 식민화를 극복하는 데 필요로 될 뿐만 아니라 한반도의 통일에서 미래적 가치를 창출하는 참조지점이 될 수 있다.

둘째, 분단의 아비투스들에 근거한 '소통'의 패러다임은 상대의 가장과 가치를 존중하는 '가르치고-배우는' 소통이다. 이것은 합리성/비합리성이라는 이분법을 넘어서 분단의 아비투스들을 주어진 상황속에서 자신의 코나투스를 지키려는 일정한 게임, 전략(stratégie)의 양식들로 사유한다. 예를 들어 북의 주체-수령, 우리식 사회주의라는 일련의 코드들은 그들의 항일무장투쟁의 전통으로부터 나오며 미국

---

39) 백낙청은 이와 관련하여 한반도문제가 민족문제만이 아니라 인류의 문제라고 주장하면서 디아스포라의 현실을 공유할 것과 "'우리 민족끼리'라는 자주적인 자세와 '세계와 함께' 나누는 가치들을 지혜롭게 결합하는 한반도 통일운동"을 제시하고 있다(앞의 책, 2009a, 118쪽).

에 의한 봉쇄 속에서 자신들의 삶을 개척해 온 역사와 관련되어 있다. 그런데 이런 식의 '가장', '환상'을 존중하지 않는다면 타자와의 소통은 불가능하다. 부르디외가 말했듯이 "사회적으로 인정된 사회적 존재, 다시 말해 인류애를 획득하기 위한 상징적 투쟁에서 패한 자들의 박탈보다 더 나쁜 박탈은 없"[40]으며 이 오인의 구조를 배제한다면 그들의 존재 가치를 부정하는 것이 되기 때문이다.

게다가 아비투스는 "공리주의적 전통과 경제학자들의 고립되고 이기주의적이며 계산적인 주체"가 만들어 내는 것이 아니라 "억누를 수 없는 지속적인 연대와 충실의 장소"[41]에서 작동한다. 이것은 아비투스가 "객관적 미래에 대한 실천적 준거를 전제하는 성향들의 전체를 통일시키는 구조"[42]이기 때문이다. 따라서 분단의 아비투스가 만들어 내는 '분단된 사회적 신체'를 '통일의 사회적 신체'로 바꾸는 것은 '연대와 우애의 아비투스'를 생산하는 것이며 '민족적 리비도'의 힘을 '지속적 연대와 충실의 힘'으로 바꾸는 것이다. '소통의 패러다임'은 바로 이와 같은 목적을 추구한다.

그러나 이것이 남과 북의 아비투스들을 그대로 수용해야 한다는 것은 의미하는 것은 아니다. 오히려 그것은 통일한반도의 미래적 상을 창출하는 가치와 규범의 창출을 의미한다. 통일은 이종석이 이야기하듯이 "단순한 혈연 및 언어의 공통성을 넘어서 어떻게 단일한 공통의 내적 삶의 구조를 만들어 갈 것인가"하는, "단순히 혈족결합"을 넘어선 "새로운 민족국가건설 프로젝트"[43]이다. 바로 이점에서 송두율이 주장하는 '내재적·비판적 방법론'이 가진 한계는 바로 이 지점에 놓여 있다. 송두율은 북을 이해하려고 할 뿐, 그것을 다시 객관화하려는 '참여적 객관화(objectivation participate)'를 수행하지 않는다.

---

40) Bourdieu, Pierre, 김웅권 옮김, 2001, 344쪽.
41) 위의 책, 210쪽.
42) Bourdieu, Pierre, 최종철 옮김, 『자본주의의 아비투스-알제리의 모순』, 동문선, 1995, 127쪽.
43) 이종석, 『분단시대의 통일학』, 한울아카데미, 1998, 20쪽.

참여적 객관화는 객관화하려는 연구자 자신의 이해관계를 포함하여 자신의 아비투스와 위치, 그리고 장을 반성적으로 성찰(réflexivité)한다. 따라서 오늘날의 통일담론이나 북한학 그 자체가 성찰의 대상이 되어야 한다. 마찬가지로, 흡수통일론에 대쌍적 관계를 가지는 낭만적 민족주의 또는 문화적 쇼비니즘으로부터도 거리를 두어야 한다. 이것은 분단체제에서 남과 북이 각기 다른 체제를 구축했음에도 불구하고 그들이 분단국가를 만들어 가면서 이들의 민족적 자원들을 활용했다는 점을 망각하고 있다. 남과 북은 공통적으로 "공동체에 높은 가치를 부여"했으며 "전통적 가치관"을 부분적으로 수용했다.[44] 따라서 이질화의 극복은 전통적 가치관을 활용하는 것으로는 불가능하며 "현대적 규범들 속에서 남북한 접맥의 가능성"[45]을 찾는 것이 될 수밖에 없다.

하지만 이런 소통의 패러다임은 적대성의 대중심리적 토양을 제공하는 '분단의 트라우마'에 대한 치유 없이 작동할 수 없다.[46] 왜냐하면 분단의 트라우마는 억압된 리비도의 왜곡과 굴절 속에서 작동하기 때문이다. 따라서 분단의 트라우마는 '합리적 계몽'의 대상이 아니라 '치유'의 대상이다. 또한, 분단의 트라우마에 대한 치유는 기본적으로 가해자와 피해자를 역전시키는 전치의 구조에 대한 분석을 통해서 제공된다. 여기서 전치의 구조는 ① 분열된 주체로서 결손국가의 주인담론이 가진 '분열, 틈새, 공백'을 감추기 위해서 자신을 주인으로 내세우는 담론 속에서 이루어진다.

하지만 결손국가는 이것을 완전히 봉합할 수 없다. 따라서 그것은 수시로 '분열과 틈새'를 드러낸다. 그러나 주인을 자처하는 결손국가

---

44) 위의 책, 190~191쪽.
45) 위의 책, 194쪽.
46) 백낙청이 이야기하듯이 "통일의 문제가 단순한 정치문제가 아니라 민족구성원 하나하나의 자기인식과 자기회복의 문제이듯이, 문학에서도 과거의 민족 분열에 의한 상처를 찾아내어 고발할 것은 고발하고 치유할 것은 치유하는 작업을 빼놓을 수 없다."(『인간해방의 논리를 찾아서』, 시인사, 1979, 98쪽)

는 국가테러리즘적 국가폭력을 통해서 '민족적 리비도'의 흐름을 억압하면서도 남과 북의 국가테러리즘이 낳은 '국가폭력의 트라우마'를 오히려 6·25전쟁과 같은 '전쟁의 트라우마'에 대한 환기를 통해 상대에 대한 적대성으로 전도시킨다. 따라서 분단의 트라우마를 치유하는 과정은 남과 북의 기득권세력이 가지고 있는 공모관계를 폭로하고 남북의 민간교류와 통일운동의 활성화를 통해서 민족의 정서적 교감을 민중적 기초 위에서 형성해 가는 것만이 아니라 보다 본질적으로는 국가주의를 벗어나서 이런 '분열과 틈새'를 확장시키고 이 속에서 민중들 스스로가 '주인'이 되는 민주주의를 발전시키는 과정이 될 수밖에 없다.47)

② 분단의 트라우마를 분단의 적대성으로 바꾸는 것은 기억의 망각과 전치에 근거한다. 여기서 분단의 역사는 왜곡되고 전치된다. 그러나 이런 역사의 왜곡과 전치는 민족사라는 거대서사에서만 작동하는 것이 아니다. 그것은 개인의 차원에서도 작동한다. 결손국가로서 남과 북이라는 분단국가는 8·15 이후 전개된 분단의 역사를 적대의 역사로, 다른 한쪽의 역사에 대해서는 망각과 억압으로 바꾸어 놓는다. 따라서 이런 역사의 기억을 회복하고 분단의 역사를 자기서사의 일부로 통합하는 것과 남과 북의 적대적 구조 안에서 이루어지는 분단서사를 한반도 전체의 통합서사로 바꾸어 놓는 것은, 적대의 구조를 해체하고 남과 북의 민족적 리비도가 다시 만나 삶의 능동적인 에너지가 될 수 있도록 만드는 것이다.

이점에서 주디스 허먼의 3단계 치유방식48)을 참조할 수 있다. 그

---

47) 이런 점에서 통일운동과 개혁운동의 상관성을 이야기하는 백낙청의 주장이 의미를 가진다. "1) 분단된 남북 어느 한쪽에서의 통일작업과 개혁작업은 분단 현실의 구조적 특성에 따른 불가분의 관계로 얽혀 있다. 2) 따라서 남북관계의 진전에 반대하는 집단은 단순한 '냉전세력'이 아니며 분단에 따른 기득권을 유지하는 데 다양한 이념을 복합적으로 동원하는 세력이다. 3) 그러므로 통일작업과 개력작업 모두 한반도 전역에 걸쳐 작동하는 분단체제의 극복작업이라는 성격을 띰으로써만 실효를 거둘 수 있다."(백낙청, 『한반도식 통일, 현재진행형』, 창비, 2006, 130~131쪽)

48) Herman, Judith, 최현정 옮김, 2009, 2부 참조.

녀가 제안하는 트라우마 치유의 방식은 분열된 주체의 자기서사를 통합적으로 구축하는 것이다. 그러나 이런 통합서사는 가해자와 피해자의 역전된 관계를 해체하는 것만이 아니라 피해자를 사회적 관계로부터 분리·고립시키는 단절을 극복하는 과정에서 시작된다. 따라서 통합서사의 구축은 남북 간에 안전성과 신뢰성을 확보하는 1단계와 남과 북의 분단된 서사 속에서 지워진 역사적 기억들을 회복하고 일제하 식민지와 6·25를 포함한 역사를 자기역사의 일부로 구성해내는 2단계, 그리고 마지막으로 통일한반도의 미래를 창출하는 새로운 규칙과 민족적 공통성을 생산하는 3단계로 나누어 볼 수 있다. 통일인문학의 통합패러다임은 바로 이와 같은 과정을 통해서 '민족적 공통성'을 창출하고 그럼으로써 '민족적 리비도'가 민족의 역량이 되도록 만드는 것이다.

6. 나가며: 통일인문학과 소통·치유·통합패러다임과 상호관계

통일인문학은 강만길, 백낙청, 송두율과 같은 인문학적 통일담론의 역사성을 계승한다고 할 수 있다. 오늘날 한국에서의 통일담론은 통일을 더 이상 단일한 국민국가의 건설로 보지 않는다. 이것은 백낙청이 밝히고 있듯이 이런 관점이 오히려 적대적 분단을 강화하기 때문이다.49) 따라서 이들은 분단된 국가의 일국적 틀을 벗어나 한반도

---

49) "남북한 각자가 다른 대다수의 국가들처럼 열국체제(interstate system)에 직접 참여하기보다 분단체제의 압도적 영향이라는 매개 작용을 거쳐서 참여하는 한, 그들은 완전한 국민국가 상태에 미달하는 운명이며, 이는 남북한이 각기 주적으로 삼는 상대방과의 사이에 국제적으로 공인된 국경(또는 민족 내부에서 정당화되는 분할선)을 갖지 못했다는 점에서 단적으로 드러난다. 이러한 '정상적인 국가'의 결여 또는 대부분의 한반도 주민들 사이에 단일형 국민국가에 대한 집착을 낳으며, 이 집착은 다시 분단과 대치상태를 극복하기보다는 유지하는 데 기여한다. 꽉 짜인 단일국가에 대한 전망은 각자 자기의식의 통일이 아닌 그 어떤 통일에 대해서도 불안감을 고조시키기 때문이다."(백낙청, 「한반도에서의 식민성 문제와 근대 한국의 이중과제」, 이남주 엮음, 『이중과제론: 근대적응과 근대극복의 이중과제』, 창비, 2009b, 38쪽)

전체로 사유하는 통일의 관점을 제시했다. 강만길 이후로 남과 북을 아우른 전체로서 한반도의 통일을 사유하는 것은 인문학적 통일담론이 가진 특징이다. 그리고 최근에 백낙청은 '범세계적 민족공동체'와 '복합국가'로까지 나아가고 있다.[50] 이것은 통일을 남과 북의 통일로만 사유하는 것이 아니라 범세계적 차원에서 사유하기 때문이다.

이런 점에서 분단과 통일은 단순히 남과 북의 차원을 벗어나 공간적으로 해외의 디아스포라를 포함하며 그 가치에서 세계사적 차원을 지닌다. 그러나 그렇기 때문에 분단체제 극복과 통일의 문제는 이보다 더 깊은 곳, 분단체제 하에서 살고 있는 사람들뿐만 아니라 해외 디아스포라를 포함하여 가치와 정서, 생활양식을 통합하는 데 있다. 통일이 인문학적 기반 위에 서야 하는 것은 이 때문이다. 사실, 과정으로서의 통일, 다민족적 네트워크의 형성으로서 통일, 마음의 장벽을 허무는 사람들의 통일이 되기 위해서는 백낙청이 이야기하는 '도덕형 통일'이나 '경계인의 자세'로만은 부족하다.

통일이 정치-경제적인 거시체제의 통합을 넘어서 궁극적으로 '사람의 통일', 즉 '통일의 사회적 신체'를 창출하는 것이 되기 위해서는 동질성/이질성이 아니라 차이와 공통성에 기초한 비대칭적 의사소통을 통한 공통규칙의 창출과정으로 통일을 이해하는 통일에 대한 관점뿐만 아니라 이런 통일이 현실적으로 작동하도록 하기 위해서 분단체제의 상호의존성이나 적대적 공생의 구조만이 아니라 그런 체제가 생산하는 '분단된 사회적 신체'에 대한 분석을 수행해야 한다. 그것은 분단의 아비투스와 그런 아비투스가 작동할 수 있는 심리적 토양으로서 사람들의 욕망, 즉 리비도적 흐름을 전치하고 포획하면

---

50) "1민족=1국가라는 공식은 한반도의 사정에 국한된 특수명제임을 먼저 인정하고 한반도에서도 단일형 국민국가보다는 다민족사회를 향해 개방된 복합국가(compound state)가 민중의 이익에 더욱 충실한 국가형태일 수 있음을 인정할 때, 국적과 거주지역을 달리하는 느슨한 범세계적 민족공동체(ethnic community) 내지 네트워크로서의 한인공동체를 유지 또는 건설하는 작업이 현 세계체제 속에서 어떻게 가능하고 더 나은 세계를 위해 얼마나 바람직한가를 진지하게 검토할 길이 열리는 것이다."(백낙청, 앞의 책, 2006, 83쪽)

서 국가화시키는 트라우마에 대한 분석에서 주어질 수 있다. 또한, 이런 점에서 통일인문학이 추구하는 통일은 '민족적 리비도'의 역량을 모으는 것이자 '민족적 공통성'을 창출하는 것이다. 이 과정에서 필요로 되는 것이 소통과 치유이다.

하지만 이런 관점에서 제기된 통일패러다임으로서 소통·치유·통합은 소통 → 치유 → 통합이라는 단계적인 순서를 의미하거나 상대적인 중요성을 의미하지 않는다. 이 세 가지는 분단체제에서 복잡하게 서로 얽혀 있다. 소통은 분단의 트라우마에 대한 치유와 아비투스들에 대한 분석을 필요로 하지만 그런 분석조차 다시 '비대칭적 의사소통'과 '공통규칙'이라는 태도의 전환을 필요로 한다. 마찬가지로 차이를 생성의 힘이자 민족적 공통성으로 바꾸는 것은 민족적 리비도를 흐르게 하는 치유의 과정을 필요하며 남과 북의 '변용'이라는 아비투스에 대한 성찰은 통일한반도의 '공통규칙', '공통성'을 창조하기 위해 필요하다. 따라서 분단체제를 극복하고 '통일의 사회적 신체'를 생산하는 통합의 패러다임은 이 세 가지 차원을 동시적으로 요구하며 이를 통해서 창출하고자 하는 것은 '민족적 리비도'의 합력을 창출하는 '민족적 공통성'의 모색이라고 할 수 있다.

참고문헌

김동춘, 『근대의 그늘』, 당대, 2000.

김성민·박영균, 「인문학적 통일담론에 대한 비판적 성찰: 강만길·백낙청·송두율의 통일담론에 대한 비판적 검토」, 『범한철학』 59집, 범한철학회, 2010a.

_____, 「분단의 트라우마에 관한 시론적 성찰」, 『시대와 철학』 21-2, 한국철학사상연구회, 2010b.

류보선, 「민족≠국가라는 상황과 한국 근대문학의 정치적 (무)의식」, 『한국 근대문학과 민족-국가 담론』, 소명출판사.2005.

박영균, 「분단의 아비투스에 관한 철학적 성찰」, 『시대와 철학』, 한국철학사상연구회, 2010.

_____, 「통일론에 대한 스피노자적 성찰」, 『분단 극복을 위한 인문학적 성찰』, 선인, 2009.

백낙청, 『인간해방의 논리를 찾아서』, 시인사, 1979.

_____, 『민족문학의 새 단계: 민족문학과 세계문학Ⅲ』, 창작과비평사, 1990.

_____, 『분단체제 변혁의 공부길』, 창작과비평사, 1994.

_____, 『한반도식 통일, 현재진행형』, 창비, 2006.

_____, 『어디가 중도며 어째서 변혁인가』, 창비, 2009a.

_____, 「한반도에서의 식민성 문제와 근대 한국의 이중과제」, 이남주 엮음, 『이중과제론: 근대적응과 근대극복의 이중과제』, 창비, 2009b.

서중석, 『배반당한 한국민족주의』, 성균관대학교출판부, 2004.

송두율, 『미완의 귀향과 그 이후』, 후마니타스, 2007.

_____, 『경계인의 사색』, 한겨레신문사, 2002.

_____, 『민족은 사라지지 않는다』, 한겨레신문사, 2000.

_____, 『통일의 논리를 찾아서』, 한겨레신문사, 1995a.

_____, 『역사는 끝났는가』, 당대, 1995b.

_____, 『전환기의 세계와 민족지성』, 한길사, 1991.

이종석, 「남북한 독재체제의 성립과 분단구조」, 역사문제연구소 엮음, 『분단 50년과 통일시대의 과제』, 역사비평사, 1995.

_____, 『분단시대의 통일학』, 한울아카데미, 1998.

임현진·정영철, 『21세기 통일한국을 위한 모색』, 서울대학교출판부, 2005.

장준하, 「민족주의자의 길」, 법정 편저, 『아, 장준하』, 동광출판사, 1982.

함석헌, 「민족통일의 길」, 『민족통일의 길: 함석헌전집』 17, 한길사, 1984.

가라타니 고진, 송태욱 옮김, 『탐구』 1, 새물결, 1998.

Jon G. Allen, 권정혜·김정범·조용래·최혜경·최윤경·권호인 공역, 『트라우마의 치유』, 학지사, 2010.

Bourdieu, Pierre, 김웅권 옮김, 『실천이성』, 동문선, 2005.

_____, 김웅권 옮김, 『파스칼적 명상』, 동문선, 2001.

_____, 최종철 옮김, 『자본주의의 아비투스-알제리의 모순』, 동문선, 1995.

Freud, Sigmund, 박찬부 옮김, "쾌락원칙을 넘어서", 『쾌락원칙을 넘어서』, 열린책들, 1998.

_____, 김석희 옮김, "집단심리학과 자아분석", 『문명 속의 불안』, 열린책들, 1998.

Fromm, Erich, 김진욱 옮김, 『마르크스 프로이트 평전-환상으로부터의 탈출』, 집문당, 1994.

Herman, Judith, 최현정 옮김, 『트라우마』, 플래닛, 2009.

제2부

분단의 아비투스와
통일론에 대한 성찰

분단의 아비투스에 관한 철학적 성찰

박영균

1. 들어가며: 타자를 생산하는 분단

분단을 사유하는 것은 통일을 사유하는 것이다. 그러나 현실적으로 통일은 관념적인 이상 또는 추상적인 구호에 불과할 뿐이다. '우리의 소원은 통일'처럼 통일은 우리에게 가장 가까운 곳에 있는 친숙한 것이면서도 다른 한편으로 가장 멀리 있는, 낯선 것이기도 하다. 왜냐하면 우리는 통일을 당연한 것으로 간주하면서도 막상 통일을 어떻게 해야 할 것인가라고 묻는다면 그 구체적인 상을 떠올리기에 힘겨워하기 때문이다. 따라서 오늘날 현실에서 통일은 추상적 당위이자 개념으로 존재할 뿐이며 구체적인 현실로 존재하지 않는다.

그렇다면 왜 우리는 통일을 현실적으로 떠올리거나 말하지 못하는가? 그것은 분단 그 자체가 가지고 있는 내적 성격이 그러하기 때문이다. '휴전선'으로 상징화되는 분단은 그 자체로 억압적이다. 휴전선은 전쟁의 종결을 의미하지 않는다. 그것은 언제든지 갑작스럽게 도래할 수 있는 전쟁, 파괴, 죽음을 함축한다. 따라서 휴전선은 일상의 평화를 끊임없이 침범하면서 삶의 근원적 토대를 허물어뜨리는, 떠올리기 싫은 위협의 공간이다. 공포는 이 적대의 구조, 남과 북이라는, 지구상 가장 많은 150만 대군이 밀집되어 있는 휴전선 그 자체로부터 주어진다.

그러나 이 구조는 쉽게 해체될 수 없다. 왜냐하면 휴전선을 경계로 분단은 끊임없이 재생산되기 때문이다. 여기서 북은 남에게, 남은 북에게 상호의존적이다. 양자는 '공생적 적대, 적대적 공생'이라는 구조를 생산함으로써 자신의 체제를 강고하게 재생산한다. 따라서 분단구조는 그들의 적대성에도 불구하고 서로 닮은꼴로, 남과 북 각각의 내부에서 억압적으로 재생산된다. 국가보안법 대 북한형법의 반혁명범죄조항들(3장 44조부터 55조까지)은 서로 너무나 닮았다. 따라서 닮음은 서로의 적대성 속에서 은폐되며 통일이라는 슬로건은 그 외면과 달리 남과 북의 국가에 의해 끊임없이 '적과의 협잡'으로 의심받으며 단죄된다.

분단을 넘어서 통일을 사유하거나 말한다는 것은 '위험스러운 일'이며 끊임없이 자기 검열을 생산하는 억압을 동반하는 행위이다. 여기서 타자는 '타자'로 생산된다. 그러나 이 타자는 단순히 나와 다르다는 의미에서 타자가 아니다. 그것은 나를 위협하는, 끊임없이 죽음의 공포를 유발하는 '타자'이자 이해 불가능한 대상으로서 '타자'이다. 6·25는 이 '타자'를 생산하는, 끊임없이 환기되는 현재화하는 과거로서 현재적 체험의 공간이다. 이런 점에서 남과 북의 분단을 사유하기 위해서 전제되어야 할 것은 일반적인 의미에서의 '타자'가 아니다.

일반적인 의미에서 타자는 내가 이해할 수 있는 것으로서 타자, 즉 "내 안의 타자로서, 나의 게임규칙을 공유하고 있는 타자"[1]일 뿐

---

1) 박영균, 「분단을 사유하는 경계인의 철학: 송두율의 통일담론에 대한 비판적 검토」, 『철학연구』 114, 2010, 77쪽.

이다. 그러나 분단에 의해 생산되는 타자의 문제는 단순히 나와 다른 '타자'의 문제가 아니라 내가 이해할 수 없는 '타자', '적대적 타자'에 의해 남과 북 내부에서 생산되는 구체적인 억압자로서 타자이며 끊임없이 소통이 가로막히면서 자기 검열을 생산해야 하는 타자의 문제이다. 여기서의 타자는 단순한 차이의 '인정'과 '포용'으로 소통될 수도 인식될 수도 없으며 그것 오히려 분단의 적대적 구조를 재생산하며 분단체제를 공고히 하는 결과만을 낳을 뿐이다.

한 때 포용정책은 남·북 간의 화해무드를 조성했으며 통일을 향한 진일보한 성과들을 생산했다. 그러나 최근에 악화되고 있는 남·북의 냉전은 이런 성과들을 한꺼번에 날려버렸다. 왜 그럴까? 그것은 일반적인 의미에서 포용이나 차이의 인정은 내가 이해할 수 있는 것만을 이해하며 고진이 말하는 '타자의 타자성'을 지워버리기 때문이다. 따라서 일상적인 상황에서는 그럭저럭 관계를 만들어 가지만 내가 이해할 수 없는 것이 출현할 때 우리는 곧바로 타자를 비합리적인 것이자 이해 불가능한 대상으로, 그렇기에 공포를 유발하는 대상으로 전화시켜 버린다. 여기에 두 개의 전혀 다른 두 얼굴이 공존한다.

"한편에서는 포용정책으로 대변되는 집권여당의 대북유화정책이 자리하고 다른 한편에서는 이러한 정책의 무모성과 위험을 지적하는 대북강경책이 존재하는 것이 현실적 한계상황이다. 이와 같은 북한에 대한 강온적인 분열적 태도는 반공논리와 민족논리가 서로 대립하고 갈등해 온 한국사회의 사회 심리적 지형을 그대로 반영한다."[2]

---

2) 이서행, 『새로운 북한학: 분단시대 통일문화를 위하여』, 백산서당, 2002, 5쪽. 이하 각 논문에서의 인용은 그 논문의 입장이 나의 입장과 전적으로 같기 때문에 이루어진 것은 아니다. 아비투스 또는 아비투스와 유사한 표현을 쓰는 경우는 있지만 이것의 실체를 규명하는 본격적인 논문이 없기 때문에 분단의 아비투스를 다루는 데 어느 정도의 맥락적 차용이 불가피했다. 그래서 입장이 동일하기 때문이 아니라 각 논의 전개 상 필요에 따라 입장의 일치여부를 떠나 적절한 문제의식들이나 논의들을 차용했다. 게다가 그렇기 때문에 여기에 인용된 각 논자들의 견해에는 차이가 있고 심지어 적대적인 경우도 있다. 그러나 이 논문에서 이들의 입장 차이를 일일이 비교하거나 논박하기에는 분량의 제약이 있을 뿐만 아니라 이 논문의 목적이 아니기 때문에 이를 구체적으로 다루지 않고 생략했다.

그러나 이 양자는 서로 대립하기만 하는 것이 아니다. 오히려 그것은 서로의 결핍을 보완하며 양자를 생산한다. 따라서 분단에 대한 사유가 통일에 대한 사유가 되기 위해서는 '타자의 타자성'을 사유해야 한다. 그것이 바로 "기괴한 타자의 포용은 통일문화의 제도화에서 핵심"3)인 이유이다.

그렇다면 우리는 '타자의 타자성'과 소통하고, '기괴한 타자의 포용'을 어떻게 수행해 가야 하는가? 이를 위해서는 먼저 이 소통을 가로막는 우리 몸에 체현된 분단의 실체를 파악해야 한다. 왜냐하면 우리가 타자의 타자성, 기괴한 타자를 이해하지 못하는 것은 분단의 구조가 아비투스로, 우리 몸과 일상생활의 삶에 체화되어 있기 때문이다. 분단은 단순히 두 개의 분열된 주권국가의 대립으로 환원되지 않는다. 그것은 이종석이 이야기하듯이 ① "분열된 두 주권국가의 존재로 상징되는 지역적 분단", ② "상이한 삶의 양식을 지닌 두 사회구성체의 분열적 존립", ③ "분단에 내재해온 제로섬 게임에 기초한 갈등과 대립으로 상징되는 적대성"으로 구성되어 있다.4)

그러므로 이 논문은 분단이 낳은 체현의 실체를 파악하기 위해서 1. 부르디외의 아비투스 개념을 살펴보고 이것이 한반도의 분단구조와 어떻게 관련될 수 있는지 가능성을 타진해 보고, 2. 결손국가 또는 민족≠국가라는 틈새를 메우는, 한반도에서 나타나고 있는 근대성의 특수한 형태라는 역사성 속에서 분단의 아비투스가 무엇인지를 밝힘과 동시에 분단의 아비투스라는 개념을 정의하고, 3. 분단의 적대적 구조에 기초한 분단의 아비투스가 우리의 몸에 체현되면서 내면화하는 분단의 아비투스의 특징들을 역사성 속에서 다루면서, 4. '참여적 객관화'로서 분단과 통일을 사유할 것을 제안함과 동시에 5. 분단의 아비투스에서 우애의 아비투스를 생산하는 통일패러다임을 가

---

3) 위의 책, 426쪽.
4) 이종석, 『분단시대의 통일학』, 한울아카데미, 1998, 26쪽.

설적으로 제시하고자 한다.

2. 부르디외의 아비투스와 정신분석, 그리고 분단

아비투스라는 개념은 '가지다, 간직하다'는 뜻을 가진 라틴어 동사 하베레(habere)의 과거분사형으로서, 희랍어 헥시스(hexis, '자세를 잡고, 말하고, 걷는 영속적 성향, 또는 지속적 방식으로, 몸가짐-마음가짐의 가짐'을 뜻함.)를 토마스 아퀴나스가 신학대전에서 아비투스로 번역한 데에서 유래한다. 부르디외는 이 '간직함', 가짐'의 의미를 살려 아비투스를 자신의 잠재력과 행위 사이에 놓여 있는 지속적인 성향들의 체계로 정의한다. 그러나 아비투스 개념을 이해하기 위해서는 이것만으로 부족하다. 부르디외가 아비투스라는 개념을 통해서 보이고자 하는 것은 단순히 성향들의 체계가 있다는 것에 있지 않기 때문이다.

이런 점에서 부르디외가 아비투스란 개념이 학구적 환상에 대응하여 주는 의미로 제시한 것들을 고려할 필요가 있다. 그것은 ① "우리들의 행동들이 보다 자주 원리로 채택하는 것은 합리적 계산이 아니라 실제적인 감각이라는 점, 혹은 … 과거는 과거가 창출한 성향들 속에 여전히 존재하며 영향을 미치고 있다는 점"과 ② "… 사회적 행위자들은 사람들이 기대할 수 있는 것보다 더 혼하게, 믿기지 않을 만큼 더 체계적인 성향들(예를 들어 취향들에 대한 성향들)을 가지고 있다는 점"이다.[5] 따라서 부르디외의 아비투스는 지속적인 성향들의 체계 속에서 행위와 믿음, 인지적 양식들을 고찰하며 이 고찰 방식에서 아비투스가 가지는 특징들을 다음의 세 가지 점들로 제시하고 있다.

첫째, 아비투스는 시간성을 가지고 있다. 그것은 과거에 내면화된 습성이나 성향들이 미래의 가능성을 현재화하는 계기로, 장(champ)

---

5) Bourdieu, Pierre, 김웅권 옮김, 『파스칼적 명상』, 동문선, 2001, 97쪽.

과 관련하여 존재하며6) 둘째, 구조와 주체, 안과 밖, 거시와 미시의 대립을 넘어서 "구조의 내재적 법칙(구조의 코나투스)을 아비투스의 형태로 내면화"7)하는, '외재성의 내면화'와 '내면성의 외재화'8)이자 '구조화된 구조'이며 '구조화하는 구조'9)이다. 셋째, 아비투스는 체화된 성향체계이자 신체(corps)의 사회적 사용이며 사회화된 신체의 생산이다. "그것의 뿌리는 신체를 유지해 주고 떠받치는 하나의 방식이며 계속적으로 자신을 변모시키면서 스스로를 생성시키고 영속시키는, 지속적으로 변화되는 신체의 지속적 존재방식이고 환경과의 이중적 관계, 즉 구조화되고 구조화시키는 관계"이다.10) 따라서 "아비투스는 우리 신체의 운동들 가운데 일부를 생산하는 본능 만큼이나 거의 맹목적이고 무의식적인 본능"11)이다.

그러나 이렇게 단순하게 부르디외의 아비투스 개념을 정리하면 몇 가지 오해가 생길 수 있다. 따라서 이 개념을 보다 명료히 하기 위해서는 다음 3가지 지점을 살펴볼 필요가 있다. 첫 번째는 '체화(incorporation)'라는 개념에 대한 이해이며 두 번째는 푸코의 생체권력

---

6) "아비투스는 순간순간의 미래에 현재의 현존을 가능케 하는 현재 속의 과거의 그 현존이다."(위의 책, 302쪽)

7) Bourdieu, Pierre, 김웅권 옮김, 『실천이성』, 동문선, 2005, 194쪽.

8) 이와 관련하여 홍성민은 "개인의 행위가 미시적일 뿐만 아니라 거시적일 수 있다는 점"과 "거시적 행위가 독자적으로 존재할 수 있다는 점"을 부르디외의 아비투스 개념이 가진 특징으로 제시하면서 외부성의 내재화과정과 의식의 내면이 외부로 표현되는 외부화과정을 사회적 정체성의 형성과정이라고 말하고 있다(「계급 아비투스와 정체성의 정치」, 양은경 외, 『문화와 계급』, 동문선, 2002, 288쪽).

9) 정선기는 사회의 구조화된 그리고 동시에 행위자에 체화된 구조를 '구조화된 구조로서 아비투스'로, 행위자들이 지금까지 경험한 '생활'의 산물이지만, 이것은 또한 개인적, 집단적 실천을 재생산하는 기능을 수행하는 것을 '구조화하는 구조로서 아비투스'로, 실천의 생산원리이자 동시에 인식, 해석, 평가의 원천이지만 이른 거의 체화된 세계관과 유사한 것을 '무의식적 행위틀로서 아비투스'로 규정하고 있다(「생활양식과 계급적 취향」, 현택수 외, 『문화와 권력』, 나남, 1998, 57쪽).

10) Bourdieu, Pierre, 김웅권 옮김, 『파스칼적 명상』, 동문선, 2001, 208쪽. 이하 번역본의 인용에서 약간의 변형을 가했다. 이것은 번역자에 따라 동일한 개념을 다른 어휘들로 번역하여 가독성에 혼란이 있으며 이 글의 통일성을 해치기 때문이다. 이런 점에서 인용하는데 필요한 부분들의 개념을 통일시켜 놓았다.

11) Bourdieu, Pierre, 김웅권 옮김, 『실천이성』, 동문선, 2005, 192쪽.

과의 차이이며 세 번째는 프로이트가 말하는 무의식과의 관련성 문제이다. 부르디외의 아비투스에서 사용되는 사회적 신체를 생산하는 체화라는 개념은 단순히 육체적인 태도와 습관만을 의미하는 것이 아니다. 그것은 정신적 수준에서도 일어난다. 따라서 그의 아비투스는 합리적인 이성의 차원을 배제하지 않는다.

또한, 이것은 푸코와의 결정적 차이이기도 하다. 아비투스는 '생체권력'이 아니라 '상징폭력(violence symbolique)'과 관계하며 권력이 훈육이나 길들이기 혹은 그물망과 같은 객관적 절차가 아니라 인지체계를 통해서 작동한다는 점에서 푸코와 다르다. 이때 인지체계는 단순한 지식이 아니라 개인의 역사로서 혹은 집단적 역사로서 획득되는 '실천을 위한 실천적 기반'이다.12) 게다가 그렇기 때문에 세 번째로 부르디외의 아비투스가 지닌 무의식적 성격은 생물학적인 것이 아니며 사회학적이며 의식과 무의식의 뚜렷한 구분에 의존하는 것이 아니라 양자를 포괄하면서 상호 전화되는, 신체에 각인된 성향체계들이다. 이런 점에서 부르디외는 사회학을 사회적 무의식에 대한 분석으로 정의하며 정신분석학과 대비적으로 사회분석(socio-analyse)이라는 개념을 사용한다. 그렇다면 이것은 무엇을 의미하는가?

부르디외는 프로이트가 꿈에 대한 분석을 통해 무의식을 드러내듯이 현재의 제도, 현상, 가치들을 통해서 그것을 가능하게 만든 역사를 드러낸다. 부르디외는 개인과 사회의 관계를 사회존재의 두 양태, 아비투스와 장, 신체를 만드는 역사와 사물을 만드는 역사 사이에서 구성되는 관계로 대체한다.13) 부르디외는 사회를 개인들이 고유하

---

12) 부르디외에게 상징권력은 상징폭력과 직접적인 관계를 가지고 있다. 상징권력은 권력의 자의성과 폭력성을 자발적으로 수용하게 하는 오인의 힘이다. 따라서 자발적 복종은 무지 또는 오인에 기초한 것으로 물리적 폭력과 다르고 두뇌와 육체에 아로새겨진다. 그럼에도 불구하고 그것이 폭력인 이유는 현재 주어진 상태를 필연적이고 불변적인 것으로 받아들이도록 하고 자기모멸감과 자기부정, 그리고 자기검열 등을 낳기 때문이다. 이에 대한 논의는 홍성민, 『문화와 아비투스』, 나남, 2000 참조.

13) "그것〈예술가·학자·행정가의 역사적 행위의 원리: 필자〉은 의식이나 사물에 있지 않고 사회의 두 가지 상태, 즉 제도의 형태 속에 객체화된 역사와, 제가 아비투스라고 부르는

게 위치를 점하고 있는 삼차원의 공간으로서, 이들 위치들 간의 객관적인 관계망이 상동성과 상대적 자율성을 가지고 움직이는 다층적인 장으로 파악한다. 따라서 개인이 가지고 있는 아비투스는 장과 존재론적 공모관계를 가지고 있지만 다른 한편으로 개인은 장을 가능성, 기회의 공간으로 사고하기 때문에 실천은 장과 아비투스 사이의 변증법적 산물이 된다.

게다가 부르디외의 아비투스는 "정신분석과 사회학의 결합"[14]이 된다. 그러나 이때의 정신분석의 대상이 되는 아비투스는 프로이트처럼 개인적인 것이 아니다. 그것은 "집단적이거나 초개인적"[15]이다. "아비투스가 만들어 내는 전략들은 사회적 질서가 지닌 꾸준히 존재하려는 경향", 즉 "사회적 질서의 코나투스"[16]에 의해 생성된다. "행위자들은 구조의 내재적 법칙(구조의 코나투스)을 아비투스의 형태로 내면화"[17]한다. 이 내면화는 물리적 공간에서 사회적 공간으로, 생물학적 리비도에서 사회적 리비도로 변환하는 과정 속에서 이루어진다. 따라서 아비투스는 "미분화된 충동인 생물학적 리비도를 사회적인 특수한 리비도로 구성"하는 것이다. 여기서 사회적 리비도는 사회에 여러 "장들이 있는 만큼이나 많은 종류의 리비도"로 분화되어 있으며 "리비도의 사회화 작업은 바로 충동들을 특수한 관심들로 변모시키는 것"[18]이다.

따라서 분단의 아비투스는 분단이라는 역사가 만들어 내는 신체와 사물, 아비투스와 장의 관계를 통해서 이루어지는 '분단 질서', '분단

지속적 성향들의 체계의 형식으로 신체에 체화된 역사 사이의 관계에 있습니다. 신체는 사회 속에 있고, 사회는 신체 속에 있습니다."(Bourdieu, Pierre, 현택수 옮김, 『강의에 대한 강의』, 동문선, 1991, 37쪽)

14) Bourdieu, Pierre, 김웅권 옮김, 『파스칼적 명상』, 동문선, 2001, 239쪽.
15) 위의 책, 226쪽.
16) 위의 책, 220쪽.
17) Bourdieu, Pierre, 김웅권 옮김, 『실천이성』, 동문선, 2005, 194쪽.
18) 위의 책, 171쪽.

구조'의 지배체제가 상징폭력에 의해 '신체'에 아로새겨지는 성향과 믿음들의 체계이다. 이것은 의식과 무의식 모두를 포괄한다. 이런 의미에서 부르디외는 "상징적 지배의 효과는 인식하는 의식들의 순수한 논리 속에서 발휘되는 것이 아니라 아비투스의 성향들의 어둠 속에서 발휘"[19]되는 것이며 이것의 효과는 의식행위도, 이데올로기도 아니며 "신체의 훈련으로부터 비롯되는 습관을 가능하게 만드는 암묵적이고 실제적인 믿음"[20]이라고 말하고 있다. 따라서 분단의 아비투스, 상징폭력은 부르디외가 말하는 도식(schème) 속에서 작동한다. 그것은 아비투스가 지속적으로 여러 곳에 적용 가능한 성향들의 체계로 작동하는 인식, 평가, 행위의 도식들이며 외재적인 것이 내재화하고 내재적인 것이 외재화하는 분단 아비투스라는 사고, 신체, 실천 도식들이기 때문이다.

오늘날 남과 북에서 작동하는 분단의 아비투스는 북과 남에 대한 어떤 믿음 속에서 작동한다. 분단의 적대성은 단순한 이데올로기도, 의식도 아니다. 그것은 이미 내면화되어 있고 우리의 신체에 아로새겨져 있는 어떤 것이다. 자기 검열과 거의 직접적이고 즉각적인 타자(북)에 대한 이해불가능성과 기괴한 이미지의 형성은 이런 아비투스의 산물이다. 부르디외의 아비투스는 이것을 보여줌으로써 '타자의 타자성'에 대한 우리의 이해를 가로막는 '성향과 믿음들의 체계'가 분석할 수 있는 길을 열어준다. 특히, 부르디외의 아비투스 개념은 의식과 무의식을 포괄하는 인지체계와 실천적 선택 행위들에서 합리성을 가장한 행동들이 신체에 아로새겨진 어떤 성향들, 믿음들에 근

---

19) Bourdieu, Pierre, 김웅권 옮김, 『파스칼적 명상』, 동문선, 2001, 246쪽.
20) 위의 책, 247쪽. 이처럼 부르디외의 아비투스는 프로이트의 정신분석학을 넘어서 분단구조 하에서 형성된 지배체제의 다층적인 장들이 생산하는 아비투스를 반성적으로 성찰할 수 있게 한다. 하지만 그것은 프로이트가 제시하는 '억압'과 전이의 구조를 설명하지 못하는 단점을 가지고 있다. 이런 점에서 부르디외의 아비투스는 프로이트의 정신분석학을 필요로 한다. 특히, 분단의 아비투스는 우리 민족의 리비도가 억압되어 온 역사와 관계한다는 점에서 더욱 그러하다.

거한 지를 보여줌으로써 남·북 분단의 아비투스를 우리의 몸과 일상 속에서 파악하도록 하는 장점을 제공해 준다.

3. 민족≠국가로서 분단국가와 분단의 아비투스

부르디외의 아비투스는 남북 분단의 구조가 우리 몸에 내면화되는 양식들을 파악하게 하는 장점에도 불구하고 한계를 가지고 있다. 왜 냐하면 부르디외의 아비투스는 '리비도'의 흐름이 사회적 무의식으로 내면화되는 것을 보게 하지만 그 안에서 억압되고 배제된 것, 그리하여 그 반대의 흐름 속에서 형성되는 무의식을 파악하지 못하기 때문이다. 게다가 부르디외의 아비투스는 그 성향들, 믿음의 체계들이 리비도의 좌절, 억압과 관련하여 과거의 억압이 어떻게 현재화하는가, 그리고 왜 과거의 기억은 그렇게 현재에 재현되는가하는 더 심층의 욕망이라는 흐름을 파악하는 데 한계가 있다. 따라서 부르디외의 아비투스는 프로이트의 무의식 이론과 적절하게 통합되어야 할 필요가 있다.

그렇다면 분단구조 하에서 분단의 아비투스는 어떤 리비도적 작용과 욕망의 흐름, 그리고 좌절과 억압을 통한 변용이 무의식의 지층 속으로 내면화되어간 것일까? 사실, 분단의 아비투스는 분단이 우리 민족에게 가하는 리비도의 흐름을 사회적인 특수한 관심들로 변모시키는 과정 속에서 이루어진다. 여기서 중요한 것은 리비도의 흐름에 대한 억압과 포획이다. 그런데 이 과정을 설명하기 위해서는 프로이트의 집단심리학을 필요로 한다.[21] 특히, 분단이 '좌절된 민족주의'

---

21) 이때의 프로이트는 강박신경증 치료의 한계를 보면서 자신의 이론을 수정했던 후기와 그 후기의 이론들을 사회적인 집단적 심리로 바꾸어 놓은 프로이트 맑스주의자들, 그리고 라캉–지젝의 논의에 의해 변용된 프로이트이다. 분단의 트라우마와 관련된 논의는 김성민·박영균, 「분단의 트라우마에 관한 시론적 성찰」, 『시대와 철학』 21-2호, 한국철학사상연구회, 2010 참조.

라는 한국의 특수한 역사를 반영하고 있다는 점에서 분단의 아비투스를 논의하기 이전에 우선 다음 두 가지 특수한 성격을 명확하게 이해할 필요가 있다.

첫째, 한반도의 민족주의 또는 민족국가에 대한 열망은 그 강도와 깊이에 있어서 서구와 다르다는 점이다. 한반도에서의 민족, 또는 민족주의는 서구처럼 단순한 근대적 창조물이 아니다. 에릭 홉스봄이 말했듯이 한반도는 적어도 고려시대 이후 단일한 '민족=국가'를 형성해 온, "역사적 국가(historical states)"22)이기 때문이다. 둘째로, 한반도의 민족주의는 그 강한 열망과 강렬함에도 불구하고 서구의 근대화=민족국가건설과 달리 이 욕망, 민족적 리비도의 좌절을 경험해 왔다는 점에서 리비도 흐름에 결정적인 변용과 왜곡이 있었다는 점이다. 분단 이후 한반도에서 국가는 민족을 결여한 국가, 민족≠국가라는 "결손국가(a broken nation states)"23)이다.

이 속에서 이루어진 민족주의가 표상하는 한반도는 어머니, 고향으로 형상화되는 금수강산이자 돌아가야 할 곳이자 수탈당하고 찢겨진, 상처투성이의 공간이다. 반면 국가는 끊임없이 어머니를 수탈하고 억압하는 자이다. 일제와 6·25가 그러했다. 따라서 한반도에서 민족적 리비도는 유린당하는 어머니를 향한 욕망이며 부재 또는 결여된 아버지를 대신하여 그 스스로 아버지가 됨으로써 민족적 리비도를 통합하고자 하는 열정과 의지의 변용을 창출하였다. 8·15 이후 해방공간과 분단 이후의 질서는 이런 변용의 결과이자 통합적인 민족적 리비도를 창출하지 못한 결손국가가 각기 자신의 역사 속에서 그 스스로를 주인으로 자처했던 역사적 과정을 표현하고 있는 의지와 정열의 산물이다.

애국계몽과 근대화론-친일-친미의 역사 대 항일무장투쟁과 반외

---

22) Hobsbawn, Eric John, 강명세 옮김, 『1780년 이후의 민족과 민족주의』, 창작과비평사, 2008, 94쪽.
23) 임현진·정영철, 『21세기 통일한국을 위한 모색』, 서울대학교출판부, 2005, 1~17쪽.

세-반미-주체의 역사는 각기 부재하는 아버지를 자처하는 '주인담론'으로 기능했다.[24] 따라서 부재하는 아버지를 대신하면서 결여된 공백, 부재하는 어떤 것을 감추기 위한 분단체제 양 쪽의 투쟁이 전개되었다. 결손국가는 통합된 민족국가를 건설하지 못한 좌절된 욕망의 균열과 틈새를 드러내면서 하나의 아버지, 하나의 단일한 민족국가를 향한 적대적인 투쟁의 질서를 창출해 왔다. 결손국가는 자신에게 부재하는 것, 자신이 드러내는 공백을 감추기 위해서 '민족적 리비도'를 상대에 대한 원한과 복수의 감정으로 대체하였다. 그리고 자신의 정통성을 내세우면서 하나의 아버지를 자처해 왔다.

이런 점에서 한반도의 분단구조는 '정통성 경쟁'을 통해서 각기 다른 아버지, 균열된 아버지의 극단적인 대립, 적대적 구조를 생산하는 부정적 통합(negative integration)의 방식을 생산했다. 여기서 양자의 대표성을 재현하는 것은 '정통성'이며 '민족' 전체의 대표성을 가질 수 없는 공백과 틈새를 메우는 것은 '정통성'을 매개로 한 상대에 대한 분노와 적개심이었다. "분단시기 역사인식의 대표적 예가 정통론이다. 남과 북의 정부가 각각 자신의 정부만이 합법적이고 한국 전체를 대표하는 중앙정부고 상대방의 정부는 괴뢰 또는 괴뢰집단이라고 주장하는 것이다."[25] 여기서 전치되는 것은 '민족' 없는 국가의 주인화이다.[26] 6·25는 이런 전치를 완성시켜 놓았다. 좌절된 민족국가 건설

---

24) 이와 관련하여 김동춘의 다음과 같은 말은 시사하는 바가 있다. "전통을 극복해야 할 대상으로만 파악하고 개화·근대화를 만병통치약으로 생각했던 구한말 일제식민지시기 개화론자들이나 60년대 이후 경제성장제일주의를 신봉한 남한 정치엘리트들의 사고는 물론이고 여기에 대항해 '우리 식대로 살자'고 외치는 북한의 고독한 몸부림, 양자 모두는 세계 정치·경제 질서와 강대국의 패권주의하에서 생존과 발전을 도모해야 했던 '몰락한 문명국가'이자 엄혹한 국제정치 질서 아래서 강대국의 눈치를 볼 수밖에 없는 약소민족인 한민족이 처해 온 독특한 근대의 맥락 속에서 이해되어야 할 것이다."(『근대의 그늘』, 당대, 2000, 237쪽)

25) 서중석, 『배반당한 한국민족주의』, 성균관대학교출판부, 2004, 25쪽.

26) 이와 관련하여 서중석은 다음과 같이 말하고 있다. "극단적인 정통론과 냉전이데올로기, 국시 등은 군국주의자나 파시스트들의 국가주의 곧 민족지상주의와는 성격을 달리하는 분단국가주의를 횡행케 했다."(위의 책, 28쪽)

의 리비도는 상실, 좌절, 박탈의 감정과 죄의식을 상대에게 떠넘겼으며 남과 북의 지배체제는 각기 상대를 극단적인 배신자, 적대자로 전치시켰다. 분단의 아비투스는 이 속에서 민족을 대신한 국가를 통해서 작동했다. 그리고 국가는 '신체적 성향들'을 끌어 모음으로써 "오케스트라적 편성"[27]을 수행했다.

부르디외가 말하고 있는 바와 같이 "국가는 일정한 영토와 이에 상응하는 인구 전체에 대해 물리적이고 상징적인 폭력을 합법적으로 사용하는 독점권을 성공적으로 요구하는 X(결정력이 있는)"[28]이다. 따라서 "국가의 생성은 사회적·경제적·문화적(혹은 학교의)·정치적 등의 상이한 여러 장들의 통합과정과 분리될 수 없다. 이 과정은 합법적인 물리적·상징폭력의 국가독점이 점진적으로 성립되는 현상과 짝을 이룬다. 국가가 물질적·상징적 자원 전체와 관계되어 있다는 사실로 인해 그것은 재정적 개입을 통해서든(예컨대 경제적 장에서 투자에 대한 공적 지원, 혹은 문화적 장에서 이런저런 교육 형태에 대한 지원), 법률적 개입을 통해서든(예컨대 조직들의 기능 작용, 혹은 개인적 행위자들의 행동에 대한 여러 상이한 규제들) 상이한 여러 장들의 기능 작용을 조절할 수 있다."[29]

그렇다면 민족≠국가로서 남과 북의 국가가 끌어 모은 '신체적 성향들'은 무엇이었는가? 그것은 다름 아닌 일제식민지하에서의 역사적 경험-체험들이 낳은 아비투스들로서, 한편으로 '식민지 수탈'-'궁핍'-'수탈당한 어머니'였으며 다른 한편으로 '제국주의적 국가폭력'-'가혹한 금지와 공포'-'집단적 규율과 동원'에 의해 신체에 아로새겨진 아비투스들이었다. 권명아는 이런 아비투스들이 작동할 수 있는, 역사적으로 형성되어 온 집단 무의식으로서 '궁핍의 파토스'를 발견한다. 그녀는 '궁핍의 파토스'가 ① 절멸의 공포를 집요하게 환기

---

27) Bourdieu, Pierre, 김웅권 옮김, 『파스칼적 명상』, 동문선, 2001, 252쪽.
28) Bourdieu, Pierre, 김웅권 옮김, 『실천이성』, 동문선, 2005, 118~119쪽.
29) 위의 책, 59쪽.

시키는 과정을 통해서, ② 국가정체성을 구현하는 특정한 기념물들, 예를 들어 향토, 토속, 한(恨), 가족, 사회체에 대한 지속적인 집착과 궁핍의 공유기억을 효과적으로 환기시키는 장소로서 향토를 통해서, ③ 우승열패의 과정으로서의 역사를 인식하며 강자의 역사로서 보는 것을 통해서 작동하고 있다고 말한다.30)

그러므로 '궁핍의 파토스'에 근거하여 '발전주의' 이데올로기를 생산하는 한반도에서의 분단구조는 '정통성'을 매개로 하여 상대방을 악으로, 민족주의를 순결함의 판타지로 전환시킨다. 남에게 북은 공산주의의 이데올로기로, 민족의 순수성과 단일성을 오염시키는 악으로, 북에게 남은 일본–미국의 제국주의에 민족을 팔아넘기면서 지배계급의 이익만을 추구하는 악으로 형상화되었다. 그러나 이 선/악의 이분법은 민족적 순결성과 사상적 순결성으로, 동일하게 '궁핍'을 발전으로 전화시키는 발전주의에 기초한 민족주의를 깔고 있었다. 남에게 민족주의는 '궁핍'을 벗어나 발전하기 위해서 세계화와 자본주의를 적극적으로 수용하고 현재의 고통을 참아야 하는 발전주의 이데올로기로, 북에게 민족주의는 민족의 문화와 전통, 자존심을 지키기 위해 호시탐탐 순결한 어머니의 땅을 유린하고자 하는 외세에 대항하여 국토를 지키면서 자립 발전을 추구해야 하는 발전주의 이데올로기로 전화되었다.

그리고 이 속에서 민족≠국가라는 결손국가는 주인, 곧 결손국가가 가지고 있는 그 결핍과 공백을 적대적인 대결로 전환시키면서 분단의 아비투스를 '국민생산의 양식'으로 전환시켰다. 결손국가는 각기 반쪽에서 자신만의 근대적인 민족국가를 창출하였다. 그것은 서구의 국민국가 건설과정과 동일하게 "합법적인 상징폭력의 독점권을 지닌 주체로서 국가"31)가 내부의 국민을 동종화하고 동질화시키

---

30) 권명아, 『식민지 이후를 사유하다』, 책세상, 2009, 345~348쪽.
31) Bourdieu, Pierre, 김웅권 옮김, 『파스칼적 명상』, 동문선, 2001, 267쪽.

는 국민생산과정과 동일하다. 그러나 서구와 달리 한반도에서의 분단국가는 이 '폭력'을 좌절되었거나 상처받은 민족주의라는 트라우마를 이용하여 발전주의 이데올로기로 전화시키고 '순수'와 '순결'을 '고백과 참회' 그리고 국가테러리즘적인 폭압과 국가 동원 체제를 통해서 신체 속에 각인시켰다는 점에서 다르다. 따라서 분단의 아비투스는 '상처받은 민족주의', '좌절된 민족적 리비도'라는 '트라우마'를 핵으로 하여 일제하에 형성되었던 '궁핍'과 '집단적 규율'을 결손국가의 아비투스로, 민족주의를 '근대화=발전주의=국가주의'로 변환시킨 것이다. 여기서 적대의 구조는 남의 경우, 반공·반북 이데올로기로, 북의 경우, 반외세·반미 이데올로기로 내면화되었다.

4. 분단의 역사와 신체, 그리고 분단 아비투스의 특징들

부르디외는 퐁티의 현상학적 입장을 수용하면서 신체(corps)와 정신의 이분법을 해체하고 신체를 살아 움직이면서 세계를 형태화하고 조직화하는, 체화된 지향적 활동으로 본다. 여기서 신체는 체화과정을 통해서 세계에 포섭될 뿐만 아니라 자신의 외부인 세계 안에서 자신의 코나투스를 실현하려는 전략(stratégie)을 전개한다. 따라서 "가장 진지한 사회적 명령들은 지성에 호소하는 것이 아니라 비망록으로 취급되는 신체에 호소"[32]이며 신체는 "물질적·문화적 조건들에 의해 만들어진 존재"[33]이다. 그러나 신체는 "물질적이고 공간적인 포함으로 환원되지 않는 특별한 존재로서 일루지오"[34]을 가지고 있다. 그렇다면 분단의 아비투스에서 일루지오는 어떻게 창출되는가?

일루지오(illusio)는 게임이라는 뜻을 가진 라틴어 루두스(ludus)에서

---

32) 위의 책, 205쪽.
33) 위의 책, 191쪽.
34) 위의 책, 196쪽.

나온 말로, 정치, 경제, 문화, 학문, 스포츠 등 다양한 장에서의 특수한 자본을 축적하기 위해 경쟁하는 것을 의미한다. 그러나 이 경쟁, 게임은 강제로 부가되는 것이 아니다. 그것은 개인들의 자발적인 참여라는 형식을 가진다. 개인들은 믿음을 가지고 있고 자신의 믿음을 따라 행동한다. 따라서 일루지오는 게임의 조건이면서 동시에 그것의 산물로, 존재 이유가 없는 존재인 인간에게 삶의 의미를 부여하는 것과 같다. 여기에 학문과 문화, 교육의 장이라는 특별한 상징자본의 상징폭력이 부가된다. 국가는 이 상징폭력을 '궁핍의 파토스' 위에 세우면서 국민들로 하여 민족적 리비도를 국가주의로 변환시킨다.[35] 왜냐하면 결손 국가는 민족을 결여한 국가이기 때문이다. 따라서 민족의 지상 명령으로 국가를 변환시켜야 한다.

그것은 일단 상대를 적으로 규정하는 안티테제의 형식을 가진다. 북에게 남은 미제국주의=이승만=매국노이며, 남에게 북은 소련제국주의=김일성=매국노라는 등식이 성립하며 이 등식은 내부적으로 이승만=국부=건국의 아버지, 김일성=항일무장투쟁의 장군=민족의 어버이라는 등식으로 치환된다. 여기서 내부의 상징적 질서의 코드를 생산하는 것은 외부의 적이라는 규정이며 이 속에서 민족주의는 국가주의로 변환된다. "건국과 대한민국의 근본과 한국을 이끌고 지켜온 주류집단이라는 말을 애용하는 조갑제의 반공민족주의와 항일과 민족의 주체성과 유훈통치를 실현할 조선노동당과 그 두리에 뭉

---

35) 이와 관련하여 권명아는 다음과 같은 매우 시사적인 이야기를 하고 있다. "궁핍의 파토스는 (…중략…) 압박, 수난사 이야기와 같은 특정한 공유기억, 공감, 민족국가적 기억의 생산과 관련된 미학화된 정치기획이다. 이때 궁핍의 파토스는 개인에서부터 집단에 이르는 정체성의 서사, 민족 혹은 국가에 대한 공유기억, 역사에 대한 특정한 감각과 관련된다. 또한 궁핍의 파토스는 근본적으로 인민주의적 판타지에 호소한다. 즉, 궁핍의 파토스는 절멸의 고통, 약한 자의 설움을 환기함으로써 근본적으로 인민주의적 기획을 기치로 내세운다. 이는 이른바 자유주의나 개인주의 등 서구의 시민사회적 가치를 배제하고 집단주의와 전체주의를 한국식 민주주의로 정립하는 중요한 이데올로기적 근거로 작용하게 된다. 또한 이러한 인민주의적 기획은 수난당하는 민중과 무능력한 지도자 구도를 통해 지도자 대망론과 양떼로서의 대중이라는 틀을 효과적으로 구성한다. 이로써 수난당하는 민중은 현명한 지도자가 출현함으로써 재생하고 구제되는 것이다."(『식민지 이후를 사유하다』, 책세상, 2009, 345쪽)

친 붉은 소조의 국가 북한의 반제 민족주의는 반공과 반제로 철저히 대립하지만, 민족주의 지향에서 대부분 일치한다."36) 따라서 반공과 반제는 상호 거울상의 대립을 반영37)하면서 국민을 신민(subject)으로 생산하였다.

특히, 6·25 이후 전쟁의 공포와 상처는 각종 국가적 의식과 대규모 적인 캠페인을 통해서 끊임없이 환기되었다. 1962년 한일회담과 1965년 한일협정 조인, 월남 파병, 1968년 북한의 무장 게릴라 침투, 팀스프리트 군사훈련, 예비군과 민방위 훈련 등, 대규모 국가캠페인을 통해서 남과 북은 서로의 대치에 근거한 전체사회의 병영화를 이룩했으며 1987년 대선 때의 김현희 대한항공폭발사고와 1992년 14대 대선 때의 대규모 간첩단사건, 1996년 4월 국회의원 총선거 때의 북한군의 판문점 진입사건 등을 통해서 전쟁과 불안의 공포를 끊임없이 유발했다. 심지어 1997년 12월 15대 대선 때에는 오익제 편지사건를 통해서 '북풍' 공작 사건을 터뜨림으로써 내부의 적을 창출하고 그럼으로써 내부의 결속을 강화했다. 따라서 "반공담론과 민중담론은 서로 '거울영상'을 구성하고 각종 수사법을 사용, 특히 은유 또는 환유를 통해 자신의 담론이 균열되는 것을 봉합하고 그것을 갱신"하면서 "서로 각자의 유사자로서 교차된 지형을 구성"했다.38)

그러나 이와 같은 반공과 반제라는 아비투스는 부정적 논법에 머물지 않는다. 그것은 보다 상대를 압도하는 긍정으로서 진테제를 가지고, 안티테제를 극복해야 한다. 그것은 반공이 "그것의 치명적 약점인 부정적 통합성을 발전주의와의 결합을 통해 적극적 긍정성으로

---

36) 문부식, 『잃어버린 기억을 찾아서-광기의 시대를 생각함』, 삼인, 2002, 317쪽.

37) 이것은 남과 북의 상호 적대적 의존관계와 거울영상효과를 보여 준다. 이것은 "두 당사자가 서로 적이라고 인식하기 때문에, 서로에 대한 이미지나 스스로에 대한 이미지가 거울에 비친 모습과 실제 모습의 관계처럼 위치만 정반대될 뿐 생긴 것은 똑 같은 상태"를 말한다 (박광주, 「남북대화의 새로운 모색」, 민병천 편, 『전환기의 통일문제』, 대왕사, 1990, 339쪽).

38) 이서행, 『새로운 북한학: 분단시대 통일문화를 위하여』, 백산서당, 2002, 61쪽.

전환"39)시키는 것처럼, 반공이나 반제를 하지 않음으로써 잃게 될 "발전·번영·안정의 가치"를 덧붙여 강조함으로써 발전주의 이데올로기로 전환되는 것이다.40) 특히 이 발전주의는 '궁핍의 파토스'에 근거한다는 점에서 국가주도의 발전, 집단적 동원체제, 병영적 생산체제로의 전환을 가능하게 만들었다. 박정희=근대화의 아버지라는 코드와 김일성=주체유일사상이라는 코드는 바로 이와 같은 집단적 동원체제의 전면화를 의미했다. 여기에 학문의 장이 본격적으로 끌려 들어 왔다. 1970년대 남의 박종홍은 국민교육헌장을 만들고 북은 주체사상의 체계화를 통해서 전 국민의 사상무장화를 시도하였다.

이 시도는 모두 다 민족주의와 결합된 발전주의로서, 역사적 국가라는 역사성 속에서 형성된 민족적 리비도와 공동체성을 집단주의와 집단적 동원체계로 전환시키는 것이었다. 여기서 민족주의는 생산성을 향상시키는 국가적 이데올로기가 된다. "유신체제나 유일체제는 모두 전통적인 봉건제적 군-민 관계나 공동체의식을 부분적으로 체제유지에 활용해 왔다."41) 여기서 "민족전통이 곧 혁명전통과 등치되고 전통과 근대가 결합되는 양상"42)을 가지며 "새마을운동이 천리마운동과 마찬가지로 주민들의 근로의욕을 부추겨 생산성을 향상시키려는 시도"43)로 나타난다. 그러나 그것은 서중석이 표현하듯이 배반당한 민족주의였다. 왜냐하면 "권력이 전유한 민족주의는 민족을 구성하는 대다수 민중의 일상생활에서 나오는 구체적이고 절박한 요

<hr>

39) 권혁범, 「반공주의 회로판 읽기」, 조한혜정·이우영 엮음, 『탈분단시대를 열며』, 삼인, 2000, 43쪽. 발전주의와의 결합에 대해서는 한지수, 「지배이데올로기와 재생산메커니즘」, 한국정치연구회 편, 『한국정치론』, 백산서당, 1989 참조.

40) 이와 관련하여 권혁범은 "반공주의의 일상적 실체는 공산주의 반대가 아니라 질서, 기강, 안정, 안보, 단결, 번영, 힘에 대한 동의이며 이것들은 혼란, 위기, 무질서, 분열에 대해 자동적으로 대항정서를 만들어낸다"고 하면서 한국사회를 "감시와 처벌의 분단규율사회"로 규정하고 있다(앞의 책, 61쪽).

41) 이종석, 『분단시대의 통일학』, 한울아카데미, 1998, 200쪽.

42) 임지현, 『이념의 속살』, 삼인, 2001, 132쪽.

43) 위의 책, 133쪽.

구들을 민족의 이름으로 거부"44)하기 때문이다.

그럼에도 불구하고 이것이 가능했던 것은 '궁핍의 파토스'에 근거한 '잘 살아보세'라는 욕망과 그 욕망에 근거한 상징화 작업, 오인 (méconnaissance)의 구조 창출, 그리고 여기에 자신의 사회적 삶을 살아가야 하는 개인들에게 사회적 인정의 박탈이라는 공포를 끊임없이 환기시키는 정치가 있었기 때문이다. 그것은 사회적 관계를 단절시키는, 다양한 형태의 강력한 물리적이고 심리적인 공포를 유발함으로써 자기 검열체계를 발전시켰다. "상대의 섬멸·배제를 목표/도구로 삼는 분단구조와 그것을 뒷받침하는 분단이념은 그것을 내면화하거나 이용하려는 자에게는 부자유이고 구속으로 작용하지만, 그것을 거부하려는 자에게는 분단구조 자체가 그에 대한 위기감 혹은 두려움을 갖게 된다. 남은 것은 그 분단 이데올로기를 거부하는 자에게 가해지는 모욕과 편견이다. 체제파지식인 황장엽은 권력을 누리면서도 부자유스러웠을 터이고 남한으로 망명한 뒤로도 그의 의식과 행위는 분단의 테두리 안에 갇혀 있었다."45)

이런 점에서 분단의 아비투스는 분단된 국가에서 하나의 시민종교가 되었다. 이 시민종교는 6·25를 거치면서 명확해졌다. 6·25는 불안과 공포의 트라우마를 통해서 끊임없이 적대성을 시민종교적 규율과 훈육체계로 몸에 각인시켰다. "시민종교는 유사종교적 형태로 민족과 국가를 성화하며 개별화된 시민들을 국가라는 거대한 종교와 도덕적으로 결속시킨다. 한국전쟁을 통해 시민 종교화된 반공주의/친미주의는 그리하여 '국가적 의례체계와 나름의 성스러운 시간과 공간, 인물들을 창출하고 그와 긴밀하게 결합하는 하나의 총체적인 제도와 과정'을 거치면서 한국사회 속에 깊이 내면화되어 있다."46) 휴

---

44) 위의 책, 330쪽.

45) 문부식, 『잃어버린 기억을 찾아서-광기의 시대를 생각함』, 삼인, 2002, 245쪽.

46) 위의 책, 72쪽. 문부식 이전에 강인철은 이미 반공주의가 뿌리를 내린 결정적인 계기로 6·25를 들면서 반공주의가 남쪽 사회를 통합한 시민종교로 규정하고 있다. 여기서 그는

전일이 아니라 개전일에 대한 기념이 과거의 기억을 현재의 '적'으로 되살려낸다. '상기하자 6·25'가 그러하며 휴전선과 판문점, 땅굴-'총력안보체제'가 그러하다. 따라서 전쟁의 공포는 개인의 실존적 차별성과 욕망을 한강의 기적과 베트남 특수라는 국가적 집단 속으로 무화시키면서 개개인의 욕망을 국가의 욕망과 결합시킨다.

여기서 작동하는 분단의 아비투스는 역사적으로 형성되어 온 봉건적 군-민 관계나 공동체적 의식뿐만 아니라 일제하에서 형성된 체험과 아비투스를 그 자원으로 삼았다.[47] 이와 관련하여 정근식은 "일본제국주의가 만들어 낸 신체의 국가적 동원과 규율도 태평양전쟁이 끝난 불과 5년 후에 발생한 한국전쟁, 그리고 그것이 끝난 후의 분단체제에 의해 한반도에서 재생되었다"[48]고 말한다. 1930년대 후반기 이후 식민지 지배 권력이 행한 정신총동원의 형태는 분단 이후, 징병제, 1949년 병역법, 1970년대 유신체제, 1968년 두 차례의 안보위기-총력안보를 내세운 준주민동원체제, 국민교육헌장, 징병제, 교련, 주민등록제, 체력장, 집단체조와 카드섹션, 학교의례와 체벌 등으로 이어졌다. 그러나 이것은 남쪽에서만 진행된 것이 아니다.

그가 말하고 있듯이 인적 차원에서 친일파청산은 남과 북이 다르지만 "제도적 차원에서의 식민지적 신체동원의 청산문제로 가면 남

반공주의=교주·신, 전쟁영웅=신을 호위하는 천사, 국민=숭배자, 성소=국립묘지, 충혼탑 등을 구성요소로 제시하고 있다(강인철, 「전쟁의 기억, 기억의 전쟁」, 『창작과 비평』 28-2호, 2000, 348쪽).

47) 이와 같은 진단은 일반적이다. "미군정체제는 이후 박정희, 전두환의 군사쿠데타를 통해서 끊임없이 식민지 규율권력을 재생산해 왔다. 대한민국의 공식적인 지배자로 등장한 군사독재세력은 근대화의 과정을 통해 철저한 반공주의와 이에 근거한 전사회적인 군사적 규율과 훈육체계를 통해 공고화된 지배력을 행사해 왔다. 이 과정에서 식민지적 잔재는 안정적으로 확대재생산되었다."(박재환, 일상성·일상생활연구회, 『일상생활의 사회학적 이해』, 한울, 2009, 422쪽) 또한, 문부식도 다음과 같이 말하고 있다. "한국에서의 국가폭력의 기원은 일본의 식민지 지배와 파시즘적인 제국주의 권력에 의해 형성된 식민지규율사회에서 찾을 수 있을 것이다."(『잃어버린 기억을 찾아서-광기의 시대를 생각함』, 삼인, 2002, 71쪽).

48) 정근식, 「식민지 지배와 신체규율」, 김필동·지승종 외, 『한국사회사연구』, 나남, 2003, 192쪽.

북 모두에서 모호해진다." 단적인 예로, 북한의 대규모 군사페레이드와 집단체조. 일제하의 대규모 관병식이나 연합체조가 그러하다. 따라서 그가 말하듯이 "일제하의 국방국가나 해방 후의 안보국가는 강력한 신체규율과 국가의 신체동원의 원천이었다."[49] 이런 점에서 분단의 아비투스는 신체를 통해서 작동한다. 그러나 이때 신체는 개별적인 신체가 아니다. 그것은 사회화된 신체와 일체를 이루는 단체정신이다. "그렇기 때문에 아비투스는 유사한 조건들 및 심리적 조절들의 산물인 행위자들 사이의 암묵적인 결탁의 토대이면서 또한 집단의 초월에 대한 실제적 경험과 집단이 존재하고 행하는 방식들에 대한 실제적 경험의 토대인 것이다. 왜냐하면 각자는 자신의 동료들의 행위 속에서, 자신의 고유한 행위 비준과 합법화를 찾아내야 하기 때문이다."[50]

따라서 한편에서는 사회적 승인과 사회적 질서 속에서 게임을 하기 위해 수용해야 하는 코드들이 공포정치를 통해서, 다른 한편으로 상징화 작업을 통해서 이루어졌다. 이 상징화 작업은 거시-미시적 차원 양자에 걸쳐, 그리고 무의식과 의식, 공포를 유발하는 물리적 폭력뿐만 아니라 합의를 만들어 내는 양식 양자 모두에 걸쳐서 진행되었다. "국가는 물리적 힘 혹은 강제도구(군대·경찰)의 자본, 경제적 자본, 문화적 혹은 더 나은 경우 정보적 자본, 상징적 자본과 같은 상이한 여러 종류의 자본들의 집중화 과정이 낳은 결과물"이자 "메타-자본의 보유자"이다.[51] 그러나 서구에서와 달리 한반도에서의

---

49) 위의 책, 210쪽. 이와 관련하여 부르디외는 다음과 같이 말하고 있다. "단체정신이라는 일상적 응집의 원리가 지닌 한계는 독재체제들이 강제하는 규율적인 훈련에서 나타난다." 강제 방식은 형식주의적인 훈련과 의례, 차림의 착용, 체조나 군사 행렬 같은 대규모 대중 행사에서 나타난다. 따라서 국가는 국민들을 '오케스트라적 조직'으로 생산하면서 "신체들을 통제하고 그것들을 집단적인 일종의 꼭두각시로 만드는 암시를 통한 속박인 신체적 아첨의 관계"를 만들어 낸다(Bourdieu, Pierre, 김웅권 옮김, 『파스칼적 명상』, 동문선, 2001, 210~211쪽).

50) 위의 책, 210쪽.

51) Bourdieu, Pierre, 김웅권 옮김, 『실천이성』, 동문선, 2005, 120쪽.

근대화는 이 과정을 상처받은 민족적 리비도를 특별한 카리스마적 지도자로 변환시키는 과정을 통해서 이루어졌다. 왜냐하면 결손국가의 결손은 그것을 봉합하는 카리스마를 필요로 하기 때문이다.

게다가 가부장제적 질서는 분단국가의 결핍을 메우는 환상의 구조를 만들어 냈다. 부르디외가 말하는 오인의 구조는 이 환상과 긴밀하게 결합되어 있었다. 부르디외는 사회적 신체를 만들어 내는 단체정신의 특별한 형태로 '가족'을 제시하면서 "특수한 사회화 작업은 태생적 리비도의 변모, 다시 말해 가정 장에서 어떤 특수한 리비도의 형태로 구성되고 사회화된 감정의 변모를 용이케 하는 경향이 있는데, 이는 특히 장에 속하는 행위자들이나 제도들에 이 리비도가 전이되는 것을 이용하여 이루어진다"[52]고 말하고 있다. 따라서 분단의 아비투스에 의해 형성된 "사회적 규범은 군사적인 훈련체계의 전사회적인 확대재생산과정을 통해 형성·유지되었으며 일상생활세계도 가부장제라는 외피를 쓴 채 군사적 일상성을 강화해 왔다."[53]

여기서 전이되는 대상은 예수와 같은 위대한 상징적 인물들이다. 따라서 한편에서는 김일성이, 다른 한편에는 박정희가 있으며[54] 분단의 아비투스에 내재화되어 있는 통일논의는 패권적이며 폭력적 방식을 가진다. 남의 자유기지론–흡수통일론과 북의 민주기지론이 그러했다. 바로 이 지점에서 분단의 아비투스가 어떻게 한반도의 근대

---

52) Bourdieu, Pierre, 김웅권 옮김, 『파스칼적 명상』, 동문선, 2001, 237쪽.
53) 박재환, 일상성·일상생활연구회, 『일상생활의 사회학적 이해』, 한울, 2009, 422쪽.
54) 오늘날 끊임없이 환기되는 박정희 신드롬과 북한체제에 대한 진단들이 이를 보여 준다. 남의 유신체제에서 제시된 국민교육헌장과 북한체제에 대한 분석들에서 나타나는 가부장적 지도자, 가족주의적 국가이해가 그러하다. 브루스 커밍스의 '조합주의론'(Cumings, Bruce., 김동춘 옮김, 「북한의 조합주의」, 『한국현대사』 I, 이성과 현실사, 1982)은 가부장적 지도자, 강한 공동체성, 민족우선주의 등을 조합주의적 요소로 간주하고, '위로부터의 하향' 원칙(스탈린)+한국의 유교 문화적 특징인 위계적 질서와 장유유서의 복종 원칙이 결합된 것으로 파악하면서 정치적 부성(fatherhood)의 이미지로 구성된 유기체라고 진단하고 있다. 또한, 와다 하루키의 '유격대국가론'(和田春樹, 고세원 옮김, 『역사로서의 사회주의』, 창작과비평사, 1994)은 중소분쟁 속에서 김일성을 유격대 사령관으로, 주민을 유격대 대원으로 형상화하면서 수립된 체제로, 그 특징을 수령=아버지, 당=어머니, 대중=자식이라는 가족주의적 국가이해로 파악하고 있다.

화를 왜곡 또는 변용시켰는지가 드러난다. 그것은 시민사회의 결여, 위축이다.55) 그러나 이런 시민사회의 결여를 근대화의 결여로 파악하는 것은 적절하지 못하다. 한반도에서의 시민사회 위축은 분단구조 하에서 진행된 근대화와 관련되어 있기 때문이다. 또한, 한반도의 분단은 정치사회에서의 시민, 주권자로서의 시민(citzen)의 위축과 왜곡을 가져왔지만 다른 한편으로 경제사회에서의 시민, 부르주아적이라는 의미에서 시민은 남쪽에서 활성화되면서 나름의 민주화를 가져왔기 때문이다.

이런 점에서 근대화의 결여로 파악하는 시민사회론은 북쪽의 특수한 발전을 남쪽의 시각으로 일반화하는 오류를 가지고 있을 뿐만 아니라 서구적 근대화를 일반화하면서 마치 우리가 추종해야 할 대상으로 만들고 있을 뿐이다. 조한혜정이 말하고 있듯이 "체제의 유사성과 관련하여 특기할 점은 이 두 체제가 분단이라는 군사·정치적 대립 상황에서 '민족주의적' 감상을 토대로 근대화를 추진했다"56)는 점이다. 그럼에도 불구하고 분단구조에 의한 시민사회의 위축은 민족이라는 단일한 동질적 특성 속에서 동일화의 전체주의적 욕망으로, 그리고 차이에 대한 불관용으로 작동하였으며 근대화의 욕망은 이것을 신민들의 동원형 신체로 바꾸어 놓았다. 따라서 근대화의 욕망은 발전주의와 결합되어 근대적인 산업화의 욕망으로, 타자에 대한 우월성으로 전환되어버린다.

---

55) 이에 대해서는 임현진, 「한국에서의 국가자율성」, 『현대한국과 종속이론』, 서울대학교출판부, 1987, 김호기, 「미군정기 지배구조와 시민사회: 한국시민사회의 역사적 기원」, 『미군정기 한국의 사회변동과 사회사』 II, 한림대아시아문화연구소, 1999 참조.

56) 조한혜정, 「통일공간과 문화」, 조한혜정·이우영 엮음, 『탈분단시대를 열며』, 삼인, 2000, 330쪽. 이와 관련하여 조한혜정은 다음과 같이 말하고 있다. "실질적으로 남북의 현 문화체제를 이해하기 위해서는 이데올로기적 차원과 산업화 차원을 분리할 필요가 있다. (···중략···) 기본적으로 전자는 공동체적 삶의 모델을 상정한 것으로 두 체제의 이질화를 가져온 상부구조적 동인인 반면 후자는 그런 이데올로기적 지향성의 차이에도 불구하고 사실상은 생산력의 증대라는 공통적 목표 아래 진행된 산업화와 도시화 등을 이끌어 간 하부구조적 동인이라는 차원에서 접근할 수 있을 것이다. 현재 남북체제의 차이는 바로 이 두 차원, 곧 이데올로기적 지향과 근대화의 수준이 만들어내는 차이일 것"이다(같은 책, 329쪽).

그것은 통일에 대한 논의에서도 그대로 드러난다. "이 정서의 원형은 서구제국주의에서 찾아지는데, 이런 정서의 틀을 해부해 보면 그 핵심은 주도권 싸움이다. 이 틀에서 모든 문화적 차이는 열등한 것으로 서열화된다. 힘과 재력을 가진 쪽에서 상대를 약자로 규정하고 구제의 대상으로 삼아 통제하려고 하는 제국주의적 속성이 초기에는 경제적으로 우월했던 북조선이 남한을 바라보는 시선에, 현재에는 남한경제가 나아진 상태에서 남한이 북조선을 바라보는 시선에 고스란히 담겨져 있는 것이다."57) 따라서 남·북 분단 속에서 이루어진 근대화는 그 반대의 오리엔탈리즘을 생산한다. 그리고 외세에 의해 더럽혀지지 않은 이전 상태로의 회귀를 꿈꾸는 낭만적 민족주의는 순결과 순수, 원초적인 고향의 관념, 5천년 역사라든가 단군의 자손 등의 환상을 통해서 재생산되었다.

5. 분단의 아비투스를 넘어선 참여적 객관화에 의한 통일 사유하기

민족≠국가로서 남과 북의 국민국가가 전치시키는 민족주의의 국가주의화는 정통성 논쟁을 통해서 순수 대 오염, 동질성 대 이질성, 발전과 미발전, 남성 대 여성, 고향 대 타향, 주체 대 타자의 대립이라는 분단의 아비투스를 생산해 왔다. 그러나 이런 아비투스는 일상적인 생활세계뿐만 아니라 학문의 장에서도 일어난다. 오늘날 남·북 분단을 특징지었던 국제적 냉전 질서는 해체되었다. 그러나 그 이후 등장한 논의가 이와 같은 분단의 아비투스를 벗어난 것은 아니다. 특히, 1980년대 탈냉전의 본격화와 현실사회주의권의 몰락 이후, 한

---

57) 조한혜정, 「통일공간과 문화」, 조한혜정·이우영 엮음, 『탈분단시대를 열며』, 삼인, 2000, 327쪽.

반도의 국제적 요인이었던 냉전의 질서가 해체된 이후 등장하고 있는 신민족주의는 분단의 아비투스를 반복적으로 재생산한다.

"신민족주의가 갖는 남성적 이미지는 무엇보다도 북한의 현실과 대비되어 구성된다. 북한은 남한이 갖는 자신감의 원천이며 지배의 새 역사를 꿈꾸는 계기인 것이다. 북한은 공포스러운 적으로 말해지기는 하지만, 그것은 대중을 규율하는 효과 때문에 그렇게 말해질 뿐이다. 오히려 북한은 이제 미래의 꿈을 펼칠 수 있는 순결한 대지로 재현된다. 남성우월주의가 여성을 정복함으로써 상대에게 여성임을 확인시킬 수 있다고 상상하듯이 신민족주의는 북한을 자신의 영토로 만듦으로써 북한의 가능성을 확인시킬 수 있다고 상상한다."[58] 따라서 오늘날 남쪽에서 진행되는 통일담론은 1970년대 중반 이후 확대된 경제력의 격차에 따른 자신감, 공격적이고 팽창적인 민족주의의 모습을 띠고 있다.

그러나 여기서의 문제는 여전히 기괴한 타자를 수용하지 않는다는 점이다. 동일성 대 이질성의 대립은 통일담론에서 재생산된다. 특히, 북한을 바라보는 데에서 이와 같은 관점은 무의식적이자 관습적이고 습관적으로 반복되고 있다.[59] 그래서 이서행은 다음과 같이 말하고 있다. "민족논리는 자신의 열등성을 긍정하는 것이 아니라 자신에게 우월성의 환상을 부여함으로써 기능하는 것이다. 여기서 통일담론과 관련해서 중요한 것은 통일이 그 환상을 현실화시킬 수 있는 계기로 자리매김 된다는 사실이다. 민족논리의 지배적인 이미지는 무엇보다도 북한의 비참한 현실에 유추되어 구성된다. 다시 말해 북한은 남한

---

58) 전효관, 「분단의 언어, 탈분단의 언어」, 조한혜정·이우영 엮음, 『탈분단시대를 열며』, 삼인, 2000, 80쪽.

59) 부르디외는 "습관은 자동적 존재를 유도하고 자동적 존재는 무심코 정신을 이끌어간다."는 파스칼의 말에 주목하면서 "폭력·기교·논증 같은 것이 없이도 우리로 하여금 사물을 믿게 만드는 습관", "믿음은 과학적 세계의 토대에 대한 믿음일지라도 자동적 존재, 다시 말해 신체의 범주에 속한다."고 말하고 있다(Bourdieu, Pierre, 김웅권 옮김, 『파스칼적 명상』, 동문선, 2001, 29쪽).

이 갖는 우월성의 원천이며 대중지배 실현을 위한 장소인 셈이다. 북한은 포용의 대상으로 말해지기는 하지만 그것이 대상으로 되는 것은 사실상 대중을 지배하는 효과 때문이다."60) 따라서 남쪽에서 '반공'은 '승공'을 넘어 '흡수통일'에 대한 믿음과 정당성으로 발전하고 있다.

이런 점에서 부르디외는 대중주의나 엘리트주의 양자 모두에 거리를 두고 있지만 학문의 장 또한 하나의 일루지오로서, 그것을 가능하게 하는 것은 스콜라적인 것에 대한 자기반성이 있어야 한다고 말하고 있다. '스콜레(scole: 여유의 공간)'는 겉보기에 무사무욕하고 불편부당하며 금전적 이해관계로부터 해방된 듯 보이는 지식세계를 생산함으로써 모든 학문이 존재할 수 있는 조건을 제공한다. 따라서 학문의 장은 다른 정치, 경제, 문화의 장과 다른 독특한 성향들의 체계로서 아비투스를 형성하며 상대적으로 자율적인 생산의 구조를 가진다. 그리고 그것은 행위자, 기구들, 뛰어난 인물들, 이념화된 개념들 속에서 구현되며 "상징적 체계를 장을 규정하는 규칙들에 따라 기능하도록 만든다. 이때 이 규칙들은 논리적이며 동시에 사회적인 하나의 구속이 지닌 전적인 힘으로 그들에게 강제된다."61) 따라서 학문의 장에서 활동하는 연구자 자신의 아비투스 또한 반성적으로 성찰되어야 한다.

특히, 연구자들은 학구적 성향을 가지고 있다. 학구적 성향은 언어유희, 진지한 놀이로서 연구 작업을 수행하면서 주지주의에 빠져들고 정신과 육체를 분리하고 학구적인 폐쇄성을 생산할 뿐만 아니라 '사유가 이루어지는 세계'와 '삶이 이루어지는 세계' 사이의 경계를 망각하도록 이끈다. 그러나 실제와 사유는 다르다. 이런 점에서 부르디외는 "실제적 이론과 학문적 이론 사이의 거리를 이론에 포함시키면서 이 실제적 논리를 이론적으로 재구축하는 것"62)이 필요하다고 말한

---

60) 이서행, 『새로운 북한학: 분단시대 통일문화를 위하여』, 백산서당, 2002, 6쪽.
61) Bourdieu, Pierre, 김웅권 옮김, 『파스칼적 명상』, 동문선, 2001, 164쪽.
62) 위의 책, 81쪽.

다. 그렇다면 이 거리를 이론에 포함시키는 것은 무엇인가? 그것은
① 객관적 관계구조뿐만 아니라 ② 위치에 따른 행동의 객관적 의미 관
계, 그리고 ③ 주체가 자기 존재의 객관적 조건과 의미와 맺는 관계를
구성하는 것이다. 따라서 연구자 자신의 관계 또한 반성되어야 한다.

'참여적 객관화(objectivation participate)'는 객관화하려는 연구자 자
신의 이해관계를 다시 객관화하는 것, 즉 자신의 아비투스와 위치,
그리고 장을 반성적으로 성찰(réflexivité)하는 것이다. 그것은 학문의
장 또한 "인간에 대한 담론이 생산되는 장들의 구조와 기능 작용 속
에서 존재"하기 때문이다. 따라서 "사유의 사회적 조건들에 대한 하
나의 사유로서, 이러한 조건들에 대하여 진정한 자유의 가능성을 사
유"하는 것은 "반성"이다.[63] "반성을 실천한다는 것은 객관화의 작업
으로부터 임의적으로 배제된 인식적 주체가 지닌 특권을 문제 삼는
일"이며, 학문적 실천을 하는 경험적 주체를 사회적 시·공간에 위치
시키면서 주체의 이해관계, 충동, 가정들에 대해 성찰하는 것이다.[64]
이것이 없다면 연구자는 이미 내면화된 아비투스 안에서 지배관계를
재생산할 뿐이다. 따라서 참여적 객관화를 통한 재구축은 "지속적
노력을 통해서 이루어지는데, 반성은 학구적인 성향에 대항해 싸우
는 학구적 수단"[65]일 뿐만 아니라 "반성의 주요한 수단인 역사적 비
판만이 사유를 구속들로부터 해방시킬 수 있다."[66]

그러므로 오늘날 이루어지고 있는 통일담론이나 북한학에서 자기
성찰로서의 반성이 필요하다. 왜냐하면 거기에서도 분단의 아비투스
는 작동하고 있기 때문이다. 대표적으로 북한에 대한 전체주의적 접
근법과 비합리적인 체제로 보는 관점이 그러하다. 전체주의적 접근
법은 당국가가 사회를 규정하고 이데올로기가 사회현실을 규정하는

---

63) 위의 책, 172쪽.
64) 위의 책, 173쪽.
65) 위의 책, 81쪽.
66) 위의 책, 262쪽.

것으로 본다. 그러나 이것은 북한의 공식 통제를 너무 과대하게 설정한 것이다. 북한에서도 은폐된 정치는 있다. 이런 점에서 이서행은 탈전체주의적 접근과 "아래로부터의 시각"이 필요하며 "정책의도와 집행 간의 불일치, 정책형성의 사회적 맥락", "정치적 안정보다 은폐된 비공식적 갈등"이 더 중요하다고 주장하고 있다.67) 따라서 가시적인 것 이면에 존재하는 비가시적인 것, 공식적인 것을 보완하면서 미끄러지는 비공식적인 것, 일관성의 장을 해체하는 비일관성의 소재들을 탐구할 필요가 있다.

또한, 그런 점에서 부르디외의 아비투스라는 개념이 가지고 있는 역동성에 주목할 필요가 있다. 부르디외의 아비투스는 결정론이라는 비판을 받고 있다. 물론 그의 아비투스 개념은 선(先)구조화된 일상적 시간에 주목하고 이를 강조한다는 점에서, 또한 거시적 구조에 의한 성향체계들의 조직화와 다층적인 장들의 질서에 주목한다는 점에서 결정론적인 함의를 가지고 있다. 그러나 부르디외의 아비투스는 전체론적으로는 결정되어 있지만 미시적인 장에서 결정되어 있는 것이 아니다. 이것은 부르디외의 아비투스가 장과 만나면서 이루어지는 놀이와 전략(stratégie)이 있기 때문이다. "존재하고 행하는 성향들의 체계로서의 아비투스는 하나의 잠재력이고 존재하고자 하는 욕망"68)이다. 따라서 아비투스는 자신의 역량을 실현하기 위해 조건들을 강제하고 중재하려고 노력한다. 전략과 놀이는 이것의 산물이다. 전략은 행위자들이 자신의 자본으로부터 최대한의 이윤을 얻어내기 위해 특정한 규칙과 내기물에 의해 구조화된 장 안에서 이루어지는 행동양식으로, '계승전략'과 더불어 '전복전략'을 가지고 있다. 또한, 부르디외는 '분열된 아비투스'에 대해서도 말하고 있다. 분열된 아비투스는 사회공간이나 지리적 공간의 이동으로 인해 아비투스의 응집

---

67) 이서행, 『새로운 북한학: 분단시대 통일문화를 위하여』, 백산서당, 2002, 30~31쪽.
68) Bourdieu, Pierre, 김웅권 옮김, 『파스칼적 명상』, 동문선, 2001, 216쪽.

력 및 일관성이 파괴된 경우에 발생한다.[69]

그러므로 분단의 아비투스를 분석하는 데 우선적으로 필요한 작업은 남과 북의 아비투스가 각기 어떤 역사성과 공간성 속에서 각기 다르게 변화되어 왔으며 각기 다른 형태로 이루어져 왔는가를 이해하는 것이다. 일반적으로 북이 가진 아비투스를 이해하기 어려운 것은 우리와 다른 체제, 역사성을 우리의 관점에서 보기 때문이다. 예를 들어 북은 부르디외가 이야기하는 '정치, 경제, 문화, 상징, 사회자본' 중에서 '정치자본'을 중심으로 '상징과 사회자본'이 배치되거나 작동하는 방식이라면 남은 1990년대 이후 특히, '경제자본' 중심으로 이동하고 있기 때문에 각 체제에 맞추어 합리성이 작동하는 방식을 분석해야 한다.[70] 북은 북대로의 합리성을 가지고 있으며 북의 역사 속에서 나

---

69) 그러나 이것만으로는 부족하다. 이를 위해서는 부르디외의 아비투스 개념뿐만 아니라 마페졸리가 제시하는 일상의 개념을 참조할 필요가 있다. 마페졸리는 일상생활을 공식적인 사회관계의 바탕을 이루는 사회 존립의 부식토와 같은 것으로 보면서 한 사회의 외양을 떠받치는 공동(空洞)이고 사회가 실제로 존속할 수 있게 해 주는 지하세계의 감추어진 중심성이자 비공식적 사회성으로 본다. 따라서 여기서의 일상은 르페브르처럼 단지 소외된 것이기만 한 것이 아니라 언제나 공식적인 도덕규범을 넘어서 자신들의 독특한 생활윤리를 창출하는 경향을 가지고 있다(박재환, 일상성·일상생활연구회, 『일상생활의 사회학적 이해』, 한울, 2009, 79~84쪽). 이런 점에서 일상이라는 개념에 대해서 마페졸리와 부르디외의 아비투스 개념은 다르다. 마페졸리의 일상-권력 개념은 푸코나 들뢰즈에 가까운 반면 부르디외는 알뛰세르에 가깝다. 또한, 부르디외는 지적 엘리트주의에도 거리를 두지만 대중주의에도 거리를 두고 역사라는 시간성을 중요시 여기는 반면 마페졸리는 대중에 대한 신뢰와 현재에의 관심에 초점을 두고 있다. 마페졸리는 르페브르와 동일하게 일상과 현재적 삶을 중요시함에도 불구하고 매우 상반된 관점을 취하는데, 이에 대한 논의는 M. Maffesoli and H. Levebre, 박재환, 일상성·일상생활연구회 편, 『일상생활의 사회학적 이해』, 한울, 1995 참조. 여기서 역자들은 "르페브르가 일상의 부정적인 측면인 소외를 부각시키면서 그것이 극복되는 미래를 끊임없이 강조하는 데 반해, 마페졸리는 대중의 현재적 삶의 건강성을 아무런 전제 없이 먼저 받아들여야 한다고 주장한다. 여기서 우리는 현재와 미래, 또는 현실과 꿈의 충돌을 목격하게 된다"(같은 책, 41쪽)고 말하고 있다.

70) 부르디외 또한 "정치자본"이라는 개념으로 현실사회주의권 체제를 분석하고 있다. 그가 보기에 정치자본은 "집단적 자원의 세습재산화"로서, 스칸디나비아국가들처럼 사회민주당의 엘리트가 여러 세대에 걸쳐 권력을 장악한 경우, "노동조합들과 정당들에서 획득되는 정치적 유형의 자본이 진정한 정치적 명문가들의 구축으로 이끌면서 가족적 관계들의 망을 통해서 전수"되는 것이다. "공산주의적이라기보다는 소련적이라고 불러야 할 체제들은 공공의 재화 및 서비스의 사적 전유 경향을 극단적 한계까지 밀고 갔다. … 정치적 특권자 명부에 들어간 자들은 권력의 장을 장소로 하는 지배적인 지배 원칙을 위한 투쟁에서 학력자본의 소유자들 이외에 다른 적수들이 거의 없다."(Bourdieu, Pierre, 김웅권 옮김, 『실천이성』, 동문선, 2005, 35쪽)

름의 근대화를 이룩해 왔다.71) 이런 점에서 북의 아비투스를 이해할 필요가 있다. 만일 그렇지 않다면 북은 여전히 비합리적인 계몽의 대상이 되며 그들의 타자성은 이해할 수 없는 것이 되어버릴 것이다.

마찬가지로, 흡수통일론에 대한 대쌍적 관계를 가지고 있는 낭만적 민족주의로의 퇴행성을 경계해야 한다. 낭만적 민족주의는 분단 이전에 공유했던 문화와 가치들을 회복할 것을 주장하거나 심지어 전설과 신화 속에서 민족의 원형을 발견하려고 한다. 그러나 이런 낭만적 민족주의는 남과 북이 각기 정치·경제·사회·문화 분야에서 매우 상이한 규범적 차이를 가지고 있음에도 불구하고 그들이 분단 국가를 만들어 가면서 이들 민족적 자원들을 활용했다는 점을 망각하고 있다. 남과 북은 공통적으로 "공동체에 높은 가치를 부여"했으며 "전통적 가치관"을 부분적으로 수용했다.72) 이런 점에서 전통적 가치나 민족성의 원형질을 찾아서 이를 회복하려는 시도는 매우 퇴행적일 뿐만 아니라 분단의 아비투스를 극복할 수 있는 대안이 될 수 없다. 왜냐하면 분단국가는 바로 이 자원들을 이용해서 민족의 동질성이라는 배타성과 적대성, 그리고 정통성 경쟁을 창출해 왔기 때문이다. 게다가 이런 관점은 문화적 국수주의 또는 복고주의를 낳으면서 시대에 뒤떨어진 민족주의를 낳을 가능성이 있다. 따라서 이 종석의 이야기처럼 이질화의 극복은 전통적 가치관을 활용하는 것으로는 불가능하며 "현대적 규범들 속에서 남북한 접맥의 가능성을 찾"73)는 것이 될 수밖에 없다.

---

71) 예를 들어 서동만은 항일무장투쟁의 역사와 6·25, 그리고 중소분쟁이라는 국제적 환경의 변화 속에서 주체노선이 등장하는 과정을 서술하고 있다(『북조선사회주의체제성립사 1945-1961』, 선인, 2005 참조). 따라서 주체사상에 대한 비판 또한 이 역사성을 이해한 위에서 진행되어야 한다.

72) 이종석, 『분단시대의 통일학』, 한울아카데미, 1998, 190~191쪽.

73) 위의 책, 194쪽.

6. 나가며: 분단의 아비투스를 우애의 아비투스로

부르디외의 아비투스는 분단의 아비투스에 그대로 적용될 수 있는 것이 아니다. 왜냐하면 부르디외의 아비투스는 주로 전통과 근대라는 시간성, 자본이라는 장 속에서 내면화되는 신체들의 성향체계들에 대한 분석이기 때문이다. 여기에는 분단과 같은 구조에 대한 고뇌는 없다. 그럼에도 불구하고 부르디외의 아비투스 개념을 분단에 적용하면 분단구조가 우리의 신체에 아로새긴 분단의 내면화와 이성-논리-정서-욕망의 실체를 반성적으로 성찰할 수 있는 길을 열어줄수 있다. 따라서 부르디외가 했듯이 끊임없이 케이스들을 연구했으며 각 케이스에 따른 아비투스의 작동 방식을 규명했듯이 한반도의 분단구조에서 형성된 분단의 아비투스는 한반도의 분단이라는 특수성 속에서 구체적으로 해명되어야 한다. 그리고 그렇게 된다면 남과 북이라는 분단구조의 양 체제가 발전시킨 코나투스적 전략들을 우리는 발견해 낼 수 있으며 그 전략들을 안다면 우리는 분단의 아비투스를 벗어난 대화와 소통의 가능성을 발견해낼 수도 있다.

일반적으로 우리가 생각하는 대화와 소통은 합리성 또는 차이의 관용이라는 점에서 가정되고 있는 대화와 소통일 뿐이다. 그러나 이런 대화와 소통은 합리성의 장에 갇혀 있을 뿐만 아니라 끊임없이 지식주의, 이성주의로의 후퇴를 낳을 뿐이다. 부르디외는 하버마스의 합리적 의사소통행위론을 비판하면서 "민주적 대화, 소통의 윤리, 합리적 보편주의에 대한 신념"이 가지고 있는 기능에 대해 고발해야 한다고 주장하고 있다. 왜냐하면 그것은 합리성이라는 것이 아비투스들속에서 형성된 또 하나의 가장(假裝)이라는 형식을 취하고 있으며 비합리적인 성향들을 포함하여 그 속에서 선택된 전략이라는 점을 전혀 고려하지 않기 때문이다. 이렇게 되었던 대화와 소통은 실패할 수밖에 없다. 왜냐하면 그것은 그들이 만들어 낸 일루지오, 오인의 방식을 거부하며 일방적으로 자신들의 일루지오만을 주장하기 때문이다. 그렇다고 그가 유토피아주의에 대해 동의하는 것도 아니다. 그는 유토피아주의에 대해 "흔히 청춘기처럼 거의 언제나 짧은 인본주의적인 아름다움의 희망에 대한 일시적인 행복감을 얻게 해 주는 것 이외에 다른 목적이나 효과가 없"다고 비판하고 있다.[74] 따라서 그는 합리성과 유토피아주의 양자를 비판하고 "현실주의적 비전"을 주장한다.

현실주의적 비전이란 "아비투스가 만들어 내는 전략들은 사회적 질서가 지닌 꾸준히 존재하려는 경향", 즉 "사회적 질서의 코나투스"[75]를 가지고 있다는 점에서 출발한다. 따라서 그것은 지식주의로 접근하는 것이 아니라 상호 관계적 게임 또는 전략의 논리로 접근하는 것이다. 부르디외는 다음과 같이 말한다. "담론의 결정요인들에 초점을 맞춘, 거리 둔 귀를 가지고 논증과정을 듣는 사람이라면 누구나 논지의 의미작용이 행위자들 사이의 투쟁관계에 기반을 둔 전략적 논리에 의존한다는 점을 관찰하게 될 것이다. 동일한 게임에 참여하는 행위자들을 묶어주는 공간적인 혹은 폐쇄된 공간에서 정치적, 미학적, 과학적 입장선택으로서 모든 발화행위는 관계적인 의미작용만을 지니게 될 따름이다. 의미가 언어에 내재적인 것이 아니라, 언어를 수단으로 맺어지는 실천적 관계에 내재적인 것이기 때문이다."[76]

그렇다면 남·북 관계를 열어 가는 분단 극복 또는 통일지향의 담론은 '오인'의 구조를 배제할 것이 아니라 받아들여야 한다. 우리는 모두 다 사회적 존재로서 사회적 인정을 획득하기 위해 싸운다. 그런데 문제는 이 투쟁이 일종의 이중성, 자기기만에 의해 지탱되고 유지된다는 점이다. 그것은 개인의 자기기만과 집단적인 몰인식에 의해 이루어진다. 그것을 만들어 내는 것이 '오인'이다. 그것은 "명시의 금지"이자 "교환의 진실에 대한 침묵"으로, "공유된 침묵"이며 "공통된

지식"이다.[77] 우리는 암묵적인 기대를 가지고 축의금을 내고 부조금을 낸다. 그러나 그것은 직접적으로 다음에 돌려받을 것이라는 계산을 명시적으로 표현하지 않는다. 만일 그것이 직접적으로 표현된다면 그 게임은 끝난다. 따라서 게임과 전략을 만들어 내는 오인은 서로의 '가장'을 암묵적으로 전제하거나 수용함으로써 이루어지는 것이다. 그런데 바로 이 모든 오인의 구조를 합리성으로 배제한다면 그것은 곧 그들의 상징투쟁을 부정하는 것이며 그들의 존재감을 박탈하는 것이다. 따라서 "사회적으로 인정된 사회적 존재, 다시 말해 인류애를 획득하기 위한 상징적 투쟁에서 패한 자들의 박탈보다 더 나쁜 박탈은 없다."[78]

이런 점에서 남북관계는 투명한 상호주의 또는 공리주의적 계산으로 이루어질 수 있는 것이 아니다. 부르디외가 말했듯이 "아비투스는 공리주의적 전통과 경제학자들의 고립되고 이기주의적이며 계산적인 주체가 전혀 아니다. 그것은 억누를 수 없는 지속적인 연대와 충실의 장소이다. 억누를 수 없는 이유는 연대와 충실이 합체된 법칙들과 인연들에 토대를 두기 때문이다."[79] 따라서 분단의 아비투스를 극복하는 전략은 이 연대와 충실에 호소해야 한다. 그러나 남·북의 연대는 연대 일반이 아니라 민족적 리비도에 바탕을 두고 있는 특별한 연대이다. 그것은 바로 아버지의 자리를 차지하기 위해 싸우는 형제들의 적대성을 우애의 연대성으로 전환시키는 것, 바로 '우애의 아비투스'를 만들어 가는 것이다. 이것은 가능하다. 왜냐하면 우애가 적대로 전환되는 지점에서 작동하는 욕망은 '민족적 리비도', '민족국가'의 건설이라는 좌절된 욕망이기 때문이다.

통일의 힘은 이 리비도에 근거한다. 문제는 이 리비도가 결손국가, 민족∓국가 속에서 정통성 경쟁을 하고 자신의 틈, 공백, 분열을 감추

---

77) Bourdieu, Pierre, 김웅권 옮김, 『실천이성』, 동문선, 2005, 205~206쪽.
78) Bourdieu, Pierre, 김웅권 옮김, 『파스칼적 명상』, 동문선, 2001, 344쪽.
79) Bourdieu, Pierre, 김웅권 옮김, 『파스칼적 명상』, 동문선, 2001, 210쪽.

고 있다는 것이다. 이런 점에서 우선적으로 깨달아야 할 것은 이 주인을 자처하는 남과 북의 각각의 결손국가가 지닌 분열을 인식하고 적대의 아비투스를 우애의 아비투스로 전환시키는 기획이다. 그것은 곧 분단의 아비투스를 우애의 아비투스로 전환시키는 것, 곧 부르디외 개념으로 '분단의 사회적 신체'를 '통일의 사회적 신체'로 전환시키는 것이다. 그러나 그것을 하기 위해서는 무엇보다도 먼저 남과 북의 정통성 경쟁이 아니라 양자의 아비투스가 지닌 역사적 맥락과 차이, 그리고 오인의 구조를 인식하고 그것을 존중하면서 그에 따른 게임의 전략을 만들어 가야 한다. 예를 들어 북의 항일무장투쟁 전통과 주체-수령, 그리고 민족주의라는 가장 전략을 우리는 존중하면서 그들과의 소통을 모색해야 한다.

둘째로, 바로 그렇기 때문에 이와 같은 포용의 정치는 스피노자가 이야기하는 정서적인 마주침 속에서 직면하게 될 분열된 자아의 균열적 정서를 포괄하면서 상호 공통의 공감을 만들어 가는 관계성을 창출하는 것이 되어야 한다. 그것은 미리 주어진 어떤 것의 회복이나 어느 한쪽에 의해 일방적으로 제시되는 것이 아니다. 그것은 이종석이 이야기하듯이 "단순한 혈연 및 언어의 공통성을 넘어서 어떻게 단일한 공통의 내적 삶의 구조를 만들어 갈 것인가"하는, "단순히 혈족결합"을 넘어선 "새로운 민족국가건설 프로젝트"이다.[80]

그러나 그것은 두 개의 실체를 부정하고 과거의 '민족'이라는 동일성의 환상으로 귀환하거나 단순히 민족적 감상에 호소하는 것이 아니다. 그것은 오히려 "한반도에는 실체로서 두 개의 주권체가 존재한다는 냉엄한 현실을 인정하고 그 위에서 통일을 위한 남북한 간의 논의"를 시작하는 것이다.[81] 다만, 이 두 개의 분단을 남과 북의 어느 한쪽이 아니라 한반도 전체의 차원에서, 일반적인 외교 관계와 다른

---

80) 이종석, 『분단시대의 통일학』, 한울아카데미, 1998, 20쪽.
81) 위의 책, 289쪽.

특수한 관계로, 형제의 관계로 바라보는 관점과 가치, 문화적 양식들을 창출하는 것이다. 이런 점에서 임현진·정영철이 제시하는 다음과 같은 논의는 시사하는 바가 있다.

"첫째, 남과 북의 통일모형은 무엇보다도 남과 북이 50여 년 동안 상이한 체제에 속해 왔고 서로 다른 경제체계, 정치체계, 사회체계를 발전시켜 왔다는 현실에서 출발해야 한다. 둘째로, 50년간의 분단이라는 역사적 현실을 극복하고 이룩된 통일된 하나는 과거의 상태로 되돌아가기 위한 통일이 아니라 미래를 대비함으로써 통일한국의 발전을 가져올 수 있는 장기적 전망 속에 통일이 위치해야 한다. 셋째로, 따라서 통일은 평화통일이어야 한다."[82] 그러나 그렇다고 이것이 분단의 아비투스, 또는 민족≒국가의 결함을 메우는 남과 북 각각의 아비투스를 전부 승인해야 한다는 것을 주장하는 것은 아니다. 그것은 남과 북이 상호 소통과 대화를 만들어 가는 게임의 전략일 뿐이며 그것이 곧 통일반도의 이념과 가치가 되는 것은 아니다. 이런 점에서 여전히 이 가장, 일루지오는 학문의 장에서 비판적 사유의 대상이 되어야 한다.

셋째, 부르디외는 학문의 장에서 나타나는 이론주의나 지식중심주의를 경계하고 비판하지만 또한 과학만이 상징권력 중 가장 덜 부당한 권력이라고 말한다. 그러나 그렇게 하기 위해서는 독사(doxa)들과 오인의 구조, 그리고 '완곡어법'들을, 그리고 자신에 대한 객관화된 성찰을 수행해야 한다. 특히, 학문의 장에서 지식인들은 끊임없이 가장과 오인, 독사의 영역을 생산하는 일상세계에 대한 성찰을 수행해야 한다. 그것은 마치 무의식의 꿈이 억압된 것을 전치시키고 진실을 회피하듯이 '완곡어법'이 진실을 감추고 은폐하기 때문이다. 이런 점에서 부르디외의 아비투스는 비판적 이성이 살아 있는 학자 자신의 내적 성찰을 제공하면서 사회적 무의식을 들추어내는 사회적 분석이

---

82) 임현진·정영철, 『21세기 통일한국을 향한 모색』, 서울대학교출판부, 2005, 106쪽.

라고 할 수 있다. 그리고 이 속에서 잠재되어 있는 기대와 효과들, 그리고 공통의 가치를 생산하는 것이다. 따라서 통일을 지향하는 모색은 남과 북이 분단의 현실 속에서 모색해 온 코나투스적 전략들 속에서 형성된 아비투스에 대한 이해를 통해서 소통을 만들고 남과 북을 하나의 통일된 공간으로 인식하면서 각기 가진 자신들의 아비투스를 우애의 아비투스로 만들어 가는 실천을 통해서만 가능하다.

참고문헌

강인철, 「전쟁의 기억, 기억의 전쟁」, 『창작과 비평』 28-2호, 창작과비평사, 2000.

권명아, 『식민지 이후를 사유하다』, 책세상, 2009.

권혁범, 「반공주의 회로판 읽기」, 조한혜정·이우영 엮음, 『탈분단시대를 열며』, 삼인, 2000.

김동춘, 『근대의 그늘』, 당대, 2000.

김성민·박영균, 「분단의 트라우마에 관한 시론적 성찰」, 『시대와 철학』 21-2호, 한국철학사상연구회, 2010.

김호기, 「미군정기 지배구조와 시민사회: 한국시민사회의 역사적 기원」, 『미군 정기 한국의 사회변동과 사회사』 II, 한림대아시아문화연구소, 1999.

문부식, 『잃어버린 기억을 찾아서-광기의 시대를 생각함』, 삼인, 2002.

박광주, 「남북대화의 새로운 모색」, 민병천 편, 『전환기의 통일문제』, 대왕사, 1990.

박영균, 「분단을 사유하는 경계인의 철학: 송두율의 통일담론에 대한 비판적 검토」, 『철학연구』 114, 대한철학회, 2010.

박재환, 일상성·일상생활연구회, 『일상생활의 사회학적 이해』, 한울, 2009.

서동만, 『북조선사회주의체제성립사 1945~1961』, 선인, 2005.

서중석, 『배반당한 한국민족주의』, 성균관대학교출판부, 2004.

이서행, 『새로운 북한학: 분단시대 통일문화를 위하여』, 백산서당, 2002.

이종석, 『분단시대의 통일학』, 한울아카데미, 1998.

임지현, 『이념의 속살』, 삼인, 2001.

임현진, 「한국에서의 국가자율성」, 『현대한국과 종속이론』, 서울대학교출판부, 1987.

임현진·정영철, 『21세기 통일한국을 위한 모색』, 서울대학교출판부, 2005.

전효관, 「분단의 언어, 탈분단의 언어」, 조한혜정·이우영 엮음, 『탈분단시대를 열며』, 삼인, 2000.

정근식, 「식민지 지배와 신체규율」, 김필동·지승종 외, 『한국사회사연구』, 나남, 2003.

정선기, 「생활양식과 계급적 취향」, 현택수 외, 『문화와 권력』, 나남, 1998.

조한혜정, 「통일공간과 문화」, 조한혜정·이우영 엮음, 『탈분단시대를 열며』, 삼인, 2000.

한지수, 「지배이데올로기와 재생산메커니즘」, 한국정치연구회 편, 『한국정치론』, 백산서당, 1989.

홍성민, 「계급 아비투스와 정체성의 정치」, 양은경 외, 『문화와 계급』, 동문선, 2002.

홍성민, 『문화와 아비투스』, 나남, 2000.

Bourdieu, Pierre, 김웅권 옮김, 『파스칼적 명상』, 동문선, 2001.

──────, 김웅권 옮김, 『실천이성』, 동문선, 2005.

──────, 현택수 옮김, 『강의에 대한 강의』, 동문선, 1991.

Cumings, Bruce, 김동춘 옮김, 「북한의 조합주의」, 『한국현대사』 I, 이성과 현실사, 1982.

Hobsbawn, Eric John, 강명세 옮김, 『1780년 이후의 민족과 민족주의』, 창작과비평사, 2008.

Olivesi, Stéphane, 이상길 옮김, 『부르디외, 커뮤니케이션을 말하다』, 커뮤니케이션북스, 2007.

和田春樹, 고세원 옮김, 『역사로서의 사회주의』, 창작과비평사, 1994.

〈이승복 기념관〉의 공간 스토리텔링을 통해 본 반공이데올로기 전시구현

이정재·박민하

1. 〈이승복 기념관〉의 공간 스토리텔링 연구

2010년 6·25가 발발한지 60주년을 맞았다. 세계 유일의 분단국가로 남북의 현재상황은 이전과 비교해 전혀 달라 진 게 없어 보인다. 한반도는 분단의 아픔을 간직한 채 집권세력의 서로 다른 정치이념으로 남북 각자 독자적인 나라로 건국되었다. 남한의 지배세력은 '반공이데올로기'를 세력의 정당화와 기득권 유지를 위해 적극적으로 활용하였다. 반민족적 성향에서 출발한 '반공이데올로기'는 친일파와 보수진영의 정치도구였다. 이 정치적 도구는 교육 분야까지 확장되어 나갔다. 교육의 일환으로 한때 초·중·고등학생들의 수학여행 단골 코스였던 〈이승복 기념관〉은 그 명성과는 다르게 한적했던 이곳에 최근 들어 활발한 움직임이 엿보인다.[1]

---

1) 1983년 71만 7천여 명의 관람객이 방문하였고 이중 학생 방문객이 39만 명이었다. 1988년

강원도 평창군 용평면에 위치한 〈이승복 기념관〉은 반공역사의 핵심에 서있는 상징물 중 하나이다. 1975년 〈이승복 반공관〉이란 명칭으로 대관령 휴게소 옆에 위치했으나 흩어져 있던 유적을 단지화하고 분단의 민족사를 유물로 남기고자 현재의 주소로 이전하여 1982년 10월, 〈이승복 기념관〉으로 개관하였다. 현재 6개의 전시관과 12점의 야외 전시물, 네 구역의 편의시설이 마련되어 있다. 기념관 건립은 전두환 정권의 공공 기념 첫 사업이었다. 기존에 있던 반공관의 체계적인 기념관 형태로 재건립하면서 자연의 공간 안에 자연스레 '반공이데올로기'를 정착시키고 다방면의 지원을 통해 이를 고착화해 나갔다. 그 후 제6공화국·문민 정부·국민의 정부를 거쳐 참여 정부 시절인 2005년 1월 1일부로 강원도교육청에서 강원도평창교육청 소속으로 변경되었고, 예산이 삭감되면서 침체기에 접어들게 된다. 그리고 이명박 정부에 들어서 연 1회의 추모제에서 추모제·추모식으로 분리되고, 2010년 8월과 9월 한 달 사이에 전시관 내 TV가 최신형으로 바뀌었다. 정권의 교체와 함께 침체기와 유지기 그리고 현재 다시 재생기를 맞고 있는 기념관을 살펴보며 한 공간 안에서 과거 구시대의 대치상황과 평화·협력시대가 공존하고 있음을 포착할 수 있었다.

먼저 연구에 앞서 기존 선행 연구 검토가 절실히 요구된다. 한국교육학술정보원(KERIS)에서 반공이데올로기라는 키워드로 검색한 결과 학위논문 297건, 국내학술지 193권, 단행본 258권, 기타자료 32권이 확인되며, 반공기념관으로 검색 시 학위논문 7건, 국내학술지 1권이 검색된다. 학위논문은 주로 사회학이나 건축학 등에서 발행되고 있다. 이에 비해 '이승복' 또는 '이승복기념관'이라는 키워드로 검색한 결과 총 학위논문 0건, 국내학술지 5권, 단행본 9권, 기타자료 2권

까지 학생의 방문객 비율이 더 높았으며, 그다음 해부터는 일반 방문객의 비율이 더 높이 나타났다(이승복기념관, 『李承福記念事業二十五年事』, 이승복기념관, 1993, 125쪽 참조).

이다. 이것은 단면적으로 연구의 불균형을 여실히 보여 주고 있는 동시에 '반공'이라는 담론에 치우쳐 반공을 내포하는 대상과 그 맥락에 대한 연구는 미비했던 것을 드러낸다.

본 연구자들은 이러한 연구동향에서 벗어나 기존연구의 공백을 메우고자 문화콘텐츠적 관점으로 질적 연구를 심화시켜 나가야 한다고 본다. 이러한 접근의 초석이 될 이번 연구는 미시적으로나마 〈이승복 기념관〉내 전시콘텐츠의 구성을 통해 공간 안에서의 주제와 동선, 상징, 의미 등을 파악해 본다. 나아가 새로운 관점으로 연구를 확대시켜 더 넓은 논의가 이어질 수 있는 장을 마련하고자 한다. 아직 문화콘텐츠학이라는 학문 자체가 신생학문으로서 연구 접근 방식과 이론적 틀이 제대로 정립되어 있지 않다는 한계가 있다. 그러나 이러한 부분들은 복합학으로서 문화콘텐츠학의 장점을 부각시켜 다양한 학문들의 이론과 방법을 통해 보완해 나갈 것이다. 또한 앞으로의 이러한 문제제기를 연구과제로 남겨두고, 이번 논의를 시작해 보고자 한다.

이 글에서는 1968년 울진·삼척사건 당시 무장공비에 의해 피살된 이승복군의 반공정신을 기리는 〈이승복 기념관〉에 주목하고, 사건이 각 정권마다 어떻게 부합되고 있는지 개관식으로 설명할 것이다. 그리고 원형스토리가 전시공간 안에서 어떻게 구체화되어 가는지 전시관 동선을 중심으로 살펴본다. 이 과정에서 연구를 접근해 가는 과정에 있어 가치관을 따질 수도 있는 측면이 있다. 가치관이 옳으냐 틀리냐의 문제 또는 이승복 사건이 사실이냐 거짓이냐에 대한 내용은 별개로 할 것이다. 이러한 접근은 유보하도록 한다. 이 글은 반공이데올로기 구현이 어떻게 효과적으로 이루어졌는지를 중점적으로 알아보고자 한다. 그러나 가치관을 순수하게 떨어뜨릴 수는 없다. 때문에 이 문제는 별고로 다루도록 할 것이다.

연구방법으로는 위에서 언급한 바와 같이 문화콘텐츠적 시각을 전제로 한다. 특히 공간구성 분석에 있어서 공간 스토리텔링을 이용할 것이다. 공간 스토리텔링은 두 가지 개념으로 정의할 수 있다. 첫 번째는 현대적이며 발신자적인 관점으로, 공간 생산자가 공간을 매체로 하여 공간 소비자에게 이야기를 하는 행위이며, 두 번째는 원초적이며 수신자적인 관점으로, 인간의 삶의 터전인 공간 그 자체에 인간이 이야기를 부여하는 행위이다.2)

이러한 방법론의 과정 모형으로는 〈도식 1〉을 통해 살펴볼 수 있다. 1단계에서는 기념관의 현장답사와 문헌, 인터뷰 등을 통해 '이승복 사건'의 종합적 의미 및 해석, 특징 등을 파악하고 이를 둘러싼 관계와 세부 사항 등을 확인하도록 한다. 2단계에서는 구체화된 장소성에 이야기 부여방식을 발신자와 수신자 측면에서 소통관계를 살펴본다. 마지막 3단계에서는 공간 발신자의 입장에서 공간구성을 유형지어 변형·체험·변화를 통한 지속적 의미작용으로 공간에 대한 진정한 이해를 하도록 한다. 〈이승복 기념관〉의 분석을 통해 어떤 오브제들이 정보와 교육, 이념 등을 제공하는지, 소장품 전시 방법 등에 대해 언급할 것이다.

본 연구를 위하여 세 단계의 연구과정으로 진행하였다. 첫째, 문헌조사를 통해 연구주제의 키워드인 울진·삼척사건 관련자료, 남한의 반공이데올로기, 정권별 반공교육, 박물관 이론, 전시방법론, 공간스토리텔링 등에 관한 이론적 내용을 습득한다. 둘째, 현지조사를 통해 현장을 돌아보며 사진, 리플렛, 멀티미디어 자료 등을 파악 및 수집한다. 셋째, 〈이승복 기념관〉 관계자와의 전화·온라인·현장 인터뷰를 통해 질적 자료를 수집하도록 한다.

이러한 연구과정을 통해 공간스토리텔링기법에 입각한 전시구현이 잘 이루어졌는지 살펴보고 나아가 〈이승복 기념관〉이 지향해야 할 새로운 공간 전시 방향을 제시해 본다.

---

2) 본 연구에서는 김영순·정미강, 「공간 텍스트로서 '도시'의 스토리텔링 과정 연구」, 『텍스트언어학』 Vol. 24, 2008, 178쪽을 참고한다.

3) 김영순·정미강, 「공간 텍스트로서 '도시'의 스토리텔링 과정 연구」, 『텍스트언어학』 Vol. 24, 2008, 186쪽.

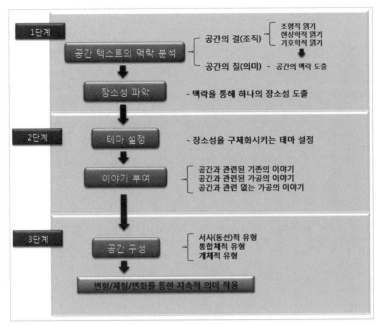

<도식 1> 공간 스토리텔링 과정 모형[3]

2. <이승복 기념관>의 원형콘텐츠 형성과 활용

　<이승복 기념관>은 명칭 그대로 이승복 사건을 기념하는 박물관이며 이승복의 죽음과 관련된 이야기가 있는 공간이다. 이 사건은 몇십 년이 흘렀지만 반공을 대표하는 원형콘텐츠로 기억되는 동시에 현재는 서서히 흩어져 가고 있는 잔상으로 남아 있다. 이에 본 연구는 실화 바탕의 이야기를 전시 콘텐츠로 어떻게 재창조하고 있는지와 지속적인 경각심을 심어주는 반공교육의 공간으로서 <이승복 기념관>을 주목하고자한다. 우선 이 장에서는 이승복 사건의 원형이 시대·사회적 배경에 따라 정권별로 어떠한 방식으로 기록되고 활용되어 왔는지 그 과정을 추적하고, 그 안에서 반공이데올로기의 변화 양상을 살펴보도록 할 것이다.

2.1. 박정희 정권: 원형콘텐츠 형성과 활용의 시작

5·16 쿠데타를 통해 정권을 제압하고 그 후 박정희가 자신의 정치적 정당화를 위해 가장 먼저 내세운 것은 다름 아닌 '반공'이었다.[4] 반공이데올로기를 확산하기 위해 반공주의를 국가정책으로 내세웠으며, 다양한 차원으로 반공교육을 강화하였다. 한국사회에서 정권의 정통성 부재가 남북분단이라는 한국적 상황과 맞물리면서 반공이데올로기는 누구도 거부할 수 없는 사회적 당위성을 지니게 있었고, 이것은 정신적 지지 기반의 확충을 위해 적극 활용되었던 것이다.[5]

박정희 정권하에 지배이데올로기로서의 반공이데올로기는 통일, 정치, 경제, 군사문제 등에 걸쳐 전 사회적으로 개입되었다.[6] 이러한 관점에서 이승복의 죽음[7]은 전 국민들에게 안보의식을 심어주기에 충분하였고 더할 나위 없이 좋은 반공교육의 도구로 작용할 수 있었다. 이것의 일환으로 이승복 노래가 제정·보급 되어 수업 내 학습자료로 활용되기도 하였다. 박정희 대통령 신년사에서도 국가의 강력한 반공의식을 다음과 같이 밝히고 있다.

---

4) 윤충로, 「남한 지배이데올로기의 형성과 내면화」, 『시련과 발돋움의 남북현대사』, 선인, 2009, 307쪽.

5) 안창모, 「반공이데올로기와 도시 그리고 건축」, 『경기대학교 건축대학원 논문집』, 경기대학교 건축대학원, 2005, 12쪽.

6) 김혜진, 「박정희 정권기 반공이데올로기의 정치경제적 기능」, 『역사비평』 제18집, 1992, 153쪽.

7) 박정희 정부가 공식적으로 정리한 원형스토리는 다음과 같다. 1968년 11월 북한 유격대는 소수부락 점령 및 부락의 군사정보망의 창설·정보 가치 있는 대상자를 대동하여 월북·사회 각 방면의 정부 입수 등의 남파목적을 가지고 울진군과 삼척시로 침투하였다. 그들 중 이탈 낙오된 공비 5명은 노동리 상대골의 이석우(이승복의 부친)집에 침입하게 된다. 그들은 북한 공산당을 찬양 선전하며 미국을 비난 모략하였으나 속사 초등학교 계방분교장에 다니던 2학년 이승복은 끝까지 "우리는 공산당이 싫어요"라고 항거하였다. 이에 공비 중 1명은 이승복을 문 밖으로 끌고나와 입을 찢고 돌로 쳐 살해하게 된다. 당시에 현장에 있던 어머니와 두 동생 역시 처참하게 살해당하였고, 그의 형인 이학관은 엄청난 중상을 입게 된다. 살해당한 날은 바로 이승복의 생일이었다(이승복기념관, 『李承福記念事業二十五年事』, 이승복기념관, 1993, 55쪽 재구성).

"무장공비의 설교를 실컷 듣고도 '나는 공산당이 싫어요.'하다가 무참하게 죽어간 평창 지방의 열 살 소년의 그 애절 하고도 측은한 모습이 우리 삼천만 국민들 가슴 속에 철천지 원한의 못을 박았다는 이 사실을 김일성 도당들이 명심하고 대오 각성을 하지 않는다면 그들은 구할 수 없는 자멸의 묘혈을 스스로 파는 결과가 되고 말 것이다."[8]

이후 1973년 12월 9일에는 이승복 추모 전국학생 웅변 및 글짓기 대회가 개최되었는데, 이것은 이승복의 넋을 기리고 추모하는 움직임이 지속적으로 있었음을 의미하며, 이승복의 죽음이 남한사회에 끼쳤던 전체적인 영향력 정도를 가늠할 수 있는 행사였다. 그만큼 반공이데올로기를 토대로 한 국가의 정통성 확립[9]에 이승복 사건은 효과적인 소재였던 것이다.

2.2. 전두환·노태우 정권: 원형콘텐츠 활용의 강화

반공이데올로기의 확대는 1980년대도 계속되었으며, 특히 전두환 대통령은 공공 기념 첫 번째 사업으로 기존에 있던 반공관을 체계적인 기념관 형태로 재건립하면서 자연의 공간 안에서 자연스럽게 반공이데올로기를 정착화시키고 다방면의 지원을 통해 그것을 체계화시켜 나갔다. 여기서 주목해야 할 점은 완공되는 데 까지 오랜 시간이 걸리지 않았다는 것이다. 전 정권의 공공기업 첫 번째 사업이었던 만큼 각 기관에서 기념관에 대한 관심이 상당히 높았으며, 특히 완공에 있어서 공사 진행을 도운 군대의 지원이 컸다. 즉, 〈이승복 기념

---

8) 이승복기념관, 『李承福記念事業 二十五年史』, 이승복기념관, 1993, 12쪽.
9) 조은희, 「남북한 박물관 건립을 통한 국가정통성 확립」, 『북한연구학회보』 제13권 제1호, 북한연구학회, 2009. 연구에 의하면 1960년대에 접어들면서 직면하게 된 남한의 정통성 확립의 문제는 통치자의 지도력을 바탕으로 사회 분야의 역량을 총동원해야 가능해지는 일이라 설명하고 있다.

관〉의 건립은 당국의 반공정책의 일환이라 여겨진다.

이것은 기념관 초기 관람의 활성화측면으로까지 연결된다. 활성화 정책에 힘입어 1984년 5월 18일 단기간에 관람객 100만 명을 돌파하게 된다. 이후 노태우 정권 때인 1991년에 자연학습자료전시장이 만들어지기도 했는데, 이 시기에는 강력한 반공이데올로기를 직접적으로 재생산하기 보다는 보다 큰 교육적 효과를 얻기 위해 새로운 성격을 입혀가는 시점이었다.

이처럼 반공이데올로기는 시민의 안녕을 위한 것이 아니라 정권유지와 정당화의 기능을 수행해 왔다고 할 수 있다.10) 즉, 이승복 사건과 반공이데올로기가 공간 안에서 정형화되는 것은 올바른 안보교육의 의미보다는 그 시대의 정권 강화 및 권력의 정당성 도구로 활용되었던 것이다.

2.3. 김영삼·김대중·노무현 정권: 원형콘텐츠 활용의 약화

분단의 극복은 한 사회의 총체적인 변혁의 과정이다. 그것은 우리 사회에 있어서 분단의 역사적 경과와 그 뒤의 분단의 고정화구조가 총체적이고 차원이 다른 여러 요인의 복합으로 주어지기 때문이다. 따라서 그것은 총체적인 변혁의 과정일 뿐만 아니라 그것을 위한 노력은 완성에 이르기까지 많은 전제된 과정을 필요불가결하게 한다.11)

김영삼 정부는 문민정부가 체제의 정통성과 도덕성을 가지고 있다고 인식하고 있었다.12) 이러한 인식하에 1997년, 이승복을 교과서 내용에서 생략하고 이승복 관련 기념행사를 대부분 폐지하였다. 그러나 몇 십년동안 그 자리에 세워져 있는 동상처럼, 그 흔적을 지워

---

10) 윤충로, 위의 책, 309쪽.
11) 박현채, 「분단 43년, 반공이데올로기와 민중의식」, 『역사비평』 제5집, 1988, 61쪽.
12) 홍건식, 「김영삼 정부와 김대중 정부의 대북정책: 최고 지도자의 인식적 차이를 중심으로」, 연세대학교 석사논문, 2007, 42쪽.

내는 것이 결코 쉬운 작업이 아니었음은 분명했다. 이후 한국의 포용정책과 식량난 등 북한 내부의 체제불안 요소가 교차하는 1999년 초를 맞아 햇볕정책으로 남북의 긴장을 완화하고 화해의 방향으로 나아가야 한다는 목소리가 높아졌다.13) 그 후 2004년 강원도교육청에서 통일교육이 강조되는 시대정신과 〈이승복 기념관〉이 맞지 않는 비능률적인 기관이라고 판단하면서 폐관을 검토했다. 그러나 2005년 강원도 교육청에서 강원도평창교육청으로 소속이 변경되었다.14)

또한 16년간의 이승복 사건 조작설에 대한 끊임없던 공방이 2009년 결국 진실이라 결론 내려지기도 했다. 이러한 논란 속에서도 서서히 〈이승복 기념관〉은 반공교육장의 성격보다는 통일교육의 장으로서 그 면모를 갖춰나갔다. 기념관은 반공지향에서 통일지향으로 변화하는 과정에서 충돌과 부조화를 그대로 반영하듯 기존 전시물과 새로운 전시물이 함께 배치되었다. 그러나 쇠락하던 기념관은 현 정부에 들어서면서 추모식과 추모제 분리, 제공기(F-5B) 배치 등의 전시물을 확충하며 하루가 다르게 활성화되고 있다.

3. 전시공간과 상징물의 의미 분석

1990년대 중반까지만 해도 〈이승복 기념관〉은 반공교육의 선두에서 관람해야 하는 필수 박물관 중 하나로 손꼽히던 곳이다. 반공교육은 종합성, 사상성, 시사성 등에 있어 다른 교육과 구분되는 특징을 갖는다.15) 반공교육은 대한민국 제1공화국부터 시작되었다. 반공교육은 박정희 정권에 들어와 전면에 드러난다. 이는 그 특성이 종합적

---

13) 조남현, 「자유총연맹의 변주곡: 〈반공, 안보〉 포기하고 〈화해〉 지향하는 〈부자유총연맹〉」, 『한국논단』, 제118권 제1호, 1999, 60쪽 재구성.
14) 전홍기혜, 「〈조선〉, 대법 '이승복 판결'로 신화 되살리기」, 프레시안, 2006년 11월 27일
15) 홍완숙, 「반공교육의 변천과정에 관한 연구」, 『敎育論叢』 Vol. 7, 1999, 70쪽.

이어서 교과과정 내뿐만 아니라 다양한 활동 특히 초·중·고등학생들의 수학여행지의 연장선상까지 이어졌다. 당시 강원도 수학여행의 필수 여행지로 포함되었다.

〈이승복 기념관〉은 전시를 목적으로 하는 박물관의 개념이다. 박물관은 설립취지(mission)와 정체성에 따라 네 가지 기능으로 구분할 수 있다. 전통적인 소장품 중심 박물관(traditional object-oriented musium), 변형된 전통 박물관(modified traditional museum), 지역사회 중심 박물관(community-oriented museum), 이야기와 경험 중심 박물관(storytelling, experience-oriented museum)이 그 예이다.16) 〈이승복 기념관〉은 이야기와 경험 중심 박물관에 속한다. 그러나 전시관을 둘러보다보면 이야기와 경험 중심 박물관임에도 불구하고 각 전시관마다 기념관의 정체성과는 다른 전통적인 소장품 중심 박물관과 지역사회 중심 박물관 유형이 함께 존재한다.

박물관은 큐레이터, 관람객, 전시공간, 전시물에 의한 상호관계(interaction) 속에서 존재하는 공간이다. 특히 박물관 공간은 정지된 형태가 아닌 큐레이터가 의도한 전시의도에 따라 관람객들의 동선을 유도하고 전시물과 전시패널 등을 통한 시각적 소통(visual communication)이 이루어지는 곳이다. 이러한 시각적 소통을 위해 공간의 배치나 전시물의 배치가 고려되어지며, 동선이 형성되게 된다.17)

전시는 작품의 내용과 가치를 사람들에게 전달하기 위하여 행해진다. 작품판매나 교육, 홍보 등 여러 가지 이유로 전시가 개최되지만 작품의 내용과 의미를 관객에게 전달하고, 그 가치를 이해시키는 것이 전시의 가장 중요한 기능이다.18) 전시는 형식과 기능에 따라 여러 분류로 나눌 수 있는데, 〈이승복 기념관〉은 형식에 따라 상설전시, 기능에 따라 환시적 전시19) 및 교훈적 전시20)로 분류된다.

---

16) Kotler, Neil & Kotler, Philip, 한종훈 역, 『박물관 미술관학』, 박영사, 2005, 5쪽.
17) 심재석, 「박물관 전시콘텐츠에 대한 시각인류학적 접근」, 『고문화』 Vol. 67, 2006, 111쪽.
18) 박우찬, 『전시, 이렇게 만든다』, 재원, 1998, 9쪽.

〈이승복 기념관〉은 단순히 오브제 (object)를 수집·전시한 공간이 아니다. 관람객들에게 사건의 정보를 전달 및 흥미를 유발하고, 이념 전달 오브제를 통해 반공정신을 기리고자 하는 분명한 목적이 있다.

<그림 1> 관람로 안내표지판

3.1. 〈이승복 기념관〉의 공간 개관

〈이승복 기념관〉은 영동고속도로 속 새IC에서 5분 거리인 강원도 평창군 용평면 노동리에 위치해 있다. 입구에 들어서면 왼편에 휠체어, 유모차 대여소, 관리사무소, 오른편에 안내실이 있다. 안내실 앞은 리플릿 전시와 함께 "무료입장"이라는 문구가 크게 붙어 있다. 리플릿 표지에는 기념관의 정보와 함께 '종합기념관', '안보교육장', '체험학습장'이라 적혀 있다. 그리고 기념관의 소속이 강원도 교육청에서 강원도 평창교육지원청으로 변경된 사항이 수정되어 있다. 리플릿 안에는 권장 권람코스 및 소요시간이 제공된다. 권장 관람코스는 정문(입구) → 동상 → 생가모형 → 강원교육홍보관 → 본관전시실 → 자연학습관 → 이승복이 다니던 학교 → 민속자료관 → 군용장비 산책로 → 묘소오름길(야생화 단지) → 정문(출구)을 끝으로 통상시간은 총 2시간 50분 정도가 소요된다.[21]

---

19) 환시적 전시란 특수한 분위기를 조성하고 때로는 '연극적'인 연출 방법을 사용함으로써 관람객의 감성을 자극하는 전시이다(마이클 벨처, 신자은·박윤옥 옮김, 『박물관 전시의 기획과 디자인』, 예경, 2006, 95쪽).

20) 정보 전달을 위주로 하는 전시를 일반적으로 '교훈적인(didactic)'전시라 표현한다. 이러한 전시는 교육을 목적으로 한다. 또한 관람객의 지적인 자극, 적극적인 사고 및 학습을 유도한다(위의 책, 97쪽).

21) 리플렛에는 군용장비 산책로에서 묘소오름길(야생화 단지)을 거치지 않고 바로 정문(출구)로 나오는 동선도 제공하고 있다. 이 동선대로 관람할 시 소요시간이 통산 2시간 50분에

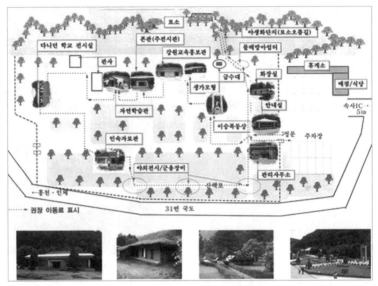

<그림 1> 이승복 기념관 권장이동로

　입구를 통과하여 단지 안으로 들어서면 관람객들의 동선을 안내하는 화살표가 아스팔트 위 길목마다 표시되어 있다. 단지 안에서 가장 먼저 눈에 띄는 것은 조형물이자 첫 번째 코스인 '이승복 동상'이다. 그다음으로는 이승복이 살았던 '생가모형'이다. 실제 생가는 기념관에서 북쪽으로 약 5km 정도 떨어진 노동계곡에 위치해 있으며 그곳도 역시 기념관에서 관리하고 있다. 이곳은 사건 당시의 생가 그대로 재현되어 있고 60년대 후반 일반 가정들에서 사용하던 작두, 제초기, 탈곡기, 다래끼, 회로, 다듬이, 화장실(뒷간) 등이 함께 전시되어 있다. 생가모형 왼쪽으로는 강원교육홍보관22)이 있다.

　그다음 코스는 본관전시실이다. 이승복군 일가의 유품, 유화, 훈장, 법정공방자료, 추모자료 등이 전시되어 있다. 전시실에 들어서면 왼쪽에 20분짜리 "이승복일대기"영화를 상영하는 기록영화상영관이

서 2시간 20분으로 줄어들게 된다(www.leesb-memoreal.co.kr).

22) 강원교육지표 및 시책 등 홍보, 교육보도자료 등을 게시해 놓은 곳이다.

있다. 영화를 보고자 하는 관람객은 입구 앞쪽 버튼을 누르고 입장하면 영화를 바로 볼 수 있다. 전시실 안내데스크에는 방명록과 함께 인포메이션이라는 책장에 기념관 리플릿과 이승복 사건 관련 도서[23]가 놓여 있다.

본관의 본 전시실로 들어서면 이승복 사건 연혁, 조작설 제기, 법정공방, 환영글 등이 적힌 안내판이 있고, 왼쪽벽면에는 '이승복 군의 생애', '유족의 근황', '울진-삼척 무장공비 침투 사건', '이승복 추모 글짓기 장원 글'이 차례대로 새겨져 있다. 왼쪽 벽면을 지나면 실제로 고 이승복 군이 사용하였던 고무신, 도시락, 밥그릇, 이발기가 진열장 안에 들어가 있고 그 맞은편으로 이승복 가족이 사용하였던 일가유품(쥐틀, 쩨기, 채 등)이 전시되어 있다.

이승복과 그 일가의 전시공간을 지나면 이승복 사건의 이야기를 유화로 그린 12점의 대형 기록화가 한쪽 벽면에 시간 순으로 배치되어 있다. 이 그림은 육영수 여사 기념관의 초상화를 그린 정형모 화백(박정희 정권시절 청와대 전속 화가)의 작품으로 개관 당시 강원도 교육위원회장학사였던 이덕호 씨가 직접 일대기 기록화와 초상화 작업을 의뢰하였다고 한다. 커다란 기록화 아래에는 한글과 영문으로 그림에 대해 간략히 설명하는 라벨(lable)이 놓여 있다. 2번과 3번 기록화 맞은편에는 이승복 군의 초상화와 함께 전두환 대통령의 국민훈장 동백장이 놓여 있다. 그리고 1982년 4월 17일자 강원일보 신문의 기사가 확대 스캔되어 함께 전시되어 있다.

기록화 전시면 가운데 넓은 공간에는 '울진삼척지구 무장공비 침투 사건' 영상(6분)이 TV화면을 통해 상영된다. 그리고 왼편에는 '북한의 핵·미사일 도발 상황'에 대한 내용과 함께 '북한의 군사장비'가 전시되어 있다. 오른편에는 이승복 군의 학교 생활기록부, 책걸상, 담임선

---

23) 『아아! 이 승복-나는 공산당이 싫어요』, 『반대세의 비밀, 그 일그러진 초상』, 『구국의 목소리』, 『죽어서도 잊지 못할…』 등의 도서가 비치되어 있다.

생님이었던 김종욱 선생의 교육장 표창 복사본이 전시되어 있다.

중앙 로비로 나오는 길목 오른쪽에도 역시 '북한의 군사장비(무장공비 포획품)'와 생가모형 미니어쳐(디오라마, Diorama)24)가 배치되어 있다. 특히 디오라마에는 이승복 시신 발견 장소가 라벨로 표시되어 있다.

전시관 길목을 오른쪽으로 돌면 이승복사건의 조작설 제기 및 그이후 소송 진행과정에 대한 정보와 최종 사실 확인 확정판결 내용을 담고 있는 홍보코너가 나타난다. 여러 기사와 함께 강원도 평창군민 일동 〈이승복사건을 조작 오보라고 주장하는 일부 언론을 더 이상 묵과할 수 없음〉에 대한 탄원서가 부착되어 있다. 그 맞은편에는 '조작설 제기부터 사실 확인 확정판결까지 도표', '교과서에 수록된 이승복 이야기', 25) '이승복장학회 운영', 26) '이승복 추모제/기일 묘제', 27) '이승복 노래 연주28) 악보 및 듣기 버튼'이 벽면에 전시되어 있다.

마지막 나가는 길목에는 노무현 정권과 현 정권의 정책방향에 대한 사업 및 추진 내용이 전시되어 있다. '평화와 번영의 미래창조'섹션에서는 평화번영정책29)에 대해서 '한민족! 하나되면 세계의 주역 국가가 됩니다'섹션에서는 통일, 온 국민의 염원/함께 어울려 하나되는 남북/하나되는 통일교육, '남북사회문화교류'섹션에서는 사회문

---

24) 국립국어원에 따르면 "배경을 그린 길고 큰 막 앞에 여러 가지 물건을 배치하고, 그것을 잘 조명하여 실물처럼 보이게 한 장치. 스튜디오 안에서 만들 수 없는 큰 장면의 촬영을 위한 세트로 쓴다"라고 정의하고 있다.

25) 1969년도부터 초등학교 도덕교과서에 실림, 1984년도(제4차 교육과정) 상세히 기술, 1990년도(제5차 교육과정) 역사적 사실로 간략히 기술, 1997년도 삭제 내용 전시.

26) 장학기금 재원, 연간 집행내역(2009년도 기준) 전시.

27) 추모제(기일 묘제)일시 공지 및 묘제 사진 전시.

28) 2009년 6월 공군 군악대 성악전공 사병 5명의 중창곡으로 1분 51초간의 노래를 들을 수 있다.

29) 평화번영정책이란 한반도에 평화를 증진시키고 남북 공동번영을 추구함으로써, 평화통일의 기반 조성과 동북아 경제중심국가로의 발전토대를 마련하고자 하는 국가발전전략이다. 이는 한반도 평화발전을 위한 기본구상이자 입체적인 국가발전전략으로서 남북관계의 심화·발전을 담은 한 단계 진전된 정책이다. 추진원칙으로는 '대화를 통한 문제 해결', '상호 신뢰우선과 호혜주의', '남북 당사자 원칙에 기초한 국제협력', '국민과 함께하는 정책'이 있다.

화교류 확대 및 다양화30)와 분야별 주요 추진 현황31)에 대해 정보를 제공하고 있다. '이산가족문제 해결노력'섹션에서는 이산가족 교류 지원32)에 대하여 '인도적 차원의 대북지원'섹션에서는 식량, 비료, 의약품 등 인도적 지원33)에 대해서 소개한다. '이명박 정부의 상생공영정책'34)섹션에서는 비전35)과 추진원칙36)이 명시되어 있다. 마지막으로 제39주기(2007년도) 추모제부터 제41주기(2009년도) 추모식 기념 글짓기 입상작이 사진과 함께 전시되어 있다.

본 전시관을 나와 입구 오른쪽에 있던 이승복 추모단상이 놓여 있고 오른편으로 기념관 '보도자료 및 방문기록', '변화·개선·발전'이 게시되어 있다. 왼편으로는 '추모 통일 기념시(時)작품'이 전시되어 있다. 본관 전시실을 나와 오른쪽에는 자연학습장이 배치되었다.37)

자연학습장을 지나면 기념관 단지 맨 끝에 이승복 군이 직접 다니

---

30) 2000년 남북정상회담 이후 문화·예술·체육·언론·방송·학술·종교·여성·청년 등 폭이 넓어 졌으며 남북한 사이에 대규모 인원이 오고가는 행사가 많이 열려 민족 동질성 회복과 통일문화를 만들어 가는 일에 기여하고 있다.

31) 문화·예술 분야/체육 분야/언론·방송 분야 주요 추진 현황에 대해 소개한다.

32) 절차의 간소화, 생사확인 및 상봉경비지원, 이산가족방문단교환사업추진 등 다각적인 노력을 기울여 상봉 2,063건, 생사확인 4,459건, 서신교환 8,322건이 성사되었고 이산가족들의 상시적 만남을 위해 〈이산가족면회소〉 설치를 협의 중에 있다.

33) 경제의 어려움을 겪고 있는 북한 동포들에게 인도적 차원에서 식량·비료·의약품 등을 지원해 오고 있으며, 2002년 말까지 정부와 민간 차원에서 7억 4천만 달러 상당의 물품을 지원하고 있다.

34) "남북통일은 7천만 국민의 염원입니다. 남북관계는 이제까지보다 더 생산적으로 발전해야 합니다. 이념의 잣대가 아니라 실용의 잣대로 풀어가겠습니다. 남북한 주민이 행복하게 살고 통일의 기반을 마련하는 것이 우리의 목표입니다."(이명박 대통령, 2008. 2. 25 대통령 취임사)

35) '실용과 생산성'에 기초한 '상생·공영의 남북관계 발전' → 「비핵·개방·3000」이행준비, 상생의 경제협력 확대, 호혜적 인도협력 추진 → '비핵화에 따른 평화구조 창출', '경제공동체(한반도+북방경제)', '남북주민의 삶의 질 향상, 행복추구' → 한반도 평화통일의 실질적 토대 확충.

36) 국민과 함께 하는 대북정책으로 '실용 생산성', '국제협력과 남북협력의 조화', '국민합의', '원칙에 철저 유연한 접근'을 실용과 생산성의 기준으로 '국민들이 동의하는가?', '북한주민의 삶의 질 향상에 도움이 되는가?', '비용대비 성과가 있는가?', '북한의 발전적 변화를 촉진할 수 있는가?', '평화통일에 기여하는가?'가 있다.

37) 이곳은 한반도의 식물분포, 해양자원, 야생화 사진, 동식물·광물표본 및 판넬, 천연기념물(13점) 등 총 660여 점이 배치되어 있다.

던 학교가 복원되어 있다. 속사초등학교 계방분교장인 이곳은 학생 수 감소로 인해 1998년 3월에 폐교되었다. 학교 앞으로는 잔디가 깔려 있고, 구령대가 세워져 있다. 들어가는 입구 오른편에는 단지에서 보았던 동상보다 작은 '이승복 어린이상'이 세워져 있다. 오른손을 불끈 쥐고 있는 이 동상의 전면대자는 전 김종필 총리가 직접 썼다. 학교 안으로 들어서면 교과서에 수록된 이승복사건에 대한 내용이 전시되어 있고 맞은편에는 반공소년 이승복의 노래 악보가 있다. 제1·2전시실에 들어서면 옛날 교과서와 타자기, 카메라, 영사기, 이승복 추모 작품들이 전시되어 있다. 복도 맨 끝으로 들어가면 이승복 군이 다녔던 교실을 그대로 복원해 놓았는데, 특히 이승복이 직접 앉았던 자리를 표시해 놓았다. 교실에는 반공 관련 글귀들이 곳곳에 붙어 있다. 교실을 관람하고 나오자마자 오래된 풍금이 놓여 있다. 풍금 앞에는 세 개의 악보가 있는데, '공산당은 싫어요', '학교종이 땡땡땡', '나의 살던 고향'으로 이승복의 노래뿐 아니라 대중적인 곡도 제공되어 있다.

학교를 나와 향하는 동선은 민속자료관인데, 이곳은 강원산간지방 민속자료 250여 점이 전시되어 있고 '평창둔전평농악 소개 및 전국대회공연' 영상물을 상시 방영하는 전시관이다. 관람을 하다 보면 민속자료 외에 '반공국민가요집', '건전가요집', '조영남의 조국찬가'가 수록된 LP판 등을 볼 수 있다.

옥외 전시장은 6·25 참전 장비(전차 2대, 대공포, 경비행기) F-5B가 전시되어 있고 제작 연도, 무게 등의 정보가 라벨에 드러나 있다. 단지를 한 바퀴 돌고나면 권장 관람코스의 마지막인 묘소오름길로 동선은 끝이 난다. 편백나무 사이로 야생화단지가 조성되어 있고, 그 끝에 이승복과 그 일가족(어머니, 남동생, 여동생)의 묘가 안치되어 있다.

3.2. 전시물별 기능 분석

스토리텔링을 위한 공간 구성은 세 가지 유형이 가능하다. 첫째, 동선을 따라 관람하는 박물관이나 미술관과 같은 전시 관람형 유형, 둘째, 공원과 같이 여러 가지 계열적 요소들로 구성된 통합체적 유형, 셋째, 하나의 기념비적 장소와 같이 하나의 장소로만 이루어진 개체적 유형이다. 어떤 유형에 중점을 두느냐에 따라 이야기의 압축 및 표현 방식이 달라질 수 있다.38) 〈이승복 기념관〉은 전시 관람형 유형을 중심으로 공간 스토리텔링 구성 유형의 세 가지를 모두 사용한 케이스라 할 수 있다.

단지에 입장하면 관람객은 대체로 기념관에서 제공하는 동선으로 이동하게 된다. 여기서 전시 공간의 동선계획은 자유관람·선택관람·지정관람으로 분류할 수 있다.39) 〈이승복 기념관〉은 '지정관람' 동선을 제공한다. 이 방식은 관람의 혼선을 줄이고, 보다 편리하게 이동할 수 있는 이점을 지닌다. 이승복 기념관이 지정관람 형태를 취하는 것은 해당 동선을 설정하게 됨으로써 전달하고자 하는 메시지를 보다 효과적으로 전달할 수 있기 때문이다.

이 지정관람의 양상은 〈이승복 기념관〉 홈페이지40)를 통해서도 확인이 가능하다. 상단 메뉴의 사이버관람 카테고리에서 기념관 둘러보기 메뉴를 통해 총 7분 43초의 동영상을 볼 수 있다. 이때의 관람 순서는 실제 기념관의 동선과 동일한 구조이다. 비록 웹상이지만 오프라인에서의 관람방법과 같은 동선으로 관람이 가능한 형태를 취하고 있다.

---

38) 김영순·정미강, 앞의 책, 185쪽.

39) 지정관람이란 초기의 전시관 동선 개념에서 비롯되어 현재까지 사용되는 유형이다. 이는 박물관과 같은 정적전시 및 관리에서는 유리하나 전시품 배분의 형평성을 잃을 경우 동선의 정체현상이나 지루함을 야기시키게 된다(국립중앙과학관 종합전시연구실, 「전시이론과 기법 연구집」, 『국립중앙과학관 학술총서』 12, 1996, 9~10쪽).

40) 이승복기념관 홈페이지(http://www.leesb-memorial.or.kr).

지속적인 의미작용을 위해 공간 스토리텔링에서 염두에 두어야 할 것은 매체에 따른 적절한 전이와 체험, 그리고 맥락을 유지하는 주체적인 변화이다. 공간구성은 구조물, 캐릭터, 영상, 소리, 게시판, 기념비, 복원되거나 보존된 건축물 등 다양한 매체로서 이루어질 수 있다. 그리고 이야기는 매체에 따라 무한하게 가공될 수 있기 때문에, 하나의 이야기는 큰 공간과도 공간 내의 작은 요소와도 관계할 수 있다.[41]

　이렇듯 〈이승복 기념관〉은 기념관에서 권장하는 추천코스를 통해 기념관 단지 전반적인 동선과 기념관의 핵심이라 할 수 있는 본관 전시실의 전시구조가 쌍둥이 구조를 이루고 있다. 단지에 들어서자마자 동선이 향하는 곳은 '이승복 동상'이다. '동상'은 이 기념관의 인물인 이승복이라는 인물에 대한 원초적 정보와 외관을 통해 반공 소년 이미지를 극대화시키며 반공 교육적 측면을 내세운다. 그리고 바로 '생가모형'으로 이동하게 되는데, 이곳은 감성적 자극을 준다. 이승복이라는 어린이는 강원도 산골마을에서 가난하지만 가족들과 행복하게 살던 평범한 소년이었다는 것을 강조하는 환시적 전시를 이용한다. 그리고 다음 동선은 '본관 전시실'로 이동하게 된다. 이승복 사건에 대해서 더욱 자세하게 소개하는 공간이다. 본관의 주요한 특성은 기념관 전체 동선에서 이승복 사건이 재현되어 있듯이 본관 전시실 내에서도 그대로 다시 반영되고 있어 보다 효율적인 주제전달이 가능하다는 점이다. 특히 이곳은 다른 전시공간보다 정보전달과 이념전달이 혼재되어 있다. 사건을 여러 전시 매체를 활용하여 보여 주면서 동시에 철저한 안보의식을 심어주기 위해 새로운 전시물과 전시 방식이 공간 안으로 유입된다. 전시 입구, 중앙 로비, 출구 부분에 '추모글짓기'를 배치한 이유로는 전시관람 도중에도 끊임없는 결의다지기를 보여 주기 위함으로 기념관 단지 마지막 코스인 '묘소오름길'과 같은 전시구조 방식이라 할 수 있다.

---

41) 김영순·정미강, 앞의 책, 185쪽.

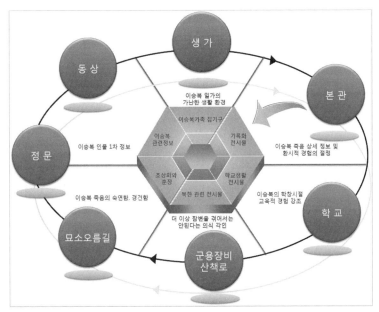

<도식 2> <이승복 기념관>의 공간 스토리텔링 도식화

　그리곤 처참히 죽은 이승복의 학교생활은 어땠었는지 '다니던 학교'로 이동시킨다. 다시는 이런 아픈 상처를 겪지 말아야 한다고 다짐이라도 하듯, 다음 동선인 '군용산책로'로 안내한다. 실제로 6·25 전쟁 당시 참전했던 장갑차와 헬리콥터 등의 전시물을 통해 아픔을 다시 한 번 되새기고 국가안보의 중요성을 역설하는 장소이다. 마지막으로 묘소오름길을 통해 이승복 죽음의 경건함으로 관람을 마무리 짓는다.

　이러한 큰 이야기 틀 속에서 '본관 전시실'에서도 이와 같은 맥락이 반복된다. '본관 전시실'에 들어서자마자 가족들의 당시 근황, 사회적 배경에 대해 교훈성을 강조하고 이승복과 일가족의 물품, 기록화를 통해 환시성을 강조한다. 그리고 이승복의 학창시절의 품행이 방정했던 기록들을 다시 한번 보여 준다. 큰 맥락에서 이승복이 다녔던 학교의 작은 모형이라 봐도 무방하다. 무장공비 침투작전 당시

동선과 핵 도발 사항, 실제 사용했
던 무기전시들은 '군용산책로'와
같은 전시의미와 중첩된다. 마지막
으로 이승복 군의 초상화와 국가훈
장을 통해 '본관 전시실'안에서 엄
숙함을 자아낸다. 이러한 서사구조
가 쌍둥이 형식으로 맞아떨어지는
점은 철저히 기획된 전시구조임을
암시한다.

<사진 2> 이승복 동상

기능 전시별 분석은 쌍둥이 구조
에 입각한 전시콘텐츠를 통해 환기
와 교육이 중첩되는 중요한 공간으
로 바라본다. 또한 그 밖의 기념관
으로서의 평가 요소를 적용해 보면
서 〈이승복 기념관〉의 전시양상에 관해 아래에서 미시적으로 살펴보
겠다.

(1) 동상

관람객이 첫 번째로 경험하는 전시콘텐츠는 이승복 동상이다. 사
람 키의 3~4배 정도 되는 거대한 동상은 단지 어느 곳에 있어도 시야
에 띄도록 위치해 있다. 주변의 자연환경 조망이 동시에 이루어지면
서 그 위치에 있어도 전혀 부자연스러운 것이 아니게 되는, 즉 이데
올로기의 자연화가 이루어지는 것이다.[42] 동상이 지니는 효과는 건
축물에 비할 바가 아니다. 이미 역사시간을 통해서 배우고 익혀온
위인들에 대한 선택적 수용을 통한 특정 이데올로기 주입이 동상이

---

42) 안창모, 앞의 책, 18쪽 재구성.

그 위치에 있음으로 해서 지속적으로 반복 체화되는 효과를 지니고 있기 때문이다.[43]

동상은 일종의 '영웅' 만들기 작업의 초석이다. 관람객들은 동상을 처음 접함으로써 이승복 동상의 표정과 오른손을 하늘로 향한 제스처를 통해 1차적 환시를 경험하게 된다. 관람객은 동상 앞에 서게 되면 그의 안타까운 죽음과 현 세대들에게 어떠한 메시지를 전달하고자 하는가에 대해 감성적 자극과 이성적 판단을 함께 부여받게 된다. 이승복 동상은 이 기념관뿐 아니라 전국 곳곳 특히 초등학교에 많이 배치되어 있다. 대부분 청동이나 황동을 사용한 반면 단지 내 동상은 흰백색이다. 흰색을 사용한 데에는 어린아이의 순수함 대변한다. 이승복 군의 죽음이라는 핏빛과 대비되어 순결한 죽음을 상징하고 있는 것으로 해석할 수 있다. 관람객은 동상 관람을 통해 이승복 군이 어떤 인물인지에 대해 호기심을 품는다.

(2) 생가모형

전시는 3차원 매체이므로 진품 유물과 상징적 전시물, 즉 모형을 전시하는 것이 교육적으로 효과적인 경우가 많다.[44] 생가모형은 사건의 재현공간으로 당시 시대상황, 사건상황 그리고 생활사를 엿볼 수 있는 공간으로써 의미 있는 장소이다. 이와 같이 복원·전시된 생가모형은 처참하게 목숨을 잃은 이승복 가족을 자연스럽게 회상하게 만든다. 한국 사람들이 세상에 있는 집단을 파악할 때 가족은 모든 것을 재는 기본 척도가 된다.[45] 가족이 함께 생활하던 공간을 복원함으로써 보다 보편적인 공감과 감성을 이끌어 낼 수 있는 기제가 된다. 또한 생가모형에서는 저절로 그 시절의 생활사도 함께 드러내는

---

43) 위의 책, 22쪽.
44) 마이클 벨처, 신자은 역, 앞의 책, 204쪽.
45) 최준식, 『한국인에게 문화는 있는가』, 사계절, 1997, 61쪽.

<사진 3> 이승복 생가 모형

측면이 있다. 이 시대의 기억을 공유하고 있는 관람객들은 몇 십 년 전을 회상하는 향수를 불러일으키고, 특히 부모와 함께 동행한 어린 연령층은 교육적인 측면과 더불어 새로운 시각적 경험까지 하게 된다. 특히 화장실 재현을 통해 그 현실성을 더하고 있다. 화로, 제초기, 작두, 삼태기 등의 생활 도구 등은 방에 배치되거나 생가 벽에 걸려 있는 형식으로 보다 편하게 관람 할 수 있는 분위기를 조성한다. 정확하게만 재현된다면, 진실된 복원적 재건은 중요한 교육 도구가 되며, 관람객으로 하여금 과거로의 통찰력을 지니게 한다.[46) 생가모형은 전시기법에 있어 환시적 전시로 관람자는 사건 내용에 쉽게 동화된다. 관람자가 전시를 통해 다른 시대의 이야기를 접하더라도 재현을 통해 당시 상황을 상상할 수 있게끔 한다는 점에서 전시효과를 높이는 방법이라 할 수 있다. 전체 동선에서 두 번째인 '생가모형'은 관람객에게 공간 초입부에 위치된 '동상'에서 품었던 이승복에 대한 정보를 자세히 알고자 하는 심리와 맞물리는 배치라 할 수 있다.

생가모형에서는 이승복 가족이 시골에서 가난하게 살고 있었음을 보여 주고 관람객들은 이 평범한 가족이 왜 살해당했는지에 대한 배

---

46) 마이클 벨처, 신자은 역, 앞의 책, 205쪽.

경에 또 다시 궁금증을 유발한다. 이 궁금증은 '본관 전시실'로 연결된다. 동선의 구조는 철저하게 이승복 군의 기본적인 정보를 순차적으로 전달할 뿐만 아니라, 관람객이 지니게 되는 내면적인 궁금증에 바로 시각적인 요소를 총동원하여 반응을 취하는 형태를 띠고 있다.

(3) 본관전시실

아서 아사 버거의 『보는 것이 믿는 것이다』라는 책 제목처럼 본관은 원형콘텐츠를 이미지로 여실히 보여 주는 총화이다. 전시는 전시자료나 전시의도만 가지고는 불가능하므로 자료의 가치를 효과적으로 관람자에게 전달할 수 있는 전달매체가 필요하고 이것은 입체매체, 평면매체, 영상매체로 구분된다.[47] 본관은 이 세 가지의 전달매체를 적극적으로 활용하여, 관람객들에게 다양한 시각적 경험을 제공하고, 반공의식이라는 특수한 메시지를 효과적으로 주입시키고자 한다. 사실상 이승복에 관한 기초적인 정보부터 어떻게 죽음을 맞았는지의 사건 과정을 가장 상세하게 설명해 주고 있는 공간이다. 그리고 다양한 전시콘텐츠(라벨, 오브제, 유화, 멀티미디어 등)의 스토리텔링[48] 기법을 활용하여 공간을 구성하였다. 사건과 유물들의 특성상 본관은 그야말로 반공이데올로기를 강하게 어필 하는 공간이 되었다고 볼 수 있다.

입구는 기본 팸플릿과 이승복 관련 텍스트들이 놓여 있어, 본격적인 관람에 앞서 이승복에 대한 정보를 가볍게 전달한다. 대부분의 관람객들은 기록영화상영관과 보도자료실을 지나치고 본전시실부터 입장하며 이 두 곳은 거의 마지막에 관람하는 형태를 보인다.

---

47) 국립중앙과학관 종합전시연구실, 앞의 책, 4쪽.
48) 오브제와 오브제의 연결, 곧 전시 공간과 동선의 디자인에서도 이야기는 중요한 역할을 담당한다. 관람객들은 일반적으로 큐레이터의 기획 의도와 미리 설정된 동선에 상관없이 개인적 취향과 여건에 따라 자유롭게 전시 공간을 돌아다닌다(이인화 외, 『디지털 스토리텔링』, 황금가지, 2003, 193쪽).

본전시실은 임의의 벽칸막이로 내부의 공간을 막아놓고 간단한 연혁, 사건 진실공방 연표와 더불어 동선이 왼쪽에서부터 시작된다는 화살표를 제공한다. 벽체전시는 일종의 3차원 전시라 정의내릴 수 있다.[49] 이곳의 동선은 유도동선을 이용한다. 유도동선은 관람자가 관람을 시작하면 선택의 여지없이 공간과 전시물이 유도하는 대로 일방향으로 관람하는 동선 형식이다.[50] 관람객은 화살표를 따라 자연스럽게 시선이 왼쪽으로 이동하게 되면서 본격적인 관람을 시작한다. 여기서는 제공 되어진 텍스트의 맥락을 이해하기 위해 시선을 크게 변화시킬 행위가 요구되지 않으며, 짜여진 동선의 흐름대로만 이동하면 된다. 해당 전시가 마무리 되는 구역부터 전체적으로 본관 내에 조명은 어둡고, 전시된 콘텐츠에만 포커싱된 조명을 배치하였다.

다음 전시 공간은 벽면전시로 이루어진다. 살해 현장의 실제사진을 벽면 상부에 놓고 하부에는 이승복의 고무신, 도시락, 밥그릇 등을 벽부식 진열장 형식으로 전시하였다. 벽부식 진열장은 벽에 고정된 진열장으로 공간을 절약할 때 이용하여 앞쪽에서만 관람 할 수 있다. 대게 깊이에 제한이 있으며, 아주 가까이서 관람해야 하는 조그만 전시물을 진열하는 데 적합하다.[51] 교육의 목적이어서인지 진열장 자체가 낮게 배치되어 있어 어린이들에게는 직선 시각으로 관람할 수 있고 어른들이 관람하기에는 약간 허리를 숙여야 한다. 각 전시물들을 더욱 강조하고, 사실성을 높이기 위해 해당 전시물에만 집중조명을 사용하였다.

진열장 전시를 지나면 이승복 일대기를 형상화한 12점의 유화가 그 순서대로 전시되어 있다. 각 그림이 어떤 상황을 설명해 주는지에

---

49) 2차원전시는 건축물의 구조를 이루고 있는 천장, 바닥 및 벽면의 요철을 이용하거나 벽에 붙이거나 걸은 상태를, 3차원전시는 각 면에서 분리되어 전시되고 있는 것을 뜻한다 (국립중앙과학관 종합전시연구실, 위의 책, 44쪽).
50) 최준혁, 『박물관 전시공간의 동선계획 및 관람 행태 특성』, KSI한국학술정보, 2008, 38쪽.
51) 마이클 벨처, 신자은 역, 앞의 책, 185쪽.

<사진 4> 공산군이 이승복군 입을 찢는 장면의 유화그림

관해서는 제목 형식의 라벨이 제공되어 보다 관람하기에 용이하다. 이때의 조명은 형광등으로 차가운 흰빛을 내며 고르게 분배되는 '균일한' 빛을 낸다.[52] 12점의 유화 중에 무장공비가 이승복군의 입을 찢어 죽이는 장면이 적나라하게 그려져 있는 그림은 어린아이의 죽음에 대해 관람객들이 분노와 동조감을 이끌어 내며 결의를 다지면서 본관 전시를 마무리 하게 만든다. 기념관 내 전시 공간 중에서, 이 지점이 가장 강력한 반공이데올로기를 만들어낼 수 있을 것이다. 그림을 통해서 환기시키고자 하는 주제가 효율적으로 잘 드러나며, 텍스트에서는 구현 될 수 없었던 또 다른 상상력을 야기 시킬 수 있기 때문이다. 또한 이승복의 생애가 압축되고 이미지화되는 과정 속에서 보다 관람객들의 기억 속에는 생생한 장면으로 각인될 수밖에 없다. 또한 그림은 내용이 함축적으로 전달되고, 관람객이 표현되어 있는 내용이면에 깔린 의미를 관람객 스스로가 구성하는 효과가 있다.[53] 어린 연령대의 관람객들의 이해를 보다 쉽게 도울 수 있는 역

---

52) 위의 책, 189쪽.

할도 수반한다.

이후 관람객은 유화관람이 끝나고 계속 같은 방향으로 관람을 유지해 나갈 것인지 아니면 뒤쪽 유화전시와 마주하고 있는 전시공간부터 살펴볼 것인지 자유 선택이 주어진다. 이 글에서는 우선적으로 정적인 배치와 동적인 배치가 교차하는 첫 번째 공간인 영상 전시(TV)에 주목해 보고자 한다. 이곳은 유화 맞은편에 위치하고 있으며, 제공되는 영상은 울진·삼척 무장공비사건을 주제로 한 6분 정도의 해설적 성격이 강한 다큐멘터리다. 해당 영상은 반복 재생되므로 근처 전시를 둘러보는 관람객들에게 지속적으로 노출된다. 앉아서 볼 수 있는 등받이 없는 의자, 즉 일종의 편의시설이 마련되어 있어 약 1시간 정도의 관람 동안에 쌓였던 피로감을 조금은 덜 수 있는 계기가 되기도 한다. 여기서 특이한 점은, 그 영상 전달매체를 가운데 두고, 양쪽에 북한의 핵 도발에 관한 전시와 이승복 생활 기록표가 배치되어 아이러니한 상황을 연출한다는 것이다. 이승복의 죽음을 바탕으로 반공의식을 가져야 하는 필요성을 피력하고 있는 듯하다. 또 다른 동선으로 유화전시 관람을 마친 후, 자연스럽게 동선이 이어지는 곳은 전시케이스 안에 이승복 초상화 및 훈장이 배치되어 있는 공간이다. 관람객은 처참한 죽음의 과정들을 순차적으로 스스로의 시선을 통해 확인하고, 그 후 초상화와 훈장까지 보게 된다. 이것은 이승복군의 죽음에 대해 경건함을 증가시켜야 한다는 의도가 내포된 전략적 장치로 이해 할 수 있다.

이어서 북한 무장공비들의 물품을 배치하여 사건의 사실성을 높인다. 본관은 사실상 벽을 이용한 전시가 대부분이나, 2차원 전시와 3차원 전시의 혼합 등 다각도의 전시 방법이 모색된 공간이기도 하다. 예를 들면, 생가를 작은 모형으로 제작한 디오라마(Diorama)가 그것이다. 입구에서 볼 수 있었던 생가모형을 그대로 축소해놓은 상태이

---

53) 국립중앙과학관 종합전시연구실, 앞의 책, 5쪽.

므로 신기함을 불러일으키고 새로운 전시방법으로 전달의 차별성을 꾀할 수 있다.

맞은편에는 이 본관의 또 다른 중요한 공간인 사건의 법정공방 진실에 관한 전시가 있는데, 이곳은 일종의 전시판 전시로서, 직접 해당 자료들을 만지면서 읽어볼 수 있도록 구성 해놓았다. 2000년대 들어서서 급격하게 반공의 의미가 퇴색되었고, 〈이승복 기념관〉의 전시구현을 의심하는 분위기가 점차 고조되기 시작하였다. 이것을 보완하는 한 방법으로 법정공방의 기사를 전시하여 정보전달형 전시로서의 신뢰도를 높인다. 그러나 여기서는 일부 특정 언론사의 기사만을 기재하여 편중 의도된 전시성향을 보인다. 이 과정에서 관람객은 어느새 올바른 판단을 방해받게 된다.

이어서 본관 내부 관람의 마지막 코스인 통일과 번영에 관한 간단한 텍스트를 비롯하여 통일 평화의 시, 상생정치 등의 전시판이 배치된다. 전시의 마지막 배치는 평화통일을 역설하지만, 앞에서 언급된 북한의 핵 도발관련 전시를 고려하면 이것은 지금까지 주장했던 전시 내용과는 어긋난 전시라 볼 수 있다. 전 정권과 현 정권의 대북정책이 맞물려 있다. 또 다시 관람객들은 가치판단의 혼란을 겪을 수밖에 없는 것이다. 과거에 대한 기억과 미래에 대한 비전·정책이 일관되지 못한 채 공존하고 있다.

관람을 마치고 나오게 되면 다시 한번 정적 배치와 동적 배치가 교차하는 지점에 서게 되는데, 이것은 초반에 간략하게 서술되었던 기록영화상영실이다. 입구 앞에 상영 시작버튼을 눌러서 관람을 하게 되며 관람자가 원하는 시간에 관람할 수 있으며 본관 내에서 관람한 내용을 총체적으로 시각화, 이미지화, 청각화시키는 절정 공간이다.

그 옆에 있는 보도자료 및 방문기록관과 추모단상, 통일의 염원을 담은 학생들의 시와 다양한 보도 자료들이 전시판 전시형태로 배치되어 있다. 게시판의 자료를 통해 사건의 논란을 딛고 다시 기념관 활성화를 꾀하는 노력들을 확인할 수 있는 것이다.

(4) 학교

이곳은 당시 초등학교의 모습과 실제 이승복이 생활했던 교실모습을 재현하여 반공교육의 장으로서 그 효과를 높이는 곳이라 할 수 있다. 학교는 어느 누구에게나 친근하게 기억되는 공간이다. 이 공간이 의미 있는 이유 중 하나는 바로 학교 그 자체에 있다. 학교라는 공간 자체가 반공교육장으로서의 의미와 상호작용을 만들어 내어 별 거부감 없이 메시지를 받아들이게 하는 효과를 가져다준다. 특히 이곳은 동상과 기념비가 동시에 활용되었다. 전시의 매체로 동상과 기념비는 중요한 소재이며 보다 효과적인 장치이다. 형상과 내용을 모두 표현할 수 있는 전시물이기 때문이다.

<사진 5> 학교 내 이승복군 자리

<사진 6> 교실 내 반공판

교실 안 이승복이 실제로 앉았던 자리에 이름표를 배치하여 상징성을 만들어 내고 있다. 상징성을 활용하여 사실성을 높이는 효율적인 방법을 이용하였다. 이승복이라는 어린이는 남들과 똑같이 학교에 다녔고, 학우들과 열심히 공부했던 우리와 똑같은 학생이었다는 내용을 내포한다. 무장공비로 인해 억울하게 희생되었다는 메시지를 암묵적으로 담고 있는 공간이다.

그리고 기념관 단지 내에서 가장 많은 체험적 활동을 가능하게 한다는 점이다. 여러 자료들을 비교적 자유로운 분위기 속에서 관람할 수 있으며, 실제 풍금을 통해 이승복군의 노래를 직접 연주하는 등의 체험을 할 수 있다.

이 자리는 입구의 동상과 더불어 사진을 남길 수 있는 공간으로 활용되어지고 있다. 교실로 이어지기 전 복도의 벽도 전시판 형식으로 두어, 지속적인 정보제공을 하면서 전시의 집중도를 흐트러지지 않게 한다. 공간을 체계적으로 활용한 점으로 평가할 수 있다. 교실 뒤편에는 '반공판'이라 하여 "씩씩하고 늠름한 육군 아저씨들!", "하늘을 지키는 공군 아저씨들", "우리의 해군! 바다를 지킨다", "해안 상륙작전", "북괴의 만행과 피해 ① 양민학살: 무고한 집단학살의 현장 전주공동묘지에서 집단학살 당한 즐비한 시체들. 북괴는 이러한 천인공노할 만행을 전국 각지에서 저질렀다.", "북괴의 만행과 피해 ② 양민학살: 양민을 무차별학살. 기습 남침한 북괴군은 무고한 양민을 마구 무차별학살하였다. 이때 학살당한 양민의 수가 12만 명이 넘는다"라는 내용이 사진과 함께 게시되어 있다. 또한 교실 앞문 위에 "무찌르자 공산군"이라는 문구를 통해 교실 곳곳에 반공에 대한 이미지와 텍스트 주입을 통해 반공교육이 진행되었음을 알 수 있다.

(5) 군용장비 산책로

다양한 전시공간을 구축하기 위하여 야외전시장까지 철저하게 이용했음을 알 수 있다. 이 공간은 전시의 전달 매체 중 입체매체에 속한다. 입체매체 중에 이것은 실물인데, 실물은 어떤 다른 매체보다 감동적인 사실을 가장 생생하게 전달할 수 있는 전시적 의미가 큰 매체이다.[54] 또한 군용장비 실물 앞에는 해당 정보를 담은 안내판이

---

54) 위의 책, 4쪽.

설치되어 쉬운 이해를 돕는다. 모두 6·25 당시 사용하였던 장비들로 역시나 반공을 위한 전시요소이다. 또한 잔디 위에 세운 장승에는 안보의식-애국정신 등의 문구가 적혀 있다. 관람을 마무리 하는 시점에서 관람객들이 이승복 사건을 토대로 하여 국가안보의 중요성을 드러내고 있다. 관람객들은 군사장비의 실물을 통해 다시는 이런 죽음이 반복되지 않아야 한다는 의식을 주입받고, 직접적인 문구를 통하여 한 번 주제를 인식한다.

<사진 7> 6·25 참전 당시 사용된 전차   <사진 8> 묘소오름길 위에 있는 이승복의 묘

(6) 묘소오름길

관람객은 주변의 자연과 하나가 되는 듯한 상태, 즉 삼림욕을 방불케 하는 길을 지나 묘소에 도착을 하게 된다. 주변의 쾌적한 자연환경을 활용하여 자연친화적인 이미지를 구축하게 된다. 크게는 야외 전시장이라고 할 수 있지만 한편으로 실제의 이승복과 가족들의 묘를 직접 봄으로써 차분하게 전시 관람을 마무리할 수 있는 분위기를 자연스럽게 조성하는 측면이 강하다.

동선의 첫 코스인 동상을 보고, 바로 묘소로 올라갈 수 있다. 하지만 〈이승복 기념관〉 주최 측은 모든 전시물을 관람 후 묘소오름길에 오르게 하였다. 이승복 사건을 여러 각도로 접한 후, 그의 죽음에 대해 애도를 표현하는 기회를 주는 것이 방문 효과적인 측면에서 여운을 줄 수 있기 때문일 것이다.

묘소 앞 비석에도 역시. 이승복 사건의 줄거리와 추모 글이 적혀
있다. 이승복이라는 인물에 대해서 그리고 사건, 우리에게 남겨진 상
처, 이를 통해 느끼는 감정 등을 마지막 코스에서 경건하게 마무리하
게 된다. 묘소오름길을 마지막으로 〈이승복 기념관〉의 2시간 50분의
관람은 종료된다.

(7) 기타전시관(강원홍보교육관·자연학습관·민속자료관)

세 곳의 공통점은 단순한 정보 전달 및 이해를 도울 수 있는 공간
인 점이다. 기본적인 성격은 반공 기념관이지만, 종합 교육관으로서
의 역할 또한 수행하려는 의지를 엿볼 수 있는 대목이다. 그러나 이
승복이라는 원형콘텐츠와는 컨셉이 맞지 않기에 전시의 흐름을 방해
하는 공간이라 할 수 있다. 강원홍보교육관의 특이한 사항은 강원교
육뉴스를 15일 주기로 교체 방영 한다는 점이며, 박물관 유형으로는
지역사회 중심 박물관(community-oriented museum)에 해당하며 이야기
와 경험 중심 박물관(storytelling, experience-oriented museum)의 성향에
서 벗어난 유형이라 할 수 있다.

자연학습관은 교육의 장으로 활용될 가능성이 높으며, 민속자료관
은 강원 산간 지방의 민속자료뿐 아니라 반공에 관한 가요집 및 책을
비롯하여 당시의 생활용품 등은 확인 할 수 있으나, 민속자료와 반공
자료가 뒤섞여 있어 다소 혼란함을 야기하는 측면이 있다.

전시공간을 제외한 곳곳에 눈에 띄는 것은 기념비 및 비석이다.
남은 전시공간의 치밀한 활용성이 돋보이며 텍스트가 직접 돌에 새
겨져, 지면에 박히는 것은 관람객들의 의식을 지배 할 수 있는 장치
라 해석 될 수 있다. 예를 들어, 기념비 앞으로 넓은 잔디 위에 또
다른 비석이 세워져 있는데, 이 전시물은 각각 제40주기(2008년 10월),
41주기(2009년 10월) 추모제때 낭송되었던 시로 이승복군이 다녔던

속사초등학교의 현직 교사가 시를 짓고, 학생이 직접 낭송하였다. 해
당 내용은 아래와 같다.

한(恨)

글. 속사초 교사 정해진
낭송. 속사초 5학년 이건희

계방산 줄기 따라 산안개 머무는 곳
사립문옆 우물 낀 마당을 밟고 토방을 여니
어리디 어린 아이가 눈물 범벅으로
울다 울다 지쳐 잠이 듭니다.
'나는 공산당이 싫어요'
사십 여년 한 맺힌 외침으로
그 동안 모든 설움을
남김없이 토해내고 싶습니다.

－제40주기 추모제(2008.10.16)

그 날을 기억하며

글. 속사초 교사 김주현
낭송. 속사초 4학년 황고운

우리 역사의 아픔을
굳은 의지와 정직함 하나로

온 몸으로 끌어안고 떠나간 그대

우리 마음 속 깊은 곳

그곳에서

영원히

살아 숨쉬소서

- 제41주기 추모식(2009.10.15)

　전체적으로 〈이승복 기념관의〉 주제와 내용은 거의 부합한다고 할
수 있다. 전반적으로 전시관 건물높이가 대체로 낮아 주위의 자연환
경과 조화를 이루며 자연환경을 해치지 않는 차원에서 기념관을 운
영하고 있다. 다만 앞에서도 언급되었듯이 다소 주제의 흐름을 흐트
러뜨리는 전시관이 있었던 것은 아쉬운 부분이나 종합기념관으로서
관람객 유입을 증가시키기 위함으로 이해할 수 있을 것이다.

　게다가 기본적인 화장실이 단지 내에 2곳이었고, 개별 전시관 내
휴식 공간이 미흡하였다. 휴게 공간 부족은 장시간 관람이 부담스럽
게 느껴질 우려가 있다. 그러나 안내판 설명은 비교적 잘 배치되어
있고 리플렛에도 기념관이 지니고 있는 성격을 잘 나타내고 있어 특
별히 안내원이 필요하지는 않으나 왜곡 없는 정보 전달과 더 효과적
인 체험학습을 위해서는 일정시간이나, 방학 시즌 때 안내원이 일정
시간 배치되는 방안이 있을 수 있다.

　홈페이지를 통해 2009년 5월 말부터 전시실에 안내요원을 배치하
였다는 공지내용을 확인할 수 있었다. 관람객이 많고 이슈가 되던
시기에는 최대 24명까지 근무하였으나 현재 비정규직 3명을 포함하
여 11명으로 축소 운영되고 있기 때문에 안내원을 배치하기란 쉽지
않았다. 그러나 서비스의 질을 높이고자 안내데스크에 상시 안내요
원을 배치하였다는 내용을 2010년 1월자 게시글을 통해 확인할 수

있었으나 2010년 8월과 9월 2차례 방문 결과 한번도 안내요원을 만날 수는 없었다.

4. 〈이승복 기념관〉과 반공이데올로기

지금까지 〈이승복 기념관〉을 동선별·기능 전시별로 살펴보았다. 이 기념관이 지니는 가장 큰 특성은 이승복 사건을 원천 소스로 하여 전시위주의 콘텐츠 복원을 통해 안보의식을 심어주려는 데 있다. 이승복 사건은 다양한 전시매체와 결합하여 '반공어린이=이승복'이라는 고착화된 기억을 지속·확대시켜 나갔으며 이것은 〈이승복 기념관〉이라는 명칭 하에 재탄생 될 수 있었던 것이다. 대관령에 위치하고 있던 〈이승복 반공관〉이 현재의 위치로 이전하여 건립한 데에는 이승복이 실제로 다녔던 학교의 위치라는 점에서 의미가 있다. 장소성을 획득한 순간이다.

기념관의 건립은 전두환 대통령의 공공 기념사업 첫 번째 사업 일환이었다. 이 사업은 당시 예산·인력 측면에서 엄청난 작업이었음에 틀림없다. 〈이승복 기념관〉으로 재건립된 지 약 30년이 되어 간다. 현 시점에서 본 연구자들은 수년간의 끊임없는 작업을 통해 기념관이 반공의식을 효과적으로 생산해 내었는지에 대한 결과를 진단해 볼 필요성을 느꼈다.

이곳은 박물관 큐레이터가 부재하며, 전문가의 기획아래 동선 및 전시구조를 구현해낸 기념관이 아니다. 그럼에도 불구하고 〈이승복 기념관〉의 전시양상은 큰 이야기와 작은 이야기가 반복되는 중첩 구조를 구축해내면서 보다 강력한 반공이데올로기를 충분히 만들어 내고 있다. 기념관의 동상 → 생가모형 → 본관전시실 → 다니던 학교의 동선 구조로 형성되는 서사구조가 본관전시실에서 다시 반복되는 맥락 유지를 통해 구조가 체계적으로 잡혀 있음을 확인할 수 있었다.

그러나 또 다른 측면을 살펴보면 1차적인 정보전달과 함께 이념전달에 있어 혼재된 양상을 보인다. 일축하고 있는 반공의식에 대한 메시지와 함께 평화와 화해 구도 전시물들이 한 공간 안에 공존하고 있다. 본관 전시실에서 보여 지는 전시물들과 마지막 부분의 평화통일 및 상생정책 전시는 냉전과 화해가 뒤엉켜 있는 단적인 예라 할 수 있다. 이런 전시 형태는 과거의 냉전과 현재가 공존하는 것이 아니라, 과거 냉전과 미래의 통일이 공존하는 듯한 모습으로 비춰진다. 반공 기념관을 유지하는 차원에서 평화·통일 전시관의 성격을 모색하려 하나 현실 수용에 있어 조화를 이루지 못하고 있다. 본관 안의 작은 이야기 구조에는 평화의 공존이 나타나 있으나 사실상 큰 이야기 구조에는 공존 및 평화를 지향하지 않고 있다.

<도식 3> <이승복 기념관>의 공간 스토리텔링을 통한 반공이데올로기 강화

〈이승복 기념관〉은 일종의 '국가적 기획'이다. 이것은 지금까지 거쳐 온 정권별 반공과 평화원칙에 따라 침체기, 유지기, 재생기 과정을 겪은 것을 통해 알 수 있다. 냉전과 화해의 딜레마에 빠진 기념관은 정권별 정치이념에 따라 전시구현 의도가 달라지기 때문이라 생각된다.

최근 들어 다시 반공성향이 강화되고 있다. 반공이데올로기 강화의 재생기를 맞고 있다. 여기서 기념관 '관람의 주체는 누구인가'라는 질문을 던져본다. 1980년대 관람객과 2000년대 이후의 관람객들의 성향을 비교해 보면 너무나 다르다. '자연학습장'이나 '민속자료관'같은 종합기념관의 목적을 달성하였으나 이러한 목적 이외에 한 발 더 나아가는 전시구현이 필요하다. '반공'이라는 기념관 성격에 치우쳐, 현재의 반공과 평화를 객관화시키지 못한다면 한 단계 발전한 모습으로 나아가지 못할 것이다.

지금까지 〈이승복 기념관〉의 전시구현에 대하여 살펴보았다. 이번 연구는 합일적 분석을 통한 혼합된 가치의 검토가 이루어 질 때 완성된다. 그러나 보다 방향성 있는 모델을 제시하기 위해서 섣부른 활용방안이 아닌 제언에 머물고자 한다. 이는 추후 다양한 기념관, 전시관의 사례를 통한 비교연구를 거친 후 추후 검토를 요하도록 하기 위함이다. 기념관을 '반공이데올로기'라는 목적을 가지고 건립한 이상 전시의 의미와 주제를 새롭게 바꿀 수는 없는 것이 〈이승복 기념관〉의 특징이다. 또한 혼재된 반공 양상이 존재하는 한 현대사에 대한 반성과 성찰을 제공하는 것 외에 근본적인 해결을 위한 새로운 대안제시는 섣부르다는 것이 본 연구자들의 판단이다. 그러나 전시재구성과정에 있어서 〈이승복 기념관〉은 반공이데올로기관이라 할지라도 '이승복'이라는 논의를 살리는 동시에 또 다른 논의의 전개가 가능할 것으로 보인다. 기존의 전시와 함께 올바른 평화통일로 과거와 현재 그리고 미래를 함께 내다볼 수 있는 전시구현을 모색해 볼 수 있을 것이다. 과거의 아픈 과거와 현재의 모습 나아가 한반도가 하나되는 긍정적 미래를 꿈꾸는 〈이승복 기념관〉의 모습을 기대해 본다.

국립중앙과학관 종합전시연구실, 「전시이론과 기법 연구집」, 『국립중앙과학관 학술총서 12』, 1996.

김영순·정미강, 「텍스트로서 '도시'의 스토리텔링 과정 연구」, 『텍스트언어학』 Vol. 24, 한국텍스트언어학회, 2008.

김혜진, 「박정희 정권기 반공이데올로기의 정치경제적 기능」, 『역사비평』 제18집, 역사문제연구소, 1992.

박우찬, 『전시, 이렇게 만든다』, 재원, 1998.

박현채, 「분단 43년, 반공이데올로기와 민중의식」, 『역사비평』 제5집, 역사문제연구소, 1988.

심재석, 「박물관 전시콘텐츠에 대한 시각인류학적 접근」, 『고문화』 Vol. 67, 한국대학박물관협회, 2006.

안창모, 「반공이데올로기와 도시 그리고 건축」, 『경기대학교 건축대학원 논문집』, 경기대학교 건축대학원, 2005.

윤충로, 「남한 지배이데올록의 형성과 내면화」, 『시련과 발돋움의 남북현대사』, 선인, 2009.

이승복기념관, 『李承福記念事業 二十五年史』, 이승복기념관, 1993.

이인화 외, 『디지털 스토리텔링』, 황금가지, 2003.

조남현, 「자유총연맹의 변주곡: '반공, 안보' 포기하고 '화해' 지향하는 '부자유총연맹'」, 『한국논단』 제118권 제1호, 한국논단, 1999.

조은희, 「남북한 박물관 건립을 통한 국가정통성 확립」, 『북한연구학회보』 제13권 제1호, 북한연구학회, 2009.

최준식, 『한국인에게 문화는 있는가』, 사계절, 1997.

최준혁, 『박물관 전시공간의 동선계획 및 관람 행태 특성』, KSI 한국학술정보, 2008.

홍건식, 「김영삼 정부와 김대중 정부의 대북정책: 최고 지도자의 인식적 차이를 중심으로」, 연세대학교 석사논문, 2007.

홍완숙, 「반공교육의 변천과정에 관한 연구」, 『敎育論叢』 Vol. 7, 한양대학교 교육대학원, 1999.

Belcher, Michael, 신자은·박윤옥 역, 『박물관 전시의 기획과 디자인』, 예경, 2006.

Kotler, Neil & Kotler, Philip, 한종훈 역, 『박물관 미술관학』, 박영사, 2005.

전홍기혜, 〈조선〉, 대법 '이승복 판결'로 신화되살리기, 프레시안, 2006. 11. 27 기사

www.leesb-memorial.or.kr

분단의 사회적 신체와 심리 분석에서 제기되는 이론적 쟁점들

박영균

1. 들어가며: 분단 극복의 딜레마

2차 세계대전에서 연합국이 승리한 이후 이루어졌던 국제질서의 재편은 미/소를 중심으로 하는 자본주의 대 사회주의라는 두 개의 체제, 두 개의 진영이라는 대립으로 귀결되었을 뿐만 아니라 이 두 개의 적대적 진영이 가장 첨예하게 대립하는 지정학적 위치에 그들의 적대성을 그대로 응축하고 있는 '분단국가들'을 만들어놓았다. 서구에서는 독일이, 동양에서는 한반도가 그런 두 진영의 대립을 응축한 분단국가가 되었다. 따라서 세계체제에서의 두 진영의 적대성은 자본주의라는 서독과 한국, 사회주의라는 동독과 조선이라는 두 개의 적대적 국가에 응축되어 있었으며 양 체제의 이데올로기적 적대성을 그대로 내재하고 있는 국가들이 되었다.

이런 점에서 이와 같은 동/서 냉전체제의 산물로서 분단국가들은 자본주의체제와 사회주의체제라는 현실적인 체제대립이라는 국제

질서의 와해와 더불어 해체될 수밖에 없는 운명을 지닌 것이었다. 1991년 독일은 '현실사회주의권'의 와해와 더불어 통일되었다. 그러나 한반도의 분단은 독일처럼 분단의 와해로 귀결되지 않았다. 한반도에서 분단은 여전히 현재 진행형으로 존재한다. 그렇다면 왜 한반도는 독일과 다른 길을 걷고 있는 것일까? 그것은 물론 서구와 달리 동양에서는 미국의 헤게모니를 위협하는 중국이 존재하기 때문이라고 말할 수 있다. 그러나 문제는 한반도의 분단이 이런 미/중 간의 대립을 재현하는 공간이 되었다는 점이다. 따라서 제기되어야 할 문제는 한반도의 분단이 동/서 냉전으로 환원될 수 없는, 그리하여 독일의 분단과 다른 독특한 성격을 가지고 있다는 점이다.

이미 백낙청은 이런 한반도의 분단이 지닌 특징을 '분단체제'라는 개념화로 설명하고자 했다. 그는 "한반도의 분단구조가 '체제'라고 불릴 만큼의 일정한 자생력과 안정성을 확보"[1]하고 있으며 "일견 대립하는 남북의 기득권세력 사이에 일정한 공생관계가 성립"[2]하고 있음을 보이고자 했다. 이것은 남·북이라는 분단국가가 세계체제의 하위체제로 작동할 뿐만 아니라 분단 그 자체로부터 두 국가의 재생산을 만들어 내는 상대적으로 독자적인 재생산 구조를 가지고 있음을 의미한다. 따라서 백낙청의 분단체제는 남·북이라는 두 개의 분단국가를 재생산하는 세계체제 이외에 상대적으로 독자적인 분단 그 자체의 재생산체제를 분석해야 한다는 것을 의미한다.

일반적으로 오늘날 한국의 정치학자들(이종석, 손호철, 최장집 등)은 이런 분단의 재생산체제를 "적대적 의존관계"나 "거울이미지효과 (mirror image effect)" 등으로 설명하고 있다. 여기서 두 개의 적대적인 국가, 남·북은 서로 닮아 있다. 그리고 이 '닮음의 적대성'을 통해서 한반도의 분단 모순은 국제적인 대립(북-중-러라는 북방삼각 대 한-미

---

1) 백낙청, 『한반도식 통일, 현재진행형』, 창비, 2006, 45쪽.
2) 위의 책, 46쪽.

-일이라는 남각삼각)을 넘어서, 상대적으로 독립적인 분단 재생산 시스템을 작동시키고 있다. 여기서 남·북의 지배자들은 상호 적대성에도 불구하고 분단고착세력 또는 분단체제의 세력연합이 된다. 따라서 백낙청은 기득권세력 대 시민 또는 민중을 포함하는 "변혁적 중도주의"[3] 세력연합이라는 대결구도를 상정하며 송두율은 민중을 통일세력으로 제시하면서 '체제와 이념을 넘어서' 한반도를 전체로 사유하며, 남한 또는 북한 살리기의 양자택일 아니라 '남북한 다 살리기'라는 인식의 전환"[4]을 제시하고 있다.

그러나 이들의 진전된 논의에도 불구하고 그들은 '분단 극복의 딜레마'를 제대로 제시하지 못하고 있다. 그것은 그들이 상정하는 통일세력으로서 시민 또는 민중 스스로가 오히려 남·북의 분단체제를 재생산하고 있다는 점이다. 남과 북의 시민 또는 민중은 그들 스스로 '남' 또는 '북'을 위협적인 타자로 상정하며 분단의 적대성을 재생산한다. 따라서 진정한 분단 극복의 딜레마는 분단의 희생자들이 오히려 분단을 고착하는 주체가 되고 있다는 점이다. 그리고 바로 이런점에서 분단 극복의 딜레마를 넘어서 나아가기 위해서는 단순한 통일세력 연합이나 통일의 사유 변경이 아니라 분단의 '적대적 의존관계'를 재생산하고 있는 시민 또는 민중들이 가지고 있는 의식 및 신체, 정서, 욕망의 실체를 분석해야 한다. 통일인문학은 바로 이와 같은 문제의식에서 출발하여 이런 분석의 이론적 틀로 '분단의 아비투스'와 '분단의 트라우마'라는 새로운 개념을 제안했다.

「분단의 트라우마에 관한 시론적 성찰」[5], 「분단의 아비투스에 관한 철학적 성찰」[6]은 바로 이런 새로운 분석적 이론틀을 제안한 것이

---

3) 위의 책, 31쪽.

4) 송두율, 『통일의 논리를 찾아서』, 한겨레신문사, 1995, 235쪽.

5) 김성민·박영균, 「분단의 트라우마에 관한 시론적 성찰」, 『시대와 철학』 21-2, 한국철학사상연구회, 2010.

6) 박영균, 「분단의 아비투스에 관한 철학적 성찰」, 『시대와 철학』, 한국철학사상연구회, 2010.

었다. 여기서 '분단 아비투스'는 '분단의 사회적 신체'에 대한 분석으로, '분단 트라우마'는 '분단의 심리적 중핵'에 대한 분석적 틀로 제안되었다. 그러나 이런 제안을 제출한 이후, 몇 가지 쟁점들이 제기되었다. 그것은 분단의 아비투스와 트라우마라는 개념화에 대한 성립 가능성을 근본적으로 의문시하는 문제제기뿐만 아니라 그들의 개념에 대한 불명료한 이해와 분단의 아비투스와 트라우마라는 양자 간의 관계에 대한 잘못된 이해들을 포함하고 있다. 따라서 이 논문은 이들 개념의 이론적 토대로서 '부르디외'나 '프로이트주의'를 다루면서 둘째, 통일인문학이 제안하고 있는 '아비투스'와 '트라우마'가 무엇인지를 그 개념을 명료히 하고자 하며 이런 과정에서 셋째, 그것들이 가진 특징과 분단 극복의 실천적 방향을 제시하고자 한다.

2. 분단의 아비투스와 트라우마의 이론적 출발점

통일인문학이라는 새로운 패러다임은 '차이와 공통성', '분단의 아비투스'와 '분단의 트라우마'라는 세 개의 주요한 개념틀로 구성되어 있다. 그러나 '차이와 공통성'은 통일인문학의 통일관, 즉 통일철학을 보여 주는 것이라면 분단의 아비투스와 트라우마는 분단체제의 신체와 심리를 분석하는 틀이다. 따라서 그것은 분단체제의 정치-경제적 구조가 아니라 오히려 그런 구조를 가능케 하는 '분단된 사회적 신체'의 생산과 그런 신체들의 생산이 가능할 수 있도록 하는 심리적 중핵을 제공하는 '사회심리'를 분석하는 것이다. 그러나 사람들은 이런 분석틀의 구조분석적 차원과 개별분석적 차원을 혼동하거나 양자의 관계를 잘못 이해하는 경향이 있다. 사실, 여기서 다루는 '분단된 사회적 신체'는 사회적 의례나 절차들에 의해 몸에 아로새겨지는 것들이며 '분단의 심리적 중핵'은 프로이트의 무의식과 관련되어 작동하는 '억압'과 관련되어 있다. 따라서 '분단의 아비투스와 트라우마'라는 개념은 다음의 두 가지 테제로부터 출발한다.

첫째, '신체는 사회 속에 있으며 사회는 신체 속에 있다.'는 테제이다. 여기서 사회적인 것으로서의 신체라는 개념은 개인의 신체를 방법론적 개체주의와 같이 개인 그 자체의 고유한 경험과 체험의 차원으로 환원시키는 것이 아니라 사회 구조의 차원에서 생산되면서도 역으로 그것이 다시 개인의 차원을 통과하면서 사회 구조를 변형시키는, 거시와 미시 사이에 존재하는 매개항으로 설정된다. 그래서 통일인문학은 '분단된 사회적 신체'를 분석하는 개념으로 부르디외의 '아비투스'를 차용한 것이다.

부르디외는 사람들의 행위가 '사회화된 신체의 생산'에 근거한다고 본다. 그는 체화된 성향체계이자 신체(corps)의 사회적 사용을 '아비투스'라고 개념화하면서 아비투스는 "신체의 지속적 존재방식이고 환경과의 이중적 관계, 즉 구조화되고 구조화시키는 관계"[7]라고 규정한다. 따라서 부르디외는 "사회의 두 가지 상태", "제도의 형태 속에 객체화된 역사"와 "신체에 체화된 역사"(아비투스)에 대해 이야기하면서 "신체는 사회 속에 있고, 사회는 신체 속에" 있다고 말한다.[8] 그러나 그렇다고 부르디외가 사람들이 오해하듯이 개인의 신체가 사회적 구조에 의해 결정된다는 구조결정론을 취하는 것은 아니다. 부르디외는 사회존재의 두 가지 양태, 아비투스와 장(champ)의 관계를 통해서 아비투스가 시간적 차원에서는 과거에 내면화된 습성이나 성향들을 미래의 가능성으로 현재화하고 공간적 차원에서는 구조와 주체, 안과 밖, 거시와 미시의 대립을 넘어서는 것으로 보고 있다.

우리는 타인이 이러이러하게 받아들이고 행동할 것이라는 믿음 없이 타인과의 관계를 지속할 수 없다. 부르디외는 사회에는 "사회적 질서의 코나투스", 즉 "사회적 질서가 지닌 꾸준히 존재하려는 경향"[9]이 있으며 "행위자들은 구조의 내재적 법칙(구조의 코나투스)을

---

7) Bourdieu, Pierre, 김웅권 옮김, 『파스칼적 명상』, 동문선, 2001, 208쪽.
8) Bourdieu, Pierre, 현택수 옮김, 『강의에 대한 강의』, 동문선, 1991, 37쪽.
9) Bourdieu, Pierre, 앞의 책, 2001, 220쪽.

아비투스의 형태로 내면화"10)한다고 말한다. "아비투스는 우리 신체의 운동들 가운데 일부를 생산하는 본능 만큼이나 거의 맹목적이고 무의식적인 본능"11)이다. 바로 이 지점에서 부르디외의 아비투스는 프로이트가 말했던 이드(Id)가 초자아(super-ego)의 관계에서 발생하는 무의식이라는 일정한 특정을 공유한다. 하지만 그렇다고 부르디외가 말하는 아비투스를 프로이트의 무의식과 동일한 것으로 이해하는 것은 명백한 오류이다.

우선, 부르디외의 아비투스는 의식과 무의식의 구분에 의한 것이 아니라 오히려 이 양자를 포괄한다. 게다가 그는 '체화(incorporation)'라는 개념을 단순한 육체적인 태도나 습관만이 아니라 정신적이고 합리적인 이성의 차원까지를 포괄하는 것으로 사용한다. 아비투스는 인식, 평가, 행위의 도식(schème)들이며 사고, 신체, 실천도식들을 통해서 작동하는, "신체의 훈련으로부터 비롯되는 습관을 가능하게 만드는 암묵적이고 실제적인 믿음"12)이다. 따라서 그것은 "집단적이거나 초개인적"13)일 뿐만 아니라 개인의 역사 혹은 집단적 역사에서 획득하게 되는 '실천을 위한 실천적 기반'이라는 의미로서 인지체계이다. 부르디외는 이런 점을 잘 알고 있었기 때문에 프로이트의 정신분석학과 구별하면서 자신의 이론을 "정신분석과 사회학의 결합"14)으로, '정신분석'이 아닌 '사회분석(socio-analyse)'이라고 명명했다. 그러나 그렇기 때문에 사람들은 부르디외의 이론과 프로이트의 이론이 다른 데 어떻게 양자의 이론을 조합해서 분단체제의 사회적 신체와 심리를 분석할 수 있는가 하는 의문을 제기하기도 한다.

하지만 이것은 부르디외의 아비투스 개념을 그 자체로 신봉하여

---

10) Bourdieu, Pierre, 김웅권 옮김, 『실천이성』, 동문선, 2005, 194쪽.

11) 위의 책, 192쪽.

12) Bourdieu, Pierre, 앞의 책, 2001, 247쪽.

13) 위의 책, 226쪽.

14) 위의 책, 239쪽.

그대로 적용했을 때 발생할 수 있는 이론적 문제들을 고려하지 않는 것이다. 물론 부르디외의 아비투스는 최근 인지과학의 성과에 기초하여 G. 레이코프나 M. 존슨이 제기하는, 우리가 일상적으로 사용하는 은유, 환유들을 포함하여 인지과정에서 사용하는 개념들이 '신체화된 마음'이라는 주장이나 인지과학자들인 마빈 민스키나 프란시스코 바렐라가 제기하는, 인간의 마음이 고립된 원자적 실체가 아니라 사회체와 같은 네트워크라는 '사회로서의 마음'이라는 주장을 따라 우리의 몸을 생물학적 신체가 아닌 사회학적 신체로 분석할 수 있게 한다. 하지만 그의 이론은 다른 한편으로 프로이트가 제기하는 욕망의 본질적 문제, 즉 '억압(repression)'의 문제를 배제하는 경향을 가지고 있다.

프로이트에 따르면 '억압'은 그냥 발생하는 것이 아니다. 억압은 '두려움' 때문에 발생한다. 물론 부르디외가 비판하고 있듯이 리비도는 문명이 배제하는 생물학적 성충동의 문제로 환원될 수 없다. 오히려 사회는 부르디외가 말했듯이 "미분화된 충동인 생물학적 리비도를 사회적인 특수한 리비도로 구성"하며 "리비도의 사회화 작업은 바로 충동들을 특수한 관심들로 변모시키는 것"[15]이다. 그러나 그렇다고 '억압'이 사라지는 것은 아니다. 오히려 특정한 사회는 그 당시의 환경 속에서 자신의 코나투스를 유지하기 위해 특정한 형태의 리비도를 억압하며 그 억압으로부터 발생한 죄의식을 전치(displacement)시킨다. 따라서 프로이트는 의식과 무의식이라는 두 가지의 경계설정을 통해서 '무의식'의 문제를 다루었다. 그러나 부르디외는 무의식과 의식의 경계를 허물면서 프로이트가 말하는 억압의 문제를 배제하는 대가를 지불하고 있다. 바로 이런 점에서 분단의 사회적 신체의 문제를 다룰 때, 부르디외만으로 되는 것이 아니라 프로이트가 말하는 무의식의 문제틀을 보충적으로 가져와야 한다.

그러나 이렇게 되었을 때, 다시 문제는 프로이트의 정신분석학 쪽

---

15) Bourdieu, Pierre, 앞의 책, 2005, 171쪽.

에서 발생한다. 왜냐하면 프로이트의 정신분석학은 생물학적 성충동에 근거한 심리학이자 이드-에고-슈퍼에고라는 삼분법에 근거한 '자아심리학'이기 때문이다. 따라서 부르디외의 아비투스 개념과 프로이트의 억압가설이 만나기 위해서는 '무의식'을 구조로 파악하려는 관점이 필요하다. 이런 점에서 분단의 트라우마는 프로이트보다는 정신분석학을 사회심리학으로 발전시키려고 했던 프랑크푸르트 학파나 '무의식의 심리학'이라고 할 수 있는 '라캉'과 '지젝'의 논의와 연결되어 있다. 그러나 여기에도 이론적 난점이 없는 것은 아니다. 왜냐하면 지젝은 "자아와 이드 사이의 리비도적 갈등으로부터 자아 안의 사회윤리적 갈등으로 강조점을 이동시킴으로써 프로이트를 '사회화'하려는" 프롬의 논의를 비판하고 있기 때문이다.

지젝은 프롬의 시도를 '개량주의'로 규정하고 "개량주의가 자연(태고적, 전제적 욕동)을 문화(개인의 창조적 잠재력, 현대 대중사회에서 개인의 소외)로 대체"하는 것이라고 규정하면서, "프로이트의 이론구성체계의 그러한 역사화는 사회문화적 문제들에, 자아의 도덕적이고 감정적인 갈등에 초점을 맞추는 것과는 아무런 상관이 없다"고 비판하고 있다.16) 그러나 이런 비판의 타당성에도 불구하고 지젝의 이와 같은 비판은 프롬이 제기하는 '사회심리학' 자체를 부정하는 것이라고 할 수 없다. 왜냐하면 프롬의 논의가 프로이트의 정신분석학이 가진 주요한 테마로서, 자연으로 나타난 '응고된 역사' 또는 문화 진보를 위해 지불된 대가의 '석화된 증거'로서 '자연'과 문명 사이의 갈등을 배제하면서 보수화하는 문제점을 가지고 있기는 하지만 사회심리학 그 자체로의 변경을 비판한 것은 아니기 때문이다. 따라서 우리는 '사회적 성격이 있는 곳에 사회적 무의식이 있다'는 프롬의 명제를 가져올 수 있다.

분단체제가 특정한 형태의 무의식을 생산한다면 그것은 집단적인

---

16) Žižek, Slavoj., 이만우 옮김, 『향락의 전이』. 2002, 인간사랑, 32~33쪽.

사회적 성격과 사회적 무의식의 가능성을 제시할 수 있어야 한다. 그런데 에리히 프롬은 "개인적 성격처럼 '사회적 성격' 역시 에너지가 특유한 방향으로 향해"진다고 하면서 "일정한 사회에서 사는 대부분의 사람들의 에너지가 같은 방향으로 향해지면, 그들의 동기가 같은 것으로 될 뿐만 아니라 같은 이념과 이상을 받아들이게 된다"고 말하고 있다.17) 이것은 부르디외가 말한 사회적 리비도라는 개념과 다르지 않다. 하지만 프롬은 부르디외와 달리 "사회적 성격이 있는 곳에는 항상 사회적 무의식이 존재"한다고 말함으로써 부르디외의 아비투스 개념을 넘어서 있다. 프롬은 다음과 같이 말하고 있다. "사회적 무의식이란 사회구성원의 대부분이 똑같이 억압하고 있는 분야"를 가리키며 "이 공통된 억압 요소란 특수한 모순을 내부에 지닌 사회가 성공적으로 운영되기 위해서는 의식되어서는 안 될 내용"18)이다. 이것은 곧 사회적 신체를 생산하는 곳에서는 항상 사회적 무의식, 억압에 의해 배제되는 '터부'의 영역이 생긴다는 것을 의미한다. 그러므로 이 두 가지 이론을 출발점으로 하여 분단의 아비투스와 트라우마라는 개념화는 '사회화된 신체의 생산은 사회적 무의식을 낳는다.'라는 두 번째 테제에 근거하고 있다.

예를 들어 한반도의 분단체제가 낳은 남·북이라는 두 개의 국가에는 공통된 억압 요소가 있다. 그것은 남과 북이라는 분단국가에 대해 '정통성'을 묻는 것이다. 남과 북은 서로 자신만을 유일한 한반도의 국가라는 '정통성'을 내세우면서 상대방에 대한 적대성을 생산하면서 자기 안의 사람들을 묶는다. 물론 모든 국가들은 자신의 정통성을 내세운다. 그러나 이 경우, 정통성은 흔히 사람들이 생각하듯이 남·북의 이데올로기적 대립에 근거한, 사회주의 대 자본주의라는 '국가체제의 이데올로기'적 정통성이 아니라 오히려 '민족의 순수성'이라

---

17) Fromm, Erich, 김진욱 옮김, 『마르크스 프로이트 평전-환상으로부터의 탈출』, 집문당, 1994, 91쪽.
18) 위의 책, 103쪽.

는 신화에 근거한 정통성이다. 안호상, 양우정 등이 중심이 되어 결성한 대한문화협회는 '민족정신의 깨끗한 세례와 순수한 세례'를 주창하면서 '국민정신의 정화' 작업을 수행했으며 박정희의 유신정권은 '민족중흥의 역사적 사명'을 제창했다. 마찬가지로 북 또한, 일제하 항일무장투쟁의 역사적 기억으로부터 김일성의 유일지배체제와 주체사상을 내세우고 자신들의 정통성을 세웠다.

여기서 작동하는 통합의 논리, 국민을 생산하는 방식은 서구와 달랐다. 서구에서의 국민국가는 '민족=국가'라는 통합국가로서 상징 속에서 정통성을 세우고 국민을 생산한 반면 한반도의 분단은 이와 같은 정통성을 가진 국가가 아니라 오히려 두 개로 분열된 국가, 전체 민족을 다 포함하지 못하는 분단국가로서 상대를 적으로, 절멸시켜야 할 대상으로 몰아가는 방식으로 정통성을 세우고 국민을 생산했다. 여기서 민족과 국가는 이중적으로 분열되어 있다. 이 분열이 바로 남·북이라는 두 개의 국가가 '민족적 정통성'이라는 상징을 놓고 벌이는 '전쟁'을 생산한다. 그러나 그렇게 되었을 때, 세 번째 문제가 제기된다. 그것은 바로 분단의 사회심리가 작동하는 기제에 놓여 있는 것은 '특정한 민족이 가진 리비도의 정신분석학'이 있다는 것이다. 분단의 아비투스와 트라우마는 바로 이런 민족적 리비도와 민족≠국가의 분단국가의 결핍으로부터 출발한다. 따라서 분단의 아비투스와 트라우마가 근거하고 있는 셋째 명제는 '민족≠국가의 분단국가는 민족적 리비도(national libido)의 억압을 생산한다.'는 테제이다.

3. 아비투스와 트라우마의 이론적 변용 및 특징

한반도의 분단 이후 등장한 남과 북이라는 두 개의 분단국가는 민족이라는 일체성, 상상적 동일성보다는 상대에 대한 적개심을 불러일으킴으로써 자신의 국가적 정체성을 만들어 왔다. 두 개의 국가는 민족을 긍정적으로 통합(positive integration)하는 것이 아니라 타자에 대한 적대성을 통해서 내부를 통합하는 부정적으로 통합(negative integration)했다. 따라서 여기서 생산된 국민이라는 신체는 민족적 통합의 신체가 아니라 '분단된 사회적 신체'였다. 그러나 이런 '분단된 사회적 신체'의 생산은 백지상태에서 이루어지는 것이 아니다. 그것은 특정한 역사적 경험과 대중적 심리를 가공함으로써 이루어진 것이다. 친일 대 반일, 친미 대 반미, 사회주의 대 자본주의라는 이데올로기는 여기서 상대를 적으로 전화시키고 민족의 순수성을 훼손하는 타자로 상징화된다.

그렇다면 어떻게 이와 같은 논리들이 사람들에게 자연스럽게 복제될 수 있었던 것일까? 여기서 제기되어야 할 문제는 국가의 상징자본에 대한 독점과 폭력만이 아니라 그것이 작동할 수 있는 대중심리이다. 그런데 그것이 작동하는 심리적 지형을 보면 우리는 매우 독특한 특징을 발견할 수 있다. 그것은 바로 끊임없이 상대를 위협적인 타자로 재생산하는 메커니즘이 '분단의 원죄의식'을 타자에게 전이(transfer)시키는 것이라는 점이다. 국가는 끊임없이 '상기하자 6·25', '아─아 어찌 잊으리라'는 식의 환기를 생산한다. 국가 테러리즘 또한 마찬가지이다. 그것은 '미제의 첩자', '간첩, 빨갱이'이라는 상징들을 통해 작동한다. 따라서 국가는 특정한 대중들의 트라우마를 끊임없이 들추어냄으로써 적대성으로 전화시킨다. 그것은 즉각적이며 '자기 폐쇄적'이며 '원환적'이다. 따라서 여기서는 모든 합리성이 중단한다.

바로 이 지점에서 아비투스와 트라우마라는 개념은 비록 부르디외와 프로이트로부터 출발하지만 그것은 변용되어야 한다. 프로이트의 정신분석학의 기본적인 쟁점인 자아심리학과 무의식의 심리학에 대한 문제를 논외로 하더라도 부르디외가 사용했던 아비투스는 상징자본, 교육자본, 문화자본, 정치자본 등 '자본' 분석과 관련된 '성향체계'들을 다루는 개념이다. 그러나 분단의 아비투스는 분단국가라는 특수한 상황의 아비투스를 다룬다는 점에서 부르디외가 분석한 대상과 다르다. 물론 어떤 사람들은 이와 같은 개념화가 부르디외의 원래 용법과 다른 변용에 심기가 불편할 수 있다.

그러나 문제는 이론의 정전화가 아니다. 보다 중요한 것은 우리의 주어진 현실 속에서 이들의 이론을 창조적으로 변용하는 것이다. 사이드는 1970년대 미국의 반인문주의가 정전화된 인문학에 대한 반감에서 나왔다[19]고 하면서 정전의 원래 의미를 살려 "고정된 규칙의 고집스런 목록이거나 과거로부터 우리를 위협하는 역사적 기념물이 아니라 변화하는 감각과 의미의 조합에 언제나 열려 있는 것"으로서의 "캐논적인 인문학"을 제시하고 있다. 거기서 "캐논적 작품의 모든 독해와 해석은 그 작품을 현재 속에서 새롭게 소생시키며, 재독해의 계기를 제공하며 근대적인 것과 새로운 것이 폭넓은 역사적 영역 안에서 같이 자리잡을 수 있도록" 하는 것이다.[20] 게다가 부르디외는 학자들이 가진 아비투스로서 스콜레(scole: 여유의 공간)가 언어유희와 주의주의를 낳으며 '사유가 이루어지는 세계'와 '삶이 이루어지는 세계' 사이의 경계를 망각하도록 만든다고 비판하고 있다. 따라서 그들의 의도를 살리는 것은 오히려 그들의 텍스트를 정전화하고 그들의 본뜻이 무엇인가에 매달리는 것이 아니라 그들의 문제의식을 우리가 살고 있는 세계의 문제와 연관시키는 것이다.

그것은 이론의 보편성을 추구하는 것이 아니라 그 이론의 한국적 특수성을 찾아내는 것이다. 예를 들어 오늘날 사람들은 '민족 대 탈민족'이라는 쟁점 속에서 서구적인 민족의 특징을 그대로 한반도에 적용시키고 '탈민족'과 '다문화' 논의를 보편화하는 경향이 있다. 그러나 한반도의 분단국가와 서구의 근대적 국가는 다르다. 물론 근대국가는 '정치적으로 평등한 국민'의 탄생에 기초하는, 정치공동체이며 민족은 사회적 구성물이라고 할 수 있다. 하지만 그렇다고 한반도의 국가

---

19) Said, Edward W., 김정하 옮김, 『저항의 인문학: 인문주의와 민주적 비판』, 마티, 2008, 32쪽.
20) 위의 책, 46쪽.

가 서구적인 근대국가와 같은 것은 아니다. 한반도는 적어도 고려시대 이후로 하나의 종족이 하나의 국가를 이루고 살아온 '역사적 국가 (historical states)'이다. 그래서 서구에서 '민족'의 탄생이 근대적인 국민국가의 형성 속에서 이루어졌다는 것을 인정하는 홉스봄조차 중국, 일본과 함께 한반도는 '예외적인 특수한 국가'로 다루고 있다.21)

게다가 서구에서 근대국민국가는 자본주의에서의 자본과 임노동이라는 계급의 분열 속에서 국민이라는 주체를 'civil(자기통치자로서 시민)'이면서도 'subject(복종하는 자로서 신민)'로 생산해야 했다. 그래서 그 분열을 감추는 '민족'이라는 '상상적 공동체'를 생산했다. 그러나 '한(조선)민족'은 이와 달랐다. 남과 북이라는 두 개의 분단국가는 기본적으로 '민족=국가'라는 서구와 달리 '민족≠국가'라는 분열과 틈새를 가진 '결손국가(a broken nation states)'22)이다. 여기서의 분열은 국가로 표상되는 공동체 내부의 분열이 아니라 민족으로 표상되는 공동체 내부의 분열이다. 따라서 분단의 사회적 신체를 생산하는 국가의 상징폭력에도 불구하고 그것의 근본적인 결함과 결핍을 감추고 대중들을 신민으로 조직하기 위해서는 그들의 결함을 감추는 방어기제들을 작동시켜야 했다. 남쪽의 반공냉전주의와 민주주의의 억제는 이를 보여 준다.

그러나 이런 국가≠민족의 정체성은 외적 강제뿐만 아니라 분단이 남긴 상처를 역으로 전도시키는 과정을 통해서 이루어졌다. 6·25전쟁으로까지 비화된 분단을 만들어 낸 가해자는 두 개의 분단국가 (states)이다. 그러나 이 두 개의 분단국가는 그 책임을 상대방에게 돌리고 오히려 민족구성원들의 아픔을 적대성으로 전화시킨다. 여기서 전치(displacement)가 일어난다. 즉, 피해자인 민족구성원들은 오히려 가해자인 국가를 초자아로, 어머니 민족이 욕망하는 대상이자 이상

---

21) Hobsbawn, Eric John, 강명세 옮김, 『1780년 이후의 민족과 민족주의』, 창작과비평사, 2008, 94쪽.
22) 임현진·정영철, 『21세기 통일한국을 위한 모색』, 서울대학교출판부, 2005, 1쪽.

적 자아로 전화시키는 것이다. 그렇다면 어떻게 이런 전치가 일어날 수 있었는가? 바로 여기에 분단의 트라우마가 가진 아이러니가 있다. 그것은 대중들 자신이 분단으로부터 욕망의 좌절, 결핍을 느꼈기 때문이며 이 상태를 극복하고자 하는 욕망을 가지고 있기 때문이다. 만일 그렇지 않다면 대중들은 국가를 이상적 자아로 받아들이지 않았을 것이다. 여기서 대중들이 국가를 이상적 자아로 받아들이는 것은 자신들이 살고 있는 국가를 통해서 민족의 분열과 분단을 극복하고자 하기 때문이다.

또한, 그렇기 때문에 분단국가는 대중들에게 '민족의 순수성'을 제창하면서 상대방을 단죄하고 그 스스로 민족의 대표자, 주인으로 자처하는 상징폭력을 행사할 수 있게 되었던 것이다. 이런 점에서 분단의 정신분석학은 어머니-나-아버지가 아니라 민족과 국가 사이에 존재하는 균열과 간극 속에 존재하며 민족≠국가라는 결여를 메우려는 국민의 욕망을 초자아로서 아버지인 '국가(states)'에 의해 국민의 욕망 대상인 어머니로서 '민족(nation)'을 회복하려는 '전치'를 수행하는 것이다. 여기서 국민은 그 스스로 시민(citizen)이 아니라 신민(subject)으로 자신을 생산한다. 따라서 분단의 트라우마는 간혹 분단문학이나 6·25전쟁의 트라우마를 다루는 논의에서 간혹 사용되듯이 분단이 남긴 '정신적 상처' 정도를 의미는 수사적인 표현이 아니다. 그것은 남(한국)과 북(조선)이 자신의 결핍을 감추기 위해 서로에 대해 '좌절된 욕망'의 트라우마를 전치시키면서 타나토스(죽음충동)를 작동시키고 이것에 기초하여 상대에 대한 철저한 부정과 남(한국) 또는 북(조선)과 자신을 일치시키는 '분단국가=민족의 정체성'을 생산한 것이다.

그렇다면 매우 중요한 반론이 제기될 수 있다. 첫째, 분단의 트라우마는 '민족적 리비도'의 억압과 좌절, 금지에 의해 발생하는 트라우마이다. 그럼, 이것은 민족이라는 '전체', '본질'을 상정한 것이 아닌가라는 문제제기이다. 원래 프로이트는 환경과 개체 간의 생물학적 평형상태에서 출발했다. 그러나 민족적 리비도는 유기체가 아니다. 그런데도 '민족적 리비도'라는 개념을 쓰는 것은 '민족'을 하나의 유기체로, 동질적인 일체성으로 간주하는 오류라는 비판 말이다. 게다가 '민족'은 근대의 산물이지 않은가? 물론 이것은 적절한 반론이다. 하지만 이런 반론이 간과하고 있는 것은 '집단적 리비도'란 자연적으로 주어진 것이 아니라 역사 속에서 형성되는 것이며 '사회적 성격' 또는 이런 집단적 리비도에 근거한다고 할 때, '민족'이라는 본질, 원형, 초월성을 전제하지 않고서도 '민족'이라는 '집단적 리비도'의 형성을 생각해 볼 수 있다는 것이다.

게다가 한반도의 민중들이 가진 '민족국가'를 향한 열망은 서구적 '민족국가'에 대한 열망 보다 훨씬 강렬했다. 유독히 강렬하고 처참했던 일제 식민지 치하의 무장투쟁과 독립운동, 그리고 8·15 이후 찬탁 대 반탁의 대립이 그 당시 국제열강의 현실 정치적 판단과 관계없이 '반탁'의 승리로 끝나버린 것은 근대적 민족국가를 수립하고자 하는 민족적 리비도의 강렬함 없이 설명되기 어렵다. 또한, 이것은 왜 2차 세계대전 이후 동/서 냉전의 산물이었던 독일과 달리 한반도의 분단이 전쟁으로 비화될 수밖에 없었는가를 보여 준다. 즉, 이 비극은 '북'이 '동독'에 비해 더 비타협적인 사회주의 이데올로기를 가졌기 때문이거나 호전적이었기 때문이 아니라 '온전한 민족국가'를 수립하고자 하는 욕망이 강했기 때문이며 동/서 냉전의 해체 이후에도 한반도의 분단체제가 해체되지 않는 이유 또한 그러하다는 것이다.

두 번째로 제기될 수 있는 반론은 '민족'의 형성이 '신분적 차별'을 넘어 공동체의 일원이 되는 과정, 평등한 개체의 탄생을 전제한다는 점에서 이 당시의 '민족국가를 향한 민중적 열망'이 '민족적 리비도'와 같은 것이라고 할 수 없다는 비판이다. 하지만 이런 비판은 동시성의 비동시성을 감안하지 않고 있다. 그 당시 서구의 제국주의 침략은 민족과 국가를 통합시켜 근대적 국민국가를 만드는 과정을 통해서 주어졌다. 한(조선)민족은 바로 이런 근대적 국민국가들과의 충돌을 경험하고 있었다. 따라서 그것은 반제투쟁 속에서 근대적 국민국가의 형성이라는 '민족적 열망'을 가질 수밖에 없었다. 물론 이 점에서 '민족'의 출현은 사후적이다. 그러나 이때의 '민족적 리비도'는 이 투쟁을 만들어 내는 힘이기 때문에 사전적이다.

게다가 우리가 라캉이나 지젝의 논의를 따라 '무의식이 언어처럼 구조화되어 있다'고 한다면 논리적으로 한반도에서 '민족'이라는 개념의 출현 이후에 비로소 단일한 민족국가를 향한 상상적 동일화(상상계)가 나타났다고 할 수 있지만 리비도는 여전히 그 이전에 주어진 것이라고 할 수 있다. 따라서 욕망이 먼저인가 억압이 먼저인가는 항상 논란이 될 수밖에 없음에도 불구하고 억압과 욕망이 함께 작동한다는 점은 분명하며 민족이라는 '개념'이 먼저인가 아니면 민족이라는 '욕망'이 먼저인가는 중요하지 않다. 오히려 그것은, 근대적 국민국가가 지젝의 말처럼 '공통의 뿌리', '피나 대지'와 같은 우연적인 물질성에 호소하면서 민족을 하나의 국가 안에서 국민으로 생산하는 것이라고 할 때, 그 당시 한(조선)반도에서의 '사회적 성격'은 민족을 하나의 국가 안으로 통합시켜서 국민으로 생산하는 근대적 국민국가, 즉 민족=국가를 만드는 것이었다고 할 수 있다.

바로 이 점에서 '분단의 트라우마'가 가진 고유한 특징이 드러난다. 여기서 좌절, 억압, 금지되는 것은 '개별적인 욕망들'이 아니라 '민족적 리비도'이며 '분단의 트라우마'에 관한 정신분석학적 대상은 사회화된 개인들이 겪는 심리적 구조에 대한 것이 아니다. 그것의 대상은 '역사적 국가'로서 '민족적 리비도'가 '민족=국가'로 귀결되지 못한 채, 분열된 상태에서 발생하는 무의식, '민족적 리비도의 정신분석학'이다. 그러므로 정신분석학에서 무의식은, 그것이 자아심리학이든, 무의식의 심리학이든 간에 개인이 가진 리비도가 사회화, 특히 국가와 민족이라는 초자아 또는 상징계로 통합하는 과정에서 억압이 형성되는 '무의식'의 문제를 다루는 것이라면 이와 달리 '민족적 리비도의 정신분석학'은 '역사적 국가'의 해체와 민족=국가의 형성이라는 '민족적 리비도'의 좌절을 다룸으로써 상징계로 통합되지 못한 아버지-국가가 어머니-민족을 놓고 싸우면서 '상상계'로 퇴화하는 것들을 다루는 것이라고 할 수 있다.

마지막으로 그것을 '외상 후 스트레스 장애'와 같은 것을 유발하는 트라우마라는 개념으로 제시할 수 있는가의 문제가 제기될 수 있다. 프로이트에 따르면 트라우마는 "심각한 기계적 충격, 철도 사고, 그리고 생명이 위협받을 수 있는 기타 사고를 겪은 후에 발생"[23]으로 규정된다. 이 경우, 트라우마는 전쟁, 재난, 천재지변, 불의의 사고, 강간, 아동기 성폭행 등과 같이 '생명을 위협하는', 극단적인 사건을 경험한 이후 발생하는 '외상 후 스트레스 장애'이다. 그래서 많은 사람들이 분단의 트라우마를 6·25전쟁과 같은 '전쟁의 트라우마'와 등치시키고 이 부분에만 집중하는 경향이 있다. 하지만 최근에는 이런 종류의 빅 트라우마(Big Trauma) 이외에 스몰 트라우마(Small Trauma)도 트라우마로 인정되고 있다. 이런 스몰 트라우마들은 급작스럽고 극단적인 사건 없이도 자존감을 잃게 한 일상의 반복적인 사건이나 경험들에 의해 발생하는 것으로, "복합성 외상 후 스트레스 장애"를 유발하는 것으로 알려져 있다.

그렇다면 트라우마는 특정한 개인이 감당할 수 없도록 갑작스럽고 과도한 충격이나 위험, 공포에 노출되었을 때만 발생하는 것이 아니라 일상적인 삶에서의 지속적이고 반복적인 경험에 의해서도 형성될 수 있다는 것을 의미한다. 그런 반복적인 경험은 대부분은 '외상 후 스트레스 장애'와 같은 심각한 상처를 남기지 않을 수도 있지만 인격 형성을 왜곡시키고 특정한 관점에서에서의 비합리적인 충동적 반응을 유발할 수 있다. 이런 점에서 '트라우마'가 극단적인 '생명의 위협'이라는 '충격'에서만 비롯되는 것이 아니라 기본적으로 생명 에너지,

---

23) Freud, Sigmund, 박찬부 옮김, 「쾌락원칙을 넘어서」, 『쾌락원칙을 넘어서』, 열린책들, 1998, 16쪽.

즉 리비도의 흐름을 억압하고 박탈하는 곳에서 발생한다는 점을 명백히 할 필요가 있다. 프로이트도 이와 같은 점을 명백히 하고 있다. 프로이트는 "본능을 충족시킬 수 없는 사태", 즉 '좌절'과 "이 좌절을 초래하는 규제"인 '금지'에 따른 "박탈"이 너무나 강력하고 도발적이기 때문에 생명은 자기 스스로의 생명력을 보존하는 방어기제로서 트라우마를 작동시킨다고 보았다.24)

그러나 그럼에도 불구하고 이것은 이들 자아심리학적인 트라우마와 다르다. 심지어 그것은 프롬의 논의를 벗어나 있다. 프롬을 비롯하여 일반적으로 사람들이 '억압'을 다룰 때 상정하는 것은 사회와 개인 간의 갈등, 또는 이드와 초자아 간의 갈등이다. 그래서 대부분의 사람들은 개인이 초자아를 이상화하면서 '사회화'될 때 그 스스로 억압되거나 배제하는 '이드'의 측면에 주목하며 '분단의 트라우마'도 이렇게 이해하는 경우가 대부분이다. 그러나 이렇게 되었을 때, 그들이 근본적으로 놓치고 있는 것이 있다. 그것은 '집단의 에너지' 그 자체가 억압 또는 억제될 경우이다. 분단의 트라우마는 정확히 바로 이런 집단 에너지의 억압과 관련되어 있다. 그리고 이런 점에서 그것은 분단의 트라우마에서 '트라우마'에 대한 개념은 프로이트, 프롬, 라캉-지젝의 정신분석학에서 사용되는 트라우마와 동일한 것이 아니다. 그것은 사회적 무의식을 '개인과 사회 간의 갈등'이나 '이드와 초자아의 대립항'으로 환원하지 않으며 집단적 리비도의 억압으로부터 나오는 '구조적인 상처'에 관한 것이다.

---

24) Freud, Sigmund, 김석희 옮김, 「집단심리학과 자아분석」, 『문명 속의 불안』, 열린책들, 1998, 180쪽.

4. 나가며: 치유와 통합의 방향과 그 한계

'민족적 리비도의 정신분석학'에서 보면 '한반도의 통일'은 '해야만 하는' 가치론적-당위적론적인 규범이 아니다. 오히려 그것은 사람들이 사회-역사적인 과정을 통해 집단적으로 가지게 된 욕망, '민족적 리비도'가 만들어 내는 현재진행형의 사건이다. 사람들은 '꼭 통일을 해야 하는가'라는 질문을 던진다. 하지만 이것은 우문이다. 왜냐하면 한반도가 분단되어 있는 이상, 민족적 리비도가 작동하는 사회심리적 토양에서의 동일성에 대한 욕망은 어떤 식으로든 '통일'의 의지와 열망을 작동시킬 것이기 때문이다. '민족적 리비도'는 에로스와 타나토스의 변증법이라는 두 가지 얼굴을 가진 야누스로서 자신의 흐름이 중단되거나 억압될 때, 에로스적인 힘은 타나토스적인 힘으로 전화된다. 따라서 민족적 리비도 그 자체를 해체하고자 한다면 그것은 6·25전쟁이 보여 주듯이 '위험'을 극복하는 것이 아니라 오히려 그 '위험'을 극대화하는 역설적인 결과를 초래할 것이다.

그렇다면 그 역설은 구체적으로 어떻게 작동하는가? 분단의 트라우마는 무엇보다도 먼저 '기억의 정치학'을 통해서 분단체제를 재생산하는 대중심리로 전환된다. "시간감각의 변형은 미래를 삭제하는 것에서 시작하지만 점진적으로 과거를 삭제하는 것으로 진행"[25]되며 "복수환상은 외상기억에 대한 거울상"으로 가해자와 피해자의 역할을 바꾸어 놓는다.[26] 여기서 국민을 길들이는 것은 복수환상 속에서 작동하는 분단서사이다. 그렇기 때문에 8·15 이후 전개된 분단서사를 민족의 통합서사로 바꾸어 가면서 '부정적 통합'을 '긍정적 통합'으로 바꾸어 놓는 과정이 필요하다. 그러나 이런 '부정적 통합'을 '긍정적 통합'으로 바꾸는 것은 쉽지 않다.

---

25) Herman, Judith, 최현정 옮김, 『트라우마』, 플래닛, 2009, 158쪽.
26) 위의 책, 314쪽.

프로이트는 '반복강박증'과 '공포증'의 원인을 '실재적 불안(realistic anxiety)' '신경증적 불안(neurotic anxiety)'에서 찾았으며 이 중에서 보다 더 위험한 것으로 '신경증적 불안'을 들었다. 그러나 '분단의 트라우마'는 '실재적 불안'과 '기억의 환기'를 통해서 작동한다. 남과 북의 정치·군사적 대립이라는 현실 그 자체가 끊임없이 상호의 유대감을 파괴하고 공포를 생산하는 것이다. 따라서 분단의 트라우마를 치유하는 과정은 사회구조적 차원에서 남과 북의 정치-군사적인 평화와 유대, 소통의 틀을 만들어 내는 과정 없이 제대로 작동할 수 없다. 그러나 이것은 '피해자'를 가해자로부터 분리시켜 안정감을 회복하는 가장 초보적인 출발점일 뿐이다. 문제는 이 안정감을 통해서 '사회적 관계'를 회복하는 것이다. 그 회복은 주디스 허먼이 치유 단계로 제안한 바와 같이[27] 안전성과 신뢰성을 확보하는 1단계로부터 분열된 서사들을 자기서사로 구성해 내는 2단계를 거쳐 사람들과의 사회적 관계를 자신의 삶으로 통합하는 3단계로 진행될 수밖에 없다.

라캉이 말했듯이 삶의 운명을 자신의 삶으로 통합시켜야 한다. 한(조선)반도의 비극은 어느 누구의 책임이 아니다. 책임을 타자에 떠넘기는 것은 니체가 말하는 '노예의 도덕'을 산출하는 '반동적 정서'일 뿐이다. 이런 점에서 '공통의 상처'를 통한 연대는 분단국가에 전이되어 있는 민족적 리비도를 자신의 욕망으로, 자신의 짐으로 떠맡는 것이다. 그런데 이와 같은 길이 열리고 있다. 1980년대 한국(남)에서 민주화와 함께 '친공·친북 등 반북이데올로기'가 약화된 것은 바로 이런 '분단국가의 균열'을 봉합하는 '매듭'이 풀려지고 있음을 보여 준다. 라캉이 말했듯이 "실재란 궁극적으로 탈실체화된 것임을 의미한다. 실재란 상징적 네트워크로의 포획에 저항하는 외재적 사물이 아니라 상징적 네트워크 자체 내부의 틈이다."[28] 따라서 분단의 트

---

27) 위의 책, 2부 참조.
28) Žižek, Slavoj, 박정수 옮김, 『How to Read 라캉』. 2007, 웅진지식하우스, 112쪽.

라우마를 치유하는 과정은 주인기표를 자처하는 분단국가 자체가 균열된 존재라는 점을 깨닫는 과정, 즉 '분단국가'로 전이된 이상적 자아를 해체하고 '주인-기표 없는 주인-기표로서 민주주의'[29)]를 만들어 가면서 그 스스로 민족적 리비도의 역사를 떠안는 것이다. 따라서 분단의 트라우마에 대한 치유는 무엇보다도 먼저 분단의 트라우마에 대한 코리안 디아스포라를 포함하는 남·북 공통의 고난을 공유하는 정서적 유대의 창출로부터 시작되어야 한다.

그렇다면 그런 공감은 어디에서 시작될 수 있는가? 귄터 그라스는 "일본의 지배"라는 "공통의 수난의 역사"에 대한 공유에 대해 이야기하고 있다. 이것은 남과 북만이 아니라 일제 식민지 치하에서 이산되었던 코리안 디아스포라에게도 적용된다. 따라서 서경식의 다음과 같은 말에 주목할 필요가 있다. "여기서 내가 말하는 '민족'은 '혈통'이나 '문화'나 '민족혼'처럼 소위 '민족성'이라는 실체를 독점적으로 공유하는 집단이 아니다. 내가 말하는 '민족'은 고통과 고뇌를 공유하면서 그 고통에서 해방되기를 지향함으로써 서로 연대하는 집단을 가리킨다. 말하자면 나는 '민족'이라는 개념을, '민족성'이라는 관념에서가 아니라 역사와 정치상황이라는 하부구조에서 이해하려는 것이다."[30)]

하지만 통일인문학의 치유와 통합 패러다임은 여기에 멈추는 것이 아니다. 그것은 더 나아가 통일서사와 '통일의 사회적 신체'를 만들어 가는 것이기도 하다. 따라서 이것은 프롬이 이야기하는 새로운 사회적 성격, 즉 "생산적인 사회적 성격지향성"[31)]을 창출하는 것이

---

29) "민주주의는 주인-기표인가? 틀림없이 그렇다. 그것은 그 어떤 주인-기표도 없다고 말하는, 혹은 적어도 홀로 서 있을 주인-기표는 없다고 말하는, 모든 주인-기표는 다른 기표들 가운데 스스로를 현명하게 삽입해야 한다고 말하는 주인-기표다. 민주주의는 라캉이 말하는 빗금쳐진 A의 대문자 S이다. 그것은 다음과 같이 말한다.: 나는 타자에 구멍이 있다는, 타자는 존재하지 않는다는 사실의 기표이다."(Jacques Alain Miller, *Le Neveau de Lacan*, Verdier, 2003, p. 270; Žižek, Slavoj, 박대진·박제철·이성민 옮김, 『이라크』. 2004, 도서출판 b, 144쪽 재인용)

30) 서경식 지음, 임성모·이규수 옮김, 『난민과 국민 사이』, 돌베개, 2006, 11쪽.

다. 여기서 '통일한(조선)반도'라는 상징화된 체계는 남과 북, 코리안 디아스포라의 차이가 더 이상 적대와 이질적인 것이 되지 않는, 오히려 차이 자체가 생성의 힘이자 '민족공통성(national commonality)'[32]이라는 환상을 창조한다. 이런 점에서 분단의 아비투스와 트라우마의 유형들을 정확하게 구분해야 한다.

이들 유형은 분단체제론을 따라 다음의 3가지 유형으로 구별될 수 있다. ① 분단체제 그 자체가 남과 북이라는 결손국가의 결핍을 메우면서 '상호 적대성'으로 전치시키는 '분단체제의 트라우마들'과 '분단체제의 아비투스들', ② 남과 북이 가지고 있는 특별한 가치와 지향

---

31) 프롬이 이야기하는 '생산적인 사회적 성격지향성'은 타인 및 자연, 자기 자신과의 관계에서 이성적이고 애정적인 성격지향성을 가지고 있다. 따라서 이런 성격지향성은 자아의 정체성과 독립성을 유지하면서 인간 고유능력을 통해 창조적으로 활동하려 한다. 게르트 마이어는 "프롬에 따르면 인간의 감정과 행동은 어느 사회에서나 그 사회의 지배적이고도 전형적인 성격구조 또는 사회적 성격지향성을 통해 특성화된다. 또 이들은 한 사회의 사회·경제적, 정치적, 이데올로기적 구조에 의해 결정된다."(Meyer, Gerd, 「독일의 사회적 성격-동서독 간의 성격장벽?」, 라이너 뭉크, 헬무트 요하흐, 게르트 마이어 엮음, 박규호 옮김, 『에리히 프롬과 현대성』, 영림카디널, 2003, 67쪽)고 말하면서 "국가사회주의와 계획경제 체제" 대 "민주주의와 자본주의 경제체제"라는 두 개의 구조 속에서 형성된 동·서독 간의 사회적 성격 비교를, 1991~1992년 동서독의 초등학교와 종합기술학교 저학년 담당교사 각각 15명을 상대로 진행한 두 시간의 심층인터뷰를 가지고 분석하고 있다. 이 결과를 보면 서독은 주로 마케팅적 성향을 보인 반면 동독은 부권중심적 권위주의 성향을 보이고 있다. 그런데 특이한 것은 동독에 마케팅적 성향이 거의 없는 반면 프롬이 매우 높이 평가하는 생산지향적 성향이 동독에서는 1차 특징으로 발견되는 사람이 1인, 2차적으로 발견되는 사람이 6명이나 있는 반면 서독에서는 1차 특징으로 발견되는 사람이 없고 2차적으로 발견되는 사람만 3명 있다는 점이다.

32) "고조선 시기나 고려 시대에 중국으로 가서 산 사람들이나 만주족처럼 '핏줄'은 한(조선)민족, 또는 만주족이라고 할지라도 동화된 다음에는 자신을 '한족'으로 인식할 뿐만 아니라 '핏줄' 자체도 인지하지 못한다. 또한, 언어의 경우에도 한(조선)어를 구사하지 못하지만 대부분 그들은 현지인과 다르다는 것을 느낀다. 따라서 혈통, 언어, 문화 중 어느 하나로 '민족정체성'을 규정할 수는 없다. 이런 점에서 민족공통성은 'national community'가 아니라 'national commonality'이다. 'community'는 특정한 지역에서 사는 사람들이 내적으로 공유하고 있는 공통성으로, 이미 거기에 속하는 개체들은 모두 다 가지고 있는 속성이다. 반면 'commonality'는 둘 이상의 개체가 서로 마주치거나 협력을 맺는 'common'에 의해 만들어지는 속성이다."(박영균, 「코리안 디아스포라의 민족공통성 연구방법론」, 『시대와 철학』 22-2, 2011, 121~122쪽) "민족공통성에서 공통성이 'community'가 아니라 'common'에서 나온 'commonality'인 이유는 '몸(body)과 몸'의 마주침과 그 마주침이 불러일으키는 공감을 통해서 '생성'되는 것이기 때문이다. 따라서 민족공통성은 통일한반도의 건설이 남·북을 포함하여 코리안 디아스포라 전체가 미래기획적으로 창조하고 함께 만들어 가는 '민족문화'라는 관점을 함축하고 있다."(같은 책, 125쪽)

성을 만들어 내면서 국민을 생산하는 '사회적 성격들'과 '사회적 무의식', 그리고 '남과 북의 아비투스들', ③ 일제 식민지의 '민족적 리비도의 억압이 낳은 트라우마들'과 '이산의 트라우마', 그리고 분단국가의 근대화가 낳은 '국가폭력의 트라우마들'과 '식민화/탈식민화의 아비투스.' 그러나 사람들은 이런 유형들을 명확히 구별하지 않기 때문에 분단의 트라우마를 '국가폭력의 트라우마'나 '이산의 트라우마', '전쟁의 트라우마'와 혼동하는 경향이 있다.

한반도에서 '이산의 트라우마'와 '전쟁의 트라우마', '국가폭력의 트라우마'는 일제 식민지 시기에 이루어진 '이산'과 6·25전쟁, 그리고 국가주의화된 전치의 구조 속에서 국가에 의해 자행된 상흔들이다. 따라서 '분단의 트라우마'와 관련을 가지고 있지만 이들 트라우마는 갈등의 축과 위상학적 배치에서 서로 다르다. 예를 들어 '탈북자'나 '6·25전쟁의 피해자'의 경우, 국가폭력이나 이산, 그리고 전쟁의 트라우마가 '분단체제의 트라우마'와 착종되면서 '분단의 적대적인 사회심리'를 조장할 수 있다. 탈북자의 경우, 두드러지게 나타나는 '국가폭력의 트라우마'는 오히려 분단 상황에서 적대성을 조장한다. 그들이 자신의 상처를 치유하는 방식은 '북'이라는 대타자에 자신의 고통을 전가함으로써 상처받은 자아를 달래고 존재의 자존을 지키는 것이다. 이 경우, '북'은 적대적 타자가 된다. 따라서 '민족적 리비도의 정신분석학'은 이것을 해체하고자 하며 그들의 자존을 오히려 남과 북의 '연대와 소통, 민족공통성'의 민족적 리비도의 힘으로 바꾸고자 하며 분단의 트라우마는 치료(therapy)의 대상이 아니며 치유(healing)의 대상이다.

치료는 병적 증상을 가지고 있다. 그러나 분단의 트라우마는 '병'이지만 개인이 앓고 있는 병이 아니라 흔히 정상적이라고 할 수 있는 사람들이 앓고 있는 병으로, 구조적 차원에서 존재한다. '반공주의'와 '순혈주의', 그리고 '지방색'이 그러하다. 따라서 그것은 집단이 가진 리비도의 생명적 힘을 활성화시키는 것으로서 치유의 대상이다.

이런 점에서 '분단의 트라우마'를 치유하는 프로그램은 '민족공통성'이라는 새로운 환상구조를 창출하는 문학, 음악, 시, 영상, 서사, 스토리텔링 등의 다양한 기법들로 응용될 수 있다. 하지만 이 경우, 치유적 응용은 개인을 대상으로 한 것이 아니라 집단을 대상으로 한다는 점에서, 현대인들이 가지고 있는 마음의 병 중에서 분단체제를 재생산하는 대중의 사회심리를 치유하고자 한다는 점에서 인문치료와 다르다. 또한, 그렇기 때문에 분단의 트라우마에 대한 치유는 현재 자신이 살고 있는 사회적 성격과의 충돌을 치료하는 것과 다르게 남·북의 적대성을 치유하는 것으로, 현재 그가 살고 있는 남 또는 북의 사회적 성격을 벗어나 있다. 따라서 민족공통성을 생산하는 치유와 통합의 방향은 '분단체제의 트라우마들'과 '분단체제의 아비투스들'을 해체하면서 '남과 북의 아비투스들'의 차이들을 '민족적 리비도의 활력'으로 되살리면서 '일제 식민지 억압이 낳은 트라우마들'의 치유를 통해서 '민족공통성'의 힘이 되어 흐르도록 '통일의 사회적 신체'를 창출하는 것이다.

하지만 그렇기 때문에 분단의 트라우마를 치유하는 '정신분석학'은 자아심리학이 아니라 오히려 '무의식의 심리학'에 가깝다. 개인이 가진 환상구조는 여러 가지의 층위들이 착종되어 있기 때문에 '자아의 심리학'은 그 개인의 인생사를 통해서 접근되지만 '분단의 트라우마'에 대한 치유는 그중에서 오직 '분단체제의 트라우마들'만을 치유하고자 하며 이때 '민족적 리비도의 정신분석'은 그 영역과 관계하는 방향에서 '자아의 심리학'과 공동 작업을 진행시킬 수 있을 것이다. 그리고 이때 '분단의 트라우마'에 대한 치유는 차이가 각각 새로운 통일한(조선)반도의 힘이 되어 흐르는 또 다른 상상계를 만들어냄으로써 상징계와 실재계의 관계 전체를 재구성하는 문화혁명적 성격을 가지게 될 것이다. 그러나 바로 그렇기 때문에 이런 치유에는 명백한 한계가 있다. 즉, '통일한(조선)반도'로 향하는 치유는 새로운 환상을 창출하는 것으로, 사람들에게 그 욕망을 불러일으키고 그것을 '미래의 한(조선)반도'에 전이시킨다. 따라서 모든 환상구조가 가지고 있는 '전이'와 '역전이'의 문제가 발생할 수 있다.

그러나 이것은 '분단의 트라우마'에 대한 치유만이 아니라 모든 정신분석학적 치료가 직면하는 문제이다. 따라서 라캉-지젝처럼 끊임없는 '환상 가로지르기'라는 방식을 동원할 수 있으며 다른 방식의 다양한 작업들이 모색될 수 있다. 예를 들어 '설화, 시, 소설, 영상, 글쓰기, 구술'을 통한 치유 방법의 모색은 적어도 그 매체 자체가 비인격체라는 점에서 전이 자체가 심각한 문제를 유발하지는 않을 수 있다. 물론 그렇다고 이것을 완전히 피할 수는 없다. 왜냐하면 이 과정에서도 여전히 분석자와 피분석자라는 인격체가 개입하기 때문이다. 따라서 라카프라가 이야기하는 '공감적 불안정(empathetic unsettlement)', 또는 카이야 실버맨이 이야기하는 '이종요법적 동일시(heteropathic identification)'에 주목할 필요가 있다.

"문제는 역사기술이 자기 방법으로 과거의 상처와 흉터를 그럴 듯하게 치유하는 것을 도와줄 수 있느냐가 아니라 그 상처, 흉터와 직접 대면하는 것을 도와줄 수 있느냐 하는 것이다. 그러한 대면을 위해서는 일차적인 객관화만 하거나 인식적이기만 한 진리 주장 이상의 것이 필요하다. 정서도 필요하다. 그리고 이 대면에 의해 자아는 불안에 공감적으로 노출될 수 있는데, 이 불안-이차 트라우마는 아니지만-은 미화되거나 고정되어서는 안 된다. 이 불안은 유토피아적 열망으로 열린 것이어야 할 뿐만 아니라 인지적으로도 윤리적으로도 책임감 있게 표현되어야 하는 것이다."[33] 그렇다면 아마도 분단의 트라우마를 치유하는 프로그램의 개발에서 가장 중요한 과제는 바로 이런 정교한 장치를 발굴하고 고안해 가는, '시행착오'의 과정이 될 것이다.

---

33) LaCapra, Dominick, 육영수 엮음, 『치유의 역사학으로: 라카프라의 정신분석학적 역사학』, 푸른역사, 2008, 179~180쪽.

참고문헌

김성민·박영균, 「분단의 트라우마에 관한 시론적 성찰」, 『시대와 철학』 21-2, 한국철학사상연구회, 2010.

박영균, 「분단의 아비투스에 관한 철학적 성찰」, 『시대와 철학』, 한국철학사상연구회, 2010.

_____, 「코리안 디아스포라의 민족공통성 연구방법론」, 『시대와 철학』 22-2, 한국철학사상연구회, 2011.

백낙청, 『한반도식 통일, 현재진행형』, 창비, 2006.

서경식 지음, 임성모·이규수 옮김, 『난민과 국민 사이』, 돌베개, 2006.

송두율, 『통일의 논리를 찾아서』, 한겨레신문사, 1995.

이병수, 「분단 트라우마의 성격과 윤리성 고찰」, 『시대와 철학』 22-1호, 한국철학사상연구회, 2011.

_____, 「분단 트라우마의 유형과 치유방향」, 『통일인문학논총』 52집, 2011.

임현진·정영철, 『21세기 통일한국을 위한 모색』, 서울대학교출판부, 2005.

Bourdieu, Pierre, 김웅권 옮김, 『실천이성』, 동문선, 2005.

_____, 김웅권 옮김, 『파스칼적 명상』, 동문선, 2001.

_____, 현택수 옮김, 『강의에 대한 강의』, 동문선, 1991.

LaCapra, Dominick, 육영수 엮음, 『치유의 역사학으로: 라카프라의 정신분석학적 역사학』, 푸른역사, 2008.

Freud, Sigmund, 한승완 옮김, 「나의 이력서」, 『나의 이력서』, 열린책들, 1998.

_____, 박찬부 옮김, 「쾌락원칙을 넘어서」, 『쾌락원칙을 넘어서』, 열린책들, 1998.

_____, 김석희 옮김, 「집단심리학과 자아분석」, 『문명 속의 불안』, 열린책들, 1998.

Fromm, Erich, *Greatness & Limmitation of Freud's Thought*, 오태환 옮김, 『프로이트심리학 비판』, 선영사, 1991.

_____, *Beyond the Chains of Illusion; My Encounter with Marx and Freud*, 김진욱 옮김, 『마르크스 프로이트 평전-환상으로부터의 탈출』, 집문당, 1994.

Marcuse, Hebert, *Eros & Civilization*, 오태환 옮김, 『프로이트심리학 비판』, 선영사, 1991.

Meyer, Gerd, 「독일의 사회적 성격-동서독 간의 성격장벽?」, 라이너 뭉크, 헬무트 요하흐, 게르트 마이어 엮음, 박규호 옮김, 『에리히 프롬과 현대성』, 영림카디널, 2003.

Herman, Judith, 최현정 옮김, 『트라우마』, 플래닛, 2009.

Hobsbawn, Eric John, 강명세 옮김, 『1780년 이후의 민족과 민족주의』, 창비, 2008.

Said, Edward W., 김정하 옮김, 『저항의 인문학: 인문주의와 민주적 비판』, 마티, 2008.

Žižek, Slavoj, 박정수 옮김, 『How to Read 라캉』. 웅진지식하우스, 2007.

_____, 박대진·박제철·이성민 옮김, 『이라크』, 도서출판b, 2004.

_____, 이만우 옮김, 『향락의 전이』, 인간사랑, 2002.

제3부 소통의 길

인문학적 상상력으로 풀어 보는 한반도 통일 방안

김성민

1. 들어가며: 남북관계의 가변성과 '만남'의 이중성

사람들이 사랑하기 위해 '만남'이 있어야 하듯이 남북교류협력의 확장이 남북의 적대적 관계를 벗어나 통일을 향한 길을 열어갈 것이라는 점에는 이견이 있을 수 없다. 남북교류협력의 확장은 무수한 오해들을 풀 수 있고 서로를 이해할 수 있는 고리를 제공하는 기회이다. 따라서 냉탕과 온탕을 오가며 '가다 서다'를 반복하는 남북관계를 벗어나 '미래지향적인 남북관계'를 만들어 가기 위해서 우리가 해야 할 일은 무엇보다도 먼저 실질적인 '남북교류협력의 시대'를 만들어 가는 것이라고 할 수 있다.

그러나 실질적인 '남북교류협력의 시대'는 남북의 사람들이 더 많이, 자주 만난다고 이루어질 수 있는 것이 아니다. 이것은 지난 10여 년의 한반도를 둘러싼 국제정세의 변화가 보여 주고 있는 바이기도 하다. 2000년 남북정상회담 이후 한반도는 탈냉전의 시대로 접어든 것처럼 보였다. 탈냉전과 남북 화해무드는 남북교류의 확대를 가져왔다. 남북교류는 이전까지 서로 만날 수 없었던 사람들을 만날 수 있도록 했을 뿐만 아니라 개성공단, 금강산관광 등과 같이 이전에는 상상할 수 없었던 남북 간의 협력을 가능하게 만들어 왔다.

그러나 그런 전진에도 불구하고 최근 몇 년 동안 냉전의 어두운 먹구름이 한반도의 전역을 덮고 있다. 그것은 '핵무기'뿐만 아니라 '연평도포격'이나 동·서해의 '한-미 군사훈련', '미사일개발경쟁' 등과 같이 이전보다 더 위험한, 동북아 전체를 전쟁의 위험으로 몰아넣는 위기를 야기하고 있다. 따라서 남북을 둘러싼 한반도의 정세는 한치 앞을 알 수 없을 정도로 혼란스럽고 변덕스럽다. 한편에서는 해마다 '정상회담'이 거론되는 반면 다른 한편에서는 남·북의 군사적 대치가 격화되어 일촉즉발의 위기를 생산하고 있다.

그렇다면 이런 가변적 변덕스러움은 어디에서 오는 것일까? 일반적으로 사람들은 '남북교류의 확대'만을 주장할 뿐, 그것이 낳는 매우 상반된 이중의 효과를 생각하지 않는다. 사람들은 서로 자주 만나다보면 서로를 이해하게 되고 더 많은 것들을 나눌 수 있게 될 것이라고 단순하게 생각해 버리는 경향이 있다. 그러나 모든 만남이 그러하듯이 '만남' 그 자체가 서로에게 긍정적이거나 생산적인 정서나 관계만을 낳는 것은 아니다.

어떤 만남은 그들 사이를 더욱 돈독하게 만들지만 또 다른 어떤 만남은 오히려 상대에 대한 더 많은 불신과 적대를 낳는, 역효과만을 생산하기도 한다. 스피노자는 이런 만남이 만들어 내는 두 가지 효과, 긍정적 정서와 부정적 정서를 구분하였다. 남북의 만남 또한 마찬가지이다. 따라서 우리가 먼저 생각해야 할 것은 단순한 남북교류의 확대만을 주장하는 것이 아니라 그런 남북의 만남이 만들어 내는, 상호 상반된 효과가 어디에서 기인하는지를 생각하는 것이다. 그리고 그런 사유 위에서 부정적 정서가 아니라 긍정적 정서를 만들어 내는 '만남'을 이루어내는 '남북교류협력'의 방식에 따른 '만남'을 고안할 필요가 있다.

이를 위해 이 글은 첫째, 남북관계의 특수성에 주목하면서 과정으로서 통일과 결과로서 통일이라는, 통일의 변증법을 다루고 둘째, 그런 특수성으로부터 남북교류협력에서 작동하는 '사랑과 증오의 변증법'을 논의하면서 '치유와 통합서사의 문제'를 다룰 것이며 셋째, 통합의 새로운 관점으로서 '민족공통성'과 민족공통성에 근거한 남북교류협력의 상을 제안함과 동시에 해외동포들까지를 포함하는 확장된 남북교류협력을 제안할 것이다. 그리고 이에 근거하여 마지막으로 이 글은 남북교류협력이 작동하는 근본적인 토양으로서 '사람의 통일이라는 규제적 이념'에 따른 남북교류협력을 제안할 것이다.

2. 남북관계의 특수성: 과정으로서 통일과 결과로서 통일의 변증법

기본적으로 만남이라고 하는 것은 서로 다른 두 타자 간의 만남이다. 따라서 모든 만남은 그들이 서로 다르다는 점을 전제로 해야 한다. 하지만 '다름'만을 전제할 때 만남은 그냥 우연히 스쳐 지나가는 관계에 머무를 뿐이다. 여기서 '다름'은 걸림돌이 되지 않는다. 상대주의적 다원성에 대한 인정은 '다름'을 승인하고 그것을 나와 다른 것으로 놓아둔다. 그러나 그렇게 되었을 때 만남은 지속적인 관계를 생산하지 못한다. 거기에서의 '다름'은 나와 관계없는 '다름'일 뿐이다. 따라서 지속적인 관계를 생산하는 '만남'은 서로 '다름'에도 불구하고 그 다름을 넘어 소통하며 무언가를 나누고자 하는 욕구를 가지고 있다는 점에서 우연히 지나치는 만남과 다르다고 할 수 있다.

그러나 그렇다고 '소통하고 무언가를 나누고자 하는 욕구를 가진 만남'이라고 해서 반드시 성공적인 것은 아니다. 오히려 그 욕구 때문에 '만남'은 긍정적 효과를 생산하는 것이 아니라 오히려 '반동적이고 부정적인 효과'를 생산하기도 한다. 따라서 문제는 그냥 '만나는 것'이 아니라 그 만남이 지닌 관계의 특수성을 파악할 필요가 있다. 두 남녀의 만남이 '연인'인가 '친구'에 의해 양자의 욕망과 정서는 서로에게 전혀 다른 결과를 유발할 수 있다. 마찬가지로 남북교류협력이 실질적인 남북교류협력이 되어 새로운 시대를 열어가기 위해서는 남북의 만남이 가지고 있는 관계의 특수성과 그 만남의 독특성을 이해할 필요가 있다.

이와 관련 하여 이미 한반도의 역사에는 남북관계의 특수성을 상호 정리하면서 남북이 서로 합의한 틀을 가지고 있다. 1991년 맺어진 '남북기본합의서'에 따르면 남북의 관계는 미국, 일본, 중국 등 여타의 다른 나라들과 맺는 관계와 근본적으로 다르다. '남북기본합의서' 본문에는 남북의 관계를 "나라와 나라 사이의 관계가 아닌 통일을 지향하는 과정에서 잠정적으로 형성되는 특수 관계"이자 "평화 통일을 성취하기 위한 공동의 노력을 경주"하는 관계로 규정하고 있다. 따라서 남북의 교류 또한 이와 같은 남북의 관계가 가지고 있는 특수성에 대한 이해로부터 출발할 필요가 있다. 남북기본합의서에 규정되어 있는 남북관계의 특수성은 다음의 세 가지 의미를 함축하고 있다고 할 수 있다.

첫째, '남북관계'는 미국, 일본, 중국 등 다른 나라들과 맺는 관계와 다르며 '통일을 지향'하면서, '평화통일을 성취하기 위한 공동의 노력'을 수행하는 관계라는 점이다. 둘째, 바로 그렇기 때문에 이와 같은 합의가 함축하고 있는 것은 남과 북이라는 두 나라는 미국, 일본, 중국과 같은 '정상국가'가 아니라 '비정상국가' 또는 '분단국가'이며 남과 북의 관계는 결핍을 극복하고자 하는 의지와 욕망을 가진 관계라는 점이다. 따라서 셋째, 남북관계는 근본적으로 통일을 함축하며 통일을 만들어 가는 관계라는 점이다. 하지만 이렇게 되었을 때, 통일은 두 가지의 의미를 함축하게 된다. 하나는 두 개의 분단국가가 하나로 합치는 '목표로서 통일'과 두 개의 분단국가라는 현재의 상태를 승인하고 그 속에서 통일을 만들어 가는 '과정으로서 통일'이라는 개념이다.

일반적으로 '목표로서의 통일'이라는 개념은 '목표' 그 자체만을 절대화하기 때문에 현재 한반도의 반쪽을 실효적으로 분단국가의 대립상태를 부정하고 그것을 지금 당장 극복하고자 한다. 따라서 이런 '목표로서의 통일'은 '과정으로서 통일' 개념을 부정하고 타자를 절멸의 대상으로 만들며 적화통일 또는 북진통일의 연장선상에 놓이게 된다. 예를 들어 이런 관점에서 '남 또는 북이라는 분단국가'는 '한반도의 유일정통국가'라는 정통성경쟁의 프레임 속에서 '분단국가주의'를 재생산한다. 그러나 여기에는 '국가'만 있을 뿐 '민족'이 없다. 왜냐하면 반쪽짜리 국가는 민족 전체를 포함하지 못하기 때문이다. 따라서 이런 목표로서의 통일은 민족을 통일시키고자 하는 의지와 반대로 '국가와 민족'을 일치시키고 나머지 '민족'을 배제함으로써 통일의 장애로 전락할 수밖에 없다.

반면 1990년대 이후 등장하고 있는 '분단체제 평화론'이라 '탈민족적 담론'들은 남북관계가 가지고 있는 특수성을 망각하고 현재의 분단상태를 유지하거나 관리하는 차원에서 분단문제를 사유하는 문제를 가지고 있다. 이들은 '평화냐 전쟁이냐'의 이분법적 도식을 가지고 역사적으로 형성되어 온 민족국가에 대한 욕망을 무시하거나 한반도의 분단문제를 여타의 나라들과의 관계에서 제기되는 '평화'에 대한 일반론적 차원으로 대체하고 있다. 그러나 이것은 진정한 '평화'를 이룩하는 길이 될 수 없다. 왜냐하면 남북관계는 두 개의 분단국가 사이에서 이루어지는 관계로, 정상국가들 사이에서 맺어지는 일반적인 관계들처럼 서로 각자 살아가는 것에 대해 무심하지 않기 때문이다.

정상국가들 사이의 관계는 서로 각자 자신들의 의지대로 살아가는 데 무관심하며 양자의 이익을 위해 외교적인 관계를 맺을 뿐이다. 하지만 남북관계는 이런 일반적인 외교로 한정될 수 없는데, 왜냐하면 그것은 '나라와 나라 사이의 관계가 아닌 통일을 지향하는 과정에서 잠정적으로 형성되는 특수 관계'로서, 이미 그들의 관계 속에 둘을 하나라로 합치려는 의지와 욕망을 함축하고 있기 때문이다. 따라서 이 둘에게 '무관심'해지길 강요하는 '분단국가 하에서의 평화체제'는 오히려 역으로 '동일성'을 향한 욕망을 자극시켜 강제라도 자신의 욕망을 실현하고자 하는 '타나토스'를 발동시킬 것이다. 이렇게 된다면 분단체제 속의 평화는 '사상누각'이 될 수밖에 없다.

그러므로 우리는 다시 남북기본합의서에 제시되어 있는 '특수 관계'로 되돌아가 남북관계를 사유할 수밖에 없다. 여기서 남북관계는 '나라와 나라 사이의 관계가 아닌 통일을 지향하는 과정에서 잠정적으로 형성되는 관계'로서 현재의 분단 상태를 승인하면서도 '통일'을 만들어 가는 두 주체로 남과 북의 두 가지 권력체제를 인정함으로써 '목표로서의 통일'을 '과정으로서 통일'과 '결과로서 통일'이라는 상호 변증법적 발전으로 바꾸어 놓고 있다. 여기서 '분단'은 장기적으로 '통일'을 만들어 가는 현재의 모순을 지칭하며 '통일'은 이 모순을 극복 지양하는 목표로 재설정된다. 따라서 남북교류협력의 중요성이 극대화되는 것은 바로 이와 같은 '과정으로서 통일'과 '결과로서 통일'이라는 두 가지 '통일' 개념이 변증법적으로 결합되는 곳이라고 할 수 있다.

3. 남북교류협력에서 작동하는 사랑과 증오의 변증법: 민족적 리비도의 좌절과 '치유'

현재 남북관계에서 교류협력이 가변적이고 예측불가능성을 가지고 있는 이유는 남북의 '만남'이 이런 두 가지의 통일 개념을 상호 변증법적으로 결합시키는 것이 아니라 오히려 서로에 대한 불신과 적대성을 강화시키는 계기로 작동하기 때문이다. 그렇다면 왜 남북의 만남은 이런 식의 역효과를 생산하면서 끊임없이 긍정적 만남을 좌절시키는가? 바로 이 점에서 다시 우리가 사유해야 할 것은 '사랑과 증오의 변증법'이다. 사랑하는 사람들은 서로의 만남을 쉽게 단절시키기 못한다. 그래서 사랑하는 사람들은 그런 관계의 지속이 비록 더 많은 좌절과 고통을 가져다주더라도 그것을 쉽게 끊어버리지 못하고 어떤 식으로든 만남의 끈을 유지하려고 한다.

마찬가지로 남과 북의 관계는 끊어버린다고 끊어질 수 있는 성질의 것이 아니다. 왜냐하면 앞에서 이미 말했듯이 남과 북의 관계는 미국, 중국, 유럽의 여러 나라들과 맺는 관계와 달리 서로 무심해질 수 없는 데, 이것은 남과 북의 관계에는 특별한 감정이나 욕망이 작동하고 있기 때문이다. 한반도의 근대화는 '민족=국가'라는 하나의 국민국가를 건설했던 서구와 달리 일제 식민지 지배를 경과하면서 '민족=국가'를 만들지 못했다.

게다가 서구에서 민족=국가란 '상상된 공동체'였지만 한반도에서 민족=국가는, 적어도 고려시대 이후 한 지역에서 하나의 정치공동체를 이루고 살아온 '역사적 국가'라는 기반을 가지고 있었다. 따라서 한반도에서의 민족≠국가라는 한민족의 역사 속에서 형성되어 온 민족적 리비도(national libido)가 만들어 내는 욕망인 '민족=국가'의 좌절은 일제 식민지 지배 이후 우리 민족의 욕망을 억압하는 심대한 '상처(trauma)'를 남겼다.

또한, 이런 점에서 우리는 남과 북이 겪은 '6·25전쟁'을 포함하는 분단의 비극을 사유해야 한다. 독일의 분단이나 우리의 분단은 동일하게 '동서냉전'의 산물이라고 할 수 있다. 하지만 독일은 '전쟁'이라는 극단적 폭력 없이 분단되었음에도 불구하고 한반도는 '골육상쟁'이라는 '전쟁'이라는 극단적 폭력을 경험해야 했던 것은 오히려 통일을 향한 욕망이 더 강력하고 거대했기 때문이다. 마찬가지로 현재 동서냉전체제의 해체와 더불어 독일은 통일로 나아갔으나 한반도가 그렇지 못한 것은 그 욕망의 강렬함이 오히려 상호 간의 적대성을 강화하는 방식으로 작동하기 때문이다.

프로이트는 이와 관련하여 리비도가 만들어 내는 이중의 변증법, 에로스와 타나토스의 변증법에 대해 말한 바 있다. 생명과 사랑의 욕망인 '에로스'를 작동시키는 이드(Id)는, 그것이 좌절되는 지점에서 '동일화의 욕망'을 실현하기 위해 죽음과 증오의 욕망인 '타나토스'로 전화된다. 마찬가지로 한반도의 분단체제에도 이와 같은 변증법이 작동하고 있는 것이다. 따라서 문제는 '만남'이 아니라 '만남'의 근본적 욕망인 '민족국가를 향한 민족적 리비도'의 욕망이 '생명과 사랑의 욕망'인 '에로스'적 욕망이 되어 흐르도록 남북교류협력의 틀을 바꾸어 가는 것이다.

그렇다면 실질적인 남북교류협력의 시대를 열기 위해 우리는 어떻게 해야 하는가? 첫째, 남북관계의 불가예측성과 돌발성을 타자에 대한 적대감이나 이해불가능성으로 바꾸는 것이 아니라 그것의 기제에서 흐르고 있는 민족적 리비도의 흐름을 파악하고 참고 인내하는 과정이 필요하다. 독일어로 정열 또는 열정은 'Leidenschaft'로, 여기서 'Leiden'은 '시달린다'는 뜻을 가지고 있다. 사랑은 그냥 주어지지 않는다. 그것은 서로 시달리는 고통과 인내의 과정을 필요로 한다. 따라서 불가해하게 주어지는 사태의 가변성과 돌발성을 이해불가능한 어떤 것으로 간단히 치부하는 것이 아니라 그 기저에 흐르는 '사랑'의 왜곡을 보고 그 '사랑'이 에로스적인 것이 될 수 있도록 상호관계를 조절하는 과정이 필요하다.

둘째, 바로 이런 점에서 남과 북은 양쪽 모두에 대해서 '타자'이다. '타자'는 나에게 낯선 어떤 것이자 내가 손아귀에 넣었다고 생각하는 순간, 내 손으로부터 빠져나가는 어떤 것이다. 그러나 나에게 낯선 어떤 것, 때론 무시무시하고 기괴한 어떤 것과 대면하고 관계를 맺을 때에만 우리는 존재의 확장과 생명을 얻을 수 있다. 이런 점에서 '분단의 기괴성', '남과 북의 이질성과 낯섬'에 대면해야 하는 용기와 정열을 가져야 한다. 그리고 '휴전선'이 가진 모호성과 양가성(兩價性)을 인문적 가치의 창조와 민족 공동체의 건설이라는 관점에서 트라우마를 치유하고 적극적인 연대를 생성하는 소통을 만들어 가려는 자세가 필요하다.

셋째, 현재 남북의 만남을 적대성으로 바꾸어 놓는 핵심이 분단이 남긴 상처와 관련되어 있다는 점을 파악하고 이런 상처들을 덧나게 하는 것이 아니라 오히려 우리의 비극적인 고난의 역사를 우리 자신의 역사를 통합시키면서 함께 고통을 나누고 '치유(healing)'하는 방향을 모색해야 한다. 현재의 남북관계는 골육상잔의 비극을 타자에게 전가하고 분단국가에게 자신의 욕망을 전이시키는 구조와 관련되어 있기 때문에 남은 북을, 북은 남을 가해자로 전치시키면서 '복수의 심리'를 키우는 것이 아니라 오히려 우리 모두가 피해자라는 관점 속에서 양쪽의 고통을 함께 보듬어 가는 접근방식이 필요하다.

프로이트는 '반복강박증'과 '공포증'의 원인을 '실재적 불안(realistic anxiety)', '신경증적 불안(neurotic anxiety)'에서 찾았다. 그러나 '분단의 트라우마'는 '실재적 불안'과 '기억의 환기'를 통해서 작동한다. 남과 북의 정치·군사적 대립과 분단과 전쟁을 환기하는 구조는 끊임없이 상대와의 유대감을 파괴하며 '공포'를 현재적인 것으로 바꾸어 놓는다. 따라서 분단의 트라우마를 치유하는 과정은 사회구조적 차원에서 남과 북의 정치-군사적인 평화와 유대, 소통의 틀을 만들어 내는 과정 없이 제대로 작동할 수 없다. 바로 이런 점에서 남북관계의 안정성, 남북교류협력의 안정성을 확보하기 위해 1972년 7·4 남북공동성명에서 남북이 최초로 합의하고 2004년 이루어진 남북 상호 간의 비방이나 중상을 금지한 사례는 매우 중요한 실천적 행위에 속한다고 할 수 있다.

넷째, 그러면서도 남북교류협력이 지향해야 하는 지점은 남북의 비극적 역사를 한반도 전체의 역사로, 자신의 삶으로 통합시키는 것이 되어야 한다. 라캉이 말했듯이 존재의 통합적 삶은 자신의 비극적 과거를 자신의 삶으로 통합시킴으로써 가능해진다. 따라서 무엇보다 중요한 것은 남과 북이라는 분단국가가 서로 결핍되어 있는 존재라는 점, 그리하여 분열적인 민족의 삶과 고난을 자기서사로 통합하는 것이다. 귄터 그라스가 말했듯이 한반도는 '일본의 지배'라는 '공통의 수난의 역사'를 공유하고 있다. 따라서 남북교류협력은 나머지 반쪽을 자신의 역사로 통합하는 통합서사를 만들어 가는 과정으로서 이루어져야 한다. 이런 점에서 남북교류협력은 반쪽짜리 조선학과 한국학의 대립을 넘어서는 상호 공통의 서사를 만들어 가는 과정이라고 할 수 있다.

다섯째, 바로 그렇기 때문에 남과 북이라는 분단체제가 '국민 만들기'를 통해서 생산해 온 자신의 '신체'가 분단된 사회적 신체라는 점을 인식하고 양자 모두가 분단된 사회적 신체에서 나오는 무의식적인 행위양태나 태도들을 항상 경계하면서 그것을 극복하려는 자세가 필요하다. 분단은 단순히 두 국가의 적대적 대립만을 생산하는 것이 아니다. 분단국가는 자신의 결핍을 봉합하기 위해서 '정통성 경쟁'을 통해서 한반도에 존재하는 유일한 국가로 자신을 재생산해야 했다. 따라서 '상징자본'을 독점하고 있는 국가는 분단의 책임과 전쟁의 상처를 가지고 있는 국민들의 아픔을 타자에게 전가함으로써 제반 분단의 의식적 형태들을 만들어 왔다. 조선학 또는 한국학이라는 두 개의 분열된 학문의 체계는 이것을 보여 준다.

그러므로 여섯째, 남북교류협력은 정치-경제적 교류만이 아니라 통일의 사회적 신체를 만들어 가는 전 방위적인 교류협력, 즉 학문, 체육, 문화 등의 모든 장(field)에서 필요할 뿐만 아니라 그 주체 또한 남 또는 북이라는 국가가 아니라 남과 북의 각 장에 존재하는 다양한 '시민'들이 되어야 한다. 남과 북은 근본적으로 정치-경제적 체제 대립을 벗어나기 힘들다. 이것은 그들이 '민족'을 대표하지만 그것은 어디까지나 정치적인 대표체로서 '국민'에 의해 제한될 수밖에 없기 때문이다. 그러나 한반도에서 국민은 민족과 동일하지 않을 뿐만 아니라 분단의 상처와 적대성은 바로 이와 같은 국민과 민족의 괴리에서 나오는 것이다. 따라서 남북교류협력은 '국가'의 차원이 아니라 '민족'의 차원에서 만들어 가려는 자세가 필요하다.

4. 남북교류협력에서 소통의 자세: '가르치고 배우며' '공통성'을 생산하는 대화

통일한반도의 미래상은 남과 북의 차이와 결핍, 모순을 인정하고 그 속에서 서로의 상태를 지양하는 과정 속에서만 생산될 수 있다. 따라서 그것은 과정으로서 통일과 결과로서 통일이 상호변증법적으로 종합되는 합의를 만들어 내는 소통 속에서만 작동할 수 있다. 1991년 남북기본합의서에 따라 이루어진 특수 관계에서 나온 남과 북의 변증법적 종합의 사례는 일반적으로 2000년 두 정상이 만나 합의한 '남북공동선언문'에서 찾을 수 있다. 여기서 두 정상은 그동안 대립적이었던 남과 북의 통일안에 대해 다음과 같은 합의를 이끌어 냈다. "남과 북은 나라의 통일을 위한 남측의 연합 제안과 북측의 낮은 단계의 연방제안이 서로 공통성이 있다고 인정하고 앞으로 이 방향에서 통일을 지향시켜 나가기로 하였다."

물론 이런 합의안이 실질적으로 통일을 만들어 내거나 실질적으로 통일을 가능케 하는 방법의 전부는 아니다. 하지만 이런 합의의 정신이 가지고 있는 기본적인 특징은 남과 북이 서로 '다름'을 인정하고 그 속에서 '공통성'을 찾으려고 했다는 점에 있다. 여기서 그들이 찾아낸 공통성은 첫째, 그들의 소통과 합의의 과정이 단순히 타자가 나와 다르다는 '차이'에 대한 인정에 머문 것이 아니라 그 차이를 적극적으로 극복하려는 자세를 가졌기 때문이다. 이 합의를 둘러싼 여러 논쟁들이 있지만 그럼에도 불구하고 이런 합의가 가진 정신은 모든 만남이 긍정적이고 생산적인 만남이 되기 위해서 반드시 필요한 전제에서 출발하고 있다. 일반적으로 자신의 존재 가치를 인정받지 못하는 자는 자신의 모든 존재성 자체를 박탈당하기 때문에 이에 강력하게 저항할 수밖에 없다. 따라서 나의 가치나 규범, 정서, 문화를 가지고 타자를 자신의 틀에 맞추려고 하는 것은 타자를 무시함으로써 그 관계의 지속성을 해치며 오히려 부정적 효과만을 생산할 뿐이다. 이런 점에서 긍정적 만남이 가능하기 위해서는 타자가 가지고 있는 가치와 정서, 문화에 대한 인정뿐만 아니라 적극적으로 그것을 이해하고 수용하려는 배움의 자세 속에서 '대화'를 만들어 가야 한다.

둘째, 바로 이런 점에서 남과 북의 만남이 만들어 내는 '소통'의 패러다임은 타자의 타자성을 인정하고 그 속에서 통일한반도라는 미래의 공동체를 위한 공통규칙을 생산하는 과정이 되어야 한다. 일반적으로 사람들은 '역지사지(易地思之)'와 같이 서로의 입장을 바꾸어 보면 서로를 이해할 수 있다고 말한다. 그러나 남과 북의 소통은 이런 차원으로부터 보다 근본적인 지형으로 더 나아가야 한다. 왜냐하면 남과 북의 분단체제는 상호 적대성이라는 정서적이고 무의식적인 차원에서 증오감뿐만 아니라 60년 동안 적대적 분단체제에 의한 생산된 자신들만의 합리적 규칙들과 가치-문화-정서들을 축적해 왔기 때문이다. 따라서 여기서 이루어지는 '역지사지'와 같은 사유와 대화 방식은 '자신이 이해할 수 있는 것'만을 이해하는 '독백'으로 떨어질 수밖에 없다.

이미 가라타니 고진은 특정한 규칙을 공유하고 있는 사람들 사이의 대화는 '자기대화', '독백'이라고 규정한 바가 있다. 남쪽이나 북쪽 사람들 내부에서 이루어지는 대화는 '자기대화'이다. 그러나 남과 북의 대화는 자기대화로 풀 수 없다. 왜냐하면 여기서는 서로 공유하는 '대화의 공통규칙'이 없기 때문이다. 따라서 문제는 이런 공통규칙이 없는 상황에서 우리가 어떻게 생산적인 대화나 토론을 가능하게 할 것인가이다. 이런 점에서 남북의 소통은 '역지사지'를 넘어서 타자의 다름을 적극적으로 배우고 나 자신의 다름을 적극적으로 가르치려는 '가르치고 배우는 비대칭적 커뮤니케이션'을 전개할 필요가 있다. 여기서 배우는 자는 남에게 북, 북에게 남이며 가르치는 자 또한 남에게 북, 북에게 남이어야 하며 이런 상호 가르치고 배우는 과정을 통해서 공통규칙을 만들어 가야 한다.

그러나 이런 공통규칙을 만드는 과정이 보편적 가치와 분리되어 있는 것은 아니다. 일반적으로 사람들은 공통규칙을 만드는 과정을 보편화의 과정과 분리되어 있는 것으로 생각하는 경향이 있다. 이것은 사람들이 보편가치나 보편화의 원리를 이미 우리에게 주어진 것으로 간주하기 때문이다. 여기서 인권, 자유, 평등과 같은 가치들은 이미 주어진 전제가 된다. 그러나 이런 가치들은 동일한 내용을 가지고 있는 것이 아니다. 우리가 오늘날 가지고 있는 인권, 자유, 평등의 가치는 근대 자유주의에 의해 만들어진 것이다. 따라서 공통규칙이나 보편적 가치는 미리 주어진 것이 아니라 특정한 시대를 살아가는 사람들이 창조적으로 생성해 가는 것이다.

바로 이런 점에서 셋째, 통일한반도의 민족공통성을 만들어 가는 소통에서의 보편화 원리를 다시 생각해 볼 필요가 있다. 자유, 평등, 민주주의, 인권 등에 관한 가치는 현대인에게 주어져 있는 보편적 가치라고 할 수 있다. 그러나 남과 북이 보는 자유, 평등, 민주주의, 인권의 내용은 다를 수 있으며 그것을 접근하는 방식 또한 다를 수 있다. 의사소통의 문제는 여기서 발생한다. 그러나 만일 이와 같은 가치들을 서구적인 방식으로 그대로 적용하여 일반화한다면 의사소통은 단절될 수밖에 없다. 따라서 문제는 남과 북이 가지고 있는 독특한 논리적 어법과 소통적 절차를 지킬 필요가 있다.

예를 들어 북의 주체사상은 '인간은 자주성, 창조성, 의식성을 가진 주체'라는 점에서 출발한다. 그런데 주체사상을 관념론적이라거나 이데올로기라고 치부함으로써 그들에게 우리의 논리적 문법을 따르라고 할 때 대화는 중단된다. 따라서 문제는 이들의 주체사상을 전면적으로 거부하고 그 밖에서 그에 대한 비판을 제기하는 방식보다는 '인민을 위한 주체사상'이라는 방식으로, 그들의 어법을 따라 주체사상의 원리를 보편화하는 의사소통이 필요하다. 따라서 그들이 사용하는 어법을 따라 그들의 우리의 이야기를 던지고 그들이 가지고 있는 문제들에 대한 비판적 물음을 제기함으로써 소통의 고리를 만들고 공통의 규칙, 보편화된 규칙을 만들어 가려는 '소통'의 자세가 필요하다.

물론 많은 사람들은 북과의 소통이 어렵다는 것을 알고 있다. 그러나 그렇다고 여기에 서로를 묶는 어떤 끈이 없는 것은 아니다. 만일 이런 끈이 없다면 우리는 '공통규칙'을 생산하는 대화를 지속적으로 전개할 수 없을 것이다. 넷째, 바로 이런 점에서 남과 북의 소통과 만남에서 서로를 연결해 주고 묶어주는 끈이 있는데, 그것이 바로 '남도 북도 아닌 한반도'라는 미래에 건설되어야 할 민족공동체로서, 모든 한민족의 역량이 발휘되는 통일국가의 건설이다. 남과 북이 특수 관계인 것은 바로 이와 같은 민족공동체의 차원에서 보면 남과 북 모두 다 분단국가로서 '민족 전체'를 포괄하지 못한 민족≠국가라는 분열을 가진 결핍된 존재라는 점에 있다. 따라서 서로의 결핍을 극복하고 나아가고자 하는 남과 북의 대화를 만들어 내는 욕망은 '통일한반도'라는 민족공동체에 대한 열망으로 이어져 있다.

그러나 이런 열망은 '남북교류협력'에서 그 의도와 달리 전혀 상반된 결과를 유발할 수도 있다. 일반적으로 이전까지 민족주의 통일론은 역사적으로 정치-생활-문화를 공유해 온 공동체가 가지고 있는 내재적인 가치와 문화적 원형을 고수하면서 그 속에서 동질적인 정체성, 동일성을 추구하는 경향이 있었다. 그러나 이렇게 하나의 잣대로 환원되는 동일성의 논리, 동질성의 회복이라는 관점은 오히려 타자의 차이를 이질적인 것으로 단죄하고 배제함으로써 '만남'을 생산적인 것이 아니라 오히려 수동적이며 부정적인 것으로 바꾸어 놓는다. 따라서 '만남'이 '민족공통성(national commonality)'을 생산하는 것이 되기 위해서는 '타자의 타자성'이 가지고 있는 '차이들'이 만나서 그 관계성 속에서 형성되는 '공통성'을 창조하는 과정으로 이해할 필요가 있다.

여기서 '공통성'은 '민족적 원형'과 같은 어느 하나의 잣대를 준거점으로 가지고 있지 않으며 오히려 다양한 차이들이 만나 미래적인 것으로 자신들을 생성하는 것이다. 비트겐슈타인이 말했듯이 '가족

유사성'은 서로 닮지 않은 것이 하나도 없지만 서로 닮아 있는 것이다. 가족구성원들의 코나 입, 이마, 귀, 손, 발 등 어느 하나도 서로 똑같은 것은 없다. 하지만 그들은 전체적으로 닮아 있다. 마찬가지로 남과 북, 해외동포들을 포함하여 한민족의 닮음은 각기 다르다. 하지만 그럼에도 불구하고 그들은 전체적으로 '한민족'이라는 특징을 공유하고 있다. 따라서 이와 같은 관점에서 이루어지는 '남북교류협력'은 일반적인 교류협력과 달리, '민족국가'의 건설이라는 욕망에 근거하여 분단국가로서의 자신의 결핍을 인정하고 그 속에서 서로를 가르치고 배우면서 '통일한반도'라는 미래의 민족공동체를 만들어 가려는 자세에서 출발하는 것이라고 할 수 있다.

넷째, 바로 그렇기 때문에 남북교류협력의 틀을 남과 북이라는 두 개의 틀에 맞추는 것이 아니라 한민족 전체의 차원으로 확장시켜서 상호 간의 네트워크를 구축할 필요가 있다. 이번 건국대학교 통일인문학연구단에서 조사한 재중 조선족, 재러 고려인, 재일 조선인의 민족정체성을 보면 그들 나름의 민족적 동일성을 향한 욕망을 가지고 있음을 보여 주고 있다. 특히, 이번 조사결과를 보면 민족정체성이 강할수록 한국이나 한국인으로부터 받는 상처가 강하다는 것이 드러난다. 이것은 곧 그들이 한국이나 한국인으로부터 특별하게 차별받기 때문이 아니라 한민족이라는 정체성 또는 욕망에 부합하는 대우가 이루어지고 있지 않기 때문이라는 것을 의미한다. 따라서 이들을 여타의 다른 나라에서 온 종족들과 같이 대우할 것이 아니라 그들의 욕망을 고려한 '만남', 특히 그들의 지정학적 위치를 고려한 남북교류협력의 확대방안을 생각해야 한다.

현재 한민족의 해외 거주 인구는 약 720만 명으로 세계에서 네 번째이며 본국거주민 대비 비율로는 약 10%로, 유대인을 제외하고 세계에서 가장 높은 비율을 보이고 있다. 그런데 이와 같은 높은 비율의 해외동포가 거주하고 있는 지역의 분포도를 보면 대부분 특정 국가, 그것도 한(조선)반도를 중심으로 대립하고 있는 미-일 남방 삼각과 중-러

북방삼각의 국가들에 집중적으로 분포하고 있다는 지정학적 특징을 가지고 있다. 중국(1위, 2,704,994명), 미국(2위, 2,176,998명), 일본(3위, 904,806명), 독립국가연합(4위, 535,679명)에 거주하는 해외동포는 전체 해외동포 중 약 87.98%를 차지하며 그중 미국을 제외한 한반도 주변 극동지역에 거주하는 거주자 비율은 약 57%이다. 따라서 이들은 미래의 통일한반도를 건설하는 주요한 자산이라고 할 수 있다.

그리고 이런 점에서 남북교류협력은 남과 북이라는 한반도를 벗어나 한반도와 연결되는 지정학적 특성을 따라 확장될 필요가 있다. 물론 이 경우, 무엇보다 중요한 것은 재외동포들을 남과 북의 체제경쟁을 위한 도구나 통일을 위한 도구로 삼는 것이 아니라 그들의 지정학적 특성을 고려하여 남북교류협력과 연결되는 지점을 찾고 이를 연결시키는 것이라고 할 수 있다. 예를 들어 재러 고려인의 경우에는 'TKR-TSR의 연계를 통한 상호발전에 관한 구상' 및 '한국, 조선, 러시아 3국 간의 농업협력의 새로운 모델의 구축' 등을 고려해 남북교류협력의 틀을 만들고 재중 조선족의 경우에는 연변조선족자치주를 중심으로 한 '한국, 조선, 중국 간의 접경지역 경제협력' 등을 구상해 가는 것이다. 따라서 새로운 남북교류협력의 시대는 해외동포들까지를 포함하는 서로의 차이들을 연결시키면서 통일한반도라는 미래의 공통규칙을 창출해 가는 '확장된 남북교류협력'이 되어야 한다.

5. 나가며: 남북교류협력의 규제적 이념으로서 '사람의 통일'

오늘날 우리가 다시 남북교류협력의 시대를 열기 위한 실천에 나선다면 그것은 앞에서 본 바와 같이 남북관계의 특수성에서 출발한 남북교류협력이 되어야 할 뿐만 아니라 남과 북이라는 한반도를 벗어나 해외, 특히 극동지역에 거주하는 해외동포들까지 포함하는 남북교류협력이 되어야 한다. 그러나 이런 남북교류협력의 외연적 확장만이 새로운 남북교류협력의 시대를 열 수 있는 충분조건은 아니다. 오히려 보다 중요한 것은 그런 만남이 질적으로 생산적이면서 긍정적인 효과를 창출할 수 있는 것이 되어야 한다. 이런 점에서 새로운 남북교류협력의 시대는 '사람의 통일'이라는 규제적 이념 속에서 작동되어야 한다.

일반적으로 사람들은 통일을 남과 북이라는 두 개의 적대적이거나 이질적인 체제의 통합으로만 생각하는 경향이 있다. 그러나 분단체제는 단순히 두 분단국가의 체제 대립이나 경쟁으로 환원될 수 없다. 왜냐하면 분단체제는 거기에 살고 있는 사람들의 마음과 몸에 아로새겨지는 분단의 흔적들을 남기기 때문이다. 따라서 단순히 두 이질적인 체제를 통합하는 정치경제적인 체제 통합은 분단을 극복하고 통합된 사회를 창출하는 방향으로 나아가는 것이 아니라 오히려 통일독일의 초기 경험처럼 사회적 갈등과 분열을 가속화하는 결과를 낳을 수도 있다. 이런 점에서 통일은 단순한 체제 통합의 문제가 아니라 두 체제에서 전혀 다르게 살아온 사람의 가치-정서-문화를 통합하는 '사람의 통일'에 관한 문제이다.

마찬가지로 남북교류협력의 증가도 그것이 야기하는 효과는 하나의 방향만 가지고 있는 것이 아니다. 오히려 그것은 서로의 불신과 적대성을 키우는 방향으로 작동할 수 있다. 이런 점에서 남북관계에서 이루어지는 남북교류협력은 복병이 곳곳에 산재해 있는 문제라고 할 수 있다. 게다가 남북관계는 역사적으로 형성되어 온 '민족적 리비도'의 강렬한 민족통일의 열망과 다른 관계와 달리 '형제애'와 같은 독특한 '에로스'적 감정에 기반하고 있다는 점에서 그것의 박탈이 가져올 상황은 정반대의 파괴적 효과를 내재하고 있다. 따라서 새로운 남북교류협력의 시대를 열기 위해서는 단순히 '통일'에 대한 열정만으로 되는 것이 아니라 현실적으로 주어진 조건을 냉정하게 파악하면서 나아가는 자세가 필요하다.

특히, 이와 같은 자세에서 가장 중요한 것은 '과정으로서 통일'과

'결과로서 통일'의 변증법을 이해하고 현재의 분단국가체제가 실효적으로 지배하고 있는 현실로부터 출발하는 것이다. 그리고 그 현실로부터 타자의 타자성과 차이를 상호 긍정과 인정, 그리고 배움의 '소통'으로 바꾸어 가는 것이다. 그러나 그렇다고 이와 같은 차이의 인정과 분단국가의 현실적 대립, 그리고 분단 상황에 대한 인정이 단순한 분단체제의 관리나 평화로만 귀결된다면 그것은 오히려 역효과를 유발할 수도 있다. 따라서 '과정으로서의 통일'과 '결과로서의 통일'이 상호 변증법적인 발전 과정을 통해서 결합되어갈 수 있는, 남북관계와 남북교류협력에서의 규제적 이념을 설정할 필요가 있다.

남북관계 또는 남북교류협력은, 그것이 본질적으로 통일을 지향하는 관계라는 점에서 현실적으로 남과 북이라는 두 개의 분단국가를 인정한 위에서 상호 소통과 협력의 체제를 만들어 간다고 하더라도 그들을 묶는 하나의 공통적인 기반이자 끈을 가지고 있으며 그것이 바로 '규제적 이념으로서 사람의 통일'이라고 할 수 있다. '사람의 통일'은 남북교류협력을 남과 북이라는 두 개의 체제 사이에서 이루어지는 교류협력이 아니라 해외동포를 포함하여 사람들의 만남이 '민족공통성'을 생산하는 과정이 되는 것이다. 물론 이 과정에서 무수한 다툼과 오해, 분란의 복병들을 만날 수밖에 없을 것이다. 하지만 그럼에도 불구하고 '사람의 통일로서 규제적 이념'은 한반도의 통일이 단순한 체제 통합이 아니라 특정한 가치와 정서, 문화를 통합하는 것이라는 점에서 장기적이면서도 많은 인내와 시간을 필요한 작업이라는 점을 명심할 필요가 있다.

그러므로 남북교류협력의 새로운 시대를 열기 위해서는 더 이상 하나의 한반도를 상상할 것이 아니라 해외동포들을 포함하는 복합적 통일국가를 상상해야 하며 둘째, 통일을 일회적인 사건이 아니라 '과정'으로, 그것도 한반도에 살고 있는 한민족뿐만 아니라 해외동포들까지를 포함하여 독특한 가치와 정서, 문화를 가진 사람들의 통일이라는 '규제적 이념' 속에서 차이를 민족공통성 생산의 자원으로 바꾸어 가는 '소통'과 '협력'의 체계를 고안해 가야 한다. 이런 점에서 '다름의 공존'은 '무관심'이 아니라 적극적인 연대를 위한 소통의 출발점이 되어야 하며 '통일방안이나 통일한반도의 미래상'은 현재 고정되어 있거나 전제되어야 하는 것이 아니라 통일을 만들어 가는 과정 속에서 창조되어야 할 미래기획적인 작업으로 남겨두는, '개방적이면서도 미래생산적인 남북교류협력이 되어야 한다.

통일의 인문적 비전

: 소통으로서 통일론

박영균

1. 들어가며: 통일론, 무엇이 문제인가?

통일은 논리는 매우 단순하다. 그것은 한(조선)반도에 하나의 국가
가 아니라 두 개의 국가가 서로 분열되어 싸우고 있기 때문에 이를
극복하고 하나의 통일국가를 만든다는 것이다. 하나의 통일국가를
만드는 것은 두 개의 서로 다른 국가를 하나로 통합하는 것이다. 따
라서 이제까지 주류를 형성했던 통일 논의는 주로 서로 다른 체제를
가지고 있는 두 국가를 통합하는 관점에서 다루어져왔다. 그러나 이
런 단순한 국가체제 중심의 통일론은 그 이론적 단순성과 명료성에
도 불구하고 현실적으로는 그 역의 효과를 생산하는 경향이 있다.
대표적으로 남과 북의 국가에 의해 주도되는 통일론들이 그러했다.

역사적으로 8·15 이후 해방정국에서 이승만에 의해 주도되었던
'국토회복론'과 '무력에 의한 북진통일', 그리고 북의 김일성에 의해
주도되었던 '민주기지론'과 '민족해방전쟁론'은 결국 6·25전쟁으로

귀결되었으며 1972년 남북정상이 최초로 합의한 '7·4 남북공동성명'이 남북의 화해-협력이 아니라 오히려 남의 '유신 독재'와 북의 '주체사상의 유일화'로 귀결되었다. 물론 이와 달리 평화통일을 모색했던 경우도 있다. 하지만 이 경우에도 장면 정부의 '대한민국 헌법절차에 의한 유엔감시 하의 인구비례에 따른 남북한 총선거'라는 통일방안이 보여 주듯이 실질적으로 북을 대화와 협상의 상대자로 인정하지 않기 때문에 이미 그 안에는 '상호 적대성'이 함축되어 있다.

게다가 이런 상호 적대성은 남과 북이라는 두 분단국가 사이에서만 작동하는 것이 아니다. 이런 상호 적대성은 분단국가 내부의 '국민(subject)'를 통제하는 기제가 된다. 국민은 국가 구성원이면서도 역사적으로 민족 구성원이다. 따라서 그것은 곧 민족통일에 대한 통제가 될 수밖에 없다. 박정희 정부는 대북 불승인과 대북협상 불가라는 입장에서 반공법을 제정하고 남북학생회담을 주장하는 학생들을 검거하고 비정부통일론을 철저하게 통제했다. 그렇다면 왜 정부는 '비정부통일론'을 탄압했으며 정부 주도의 통일론으로 일원화하고자 했던 것일까? 그것은 바로 통일을 '분단국가'의 관점에서 바라보기 때문이다. 여기서 '통일'을 호명하는 주체는 분단국가 그 자신이다.

그러나 그렇기 때문에 분단국가의 통일은 자기 모순적이다. 왜냐하면 통일은 두 개의 분단국가가 지배하는 현재의 상태를 지양하고 민족의 국가를 건설하고자 하기 때문이다. 그러나 그렇게 되었을 때, 분단국가의 국민들은 새로운 통일국가의 국민이 되어야 한다. 여기에 하나인 것처럼 보이는 국민과 민족 사이의 균열이 있다. 따라서 분단국가의 입장에서는 그들 국가의 이 둘 사이의 균열을 봉합하기 위해서 통일 또한 민족을 국민국가의 국민으로 통합시키는 차원에서 접근할 수밖에 없다. 즉, 그들은 통일에서의 위치 선점을 통해 통일국가의 주인이 되고자 하는 정통성 경쟁을 벌일 수밖에 없다.

강만길은 통일을 하자고 하면서도 서로 간의 화해와 협력을 모색하는 것이 아니라 오히려 분단국가의 관점에서 서로의 정통성을 내세우면서1) 적대를 생산하는 것을 '분단국가주의'2)라고 규정했다. 따라서 국가 주도의 체제 통합적 통일 논의가 상호 적대성으로 전화하는 것은 필연적이다. 왜냐하면 분단국가의 입장에서 보면 한(조선)반도에서 정치적으로 정통성을 가지고 있는 국가는 오직 자신뿐이어야 하기 때문이다. 이 때문에 이들의 입장에서 분단이란 '정통성이 없는 상대'가 한(조선)반도의 반쪽을 불법적으로 점거하고 있는 것이며 통일이란 이런 불법적 강점 상태를 극복하는 것이다. 이것은 설사 '남북의 화해와 타협'을 주장한다고 해서 바뀌는 것은 아니다.

박정희 정부는 '선건설후통일론'을 내세워 '통일'을 부차화했으나 전두환 정부는 '민족화합민주통일방안'을 제창하면서 분단 이후 처음으로 남북이산가족고향방문단과 예술단의 서울, 평양 교환방문을 진행하였다. 이후, 남쪽 정부가 추구하는 큰 틀에서의 통일방안은 '자주, 평화, 민족대단결'의 3대 원칙 하에 신뢰구축협력 → 남북연합 → 단일민족국가건설을 제시한 노태우 정부의 '한민족공동체통일방안'으로 수렴되었다. 김영삼 정부의 '민족공동체통일방안'이나 김대중-노무현 정부의 통일정책은 이의 구체화 및 수정·보완이라고 할 수 있다.3) 하지만 남북 화해와 타협을 내세우는 이런 통일방안들의 경우에도 통합의 주체는 항상 '분단국가 자신'이었다. 이 '자신'은 '국가'이지만 '민족'을 결여하고 있는 '결손국가(a broken nation states)'4)이다.

---

1) "분단시기 역사인식의 대표적 예가 정통론이다. 남과 북의 정부가 각각 자신의 정부만이 합법적이고 한국 전체를 대표하는 중앙정부고 상대방의 정부는 괴뢰 또는 괴뢰집단이라고 주장하는 것이다."(서중석, 『배반당한 한국민족주의』, 성균관대학교출판부, 2004, 25쪽)

2) '분단국가주의'는 분단국가를 민족의 대표자로 표상하면서 그 안에서 통일을 사고하는 것이다. 이에 강만길은 '통일민족주의'를 제시하고 있다. 통일민족주의는 한반도 주민 전체를 하나의 역사공동체·문화공동체로 인식하면서 민족 간에 평화적, 호혜적, 대등적 통일의 길을 열어 가는 것이다(강만길, 『우리 통일, 어떻게 할까요』, 당대, 2003, 165쪽).

3) 이런 평가는 정부가 공식적으로 내세운 '통일방안'만을 다루었을 때 성립하는 것이다. 그 구체적인 실현이나 정부의 의지는 이와 다르다. 김대중 정부의 6·15 공동선언은 이런 대표적인 사례이다. 이에 대한 논의는 이 글의 3장에서 다루고 있다. 그러나 여기서는 논의의 초점을 공식적으로 정부가 내세운 통일 방안만을 맞추고 있음에 유의해야 한다.

4) 임현진·정영철, 『21세기 통일한국을 위한 모색』, 서울대학교출판부, 2005, 1쪽.

그러므로 분단국가의 관점에서 통일을 보면 '민족'은 언제나 통제의 대상이 되어버린다. 그러나 통일은 민족의 통합이다. 그것은 단순히 체제가 다른 두 국가를 하나로 통합시키는 문제를 벗어나 있다. 민족의 통합은 두 개의 분단된 국가에서 각각의 국민들로 살아온 사람들을 하나의 통일국가에서 사는 국민으로 통합하는 문제이자 '상상된 공동체'로서의 민족적 열망을 실현하는 문제이기 때문이다. 게다가 한(조선)반도에서 살고 있는 한(조선)민족은 서구의 근대국가에 의해 상상적으로 구성되어 온 국가와 달리 적어도 고려 이후 하나의 '역사적 국가(historical states)'5)를 이루고 살아왔으며 한(조선)반도의 통일은 이런 역사성으로부터 통일의 내적 토양을 가지고 있다.

그런데도 이런 통일론들은 본질적으로 국가중심의 체제 통합을 벗어나지 못하기 때문에 결국 '분단국가주의'로 나아갈 수밖에 없다. 이런 통일론들은 두 국가 간의 통일 방안 및 통일국가가 원칙으로 삼아야 할 가치들을 자신의 관점에서 먼저 내세움으로써 기능주의적인 체제 통합 및 국가통합의 차원을 벗어나지 못하고 있을 뿐만 아니라 민족적 통일을 부차화하고 사람들의 분단과 그것을 통합시키는 문제들을 간과하고 있다. 바로 이런 점에서 남북분단을 극복하고 통일한(조선)반도를 건설하는 문제는 단순히 두 국가나 체제를 하나로 통합하는 문제를 벗어나 한(조선)반도에 살고 있는 '사람의 몸과 마음'을 통일하는, 즉 '사람의 통일'이라는 '통일의 인문적 비전'에 대한 연구에 기초할 필요가 있다.

---

5) Hobsbawn, Eric John, 강명세 옮김, 『1780년 이후의 민족과 민족주의』, 창작과비평사, 2008, 94쪽.

2. 국가우선적 시각과 기존 통일론의 한계

최완규는 '한민족공동체통일방안' 이후 제시되었던 김영삼 정부의 '민족공동체통일방안'을 다루면서 "그동안 '국가 우선적 시각'에 철저하게 경도되어 왔던 전두환 정부 이전의 통일론과는 달리 비정부 진영에서 선호해 온 '민족우선주의적 시각'을 상당부분 수용"함으로써 "흡수통일을 배제하고" 있음에도 불구하고 "사실상 북한의 항복 내지는 붕괴를 전제로 한 흡수통일을 최종목표로 하고 있다"고 진단하고 있다.6) 따라서 통일을 둘러싼 남·북의 적대적 대결 구도는 반복될 수밖에 없다.

하지만 그는 이것이 무엇 때문인가를 먼저 밝히기 이전에 연합제와 낮은 단계의 연방제 간의 수렴가능성에 탐구로 나아가고 있다. 그런데 문제는 이런 수렴가능성을 제안한다고 해서 이와 같은 대결 구도가 사라지지 않는다는 점이다. 왜냐하면 수렴가능성에도 불구하고 각자가 이해하는 수렴의 지점과 공통적인 가치에 대한 해석이 다르기 때문이다. 그렇다면 문제는 왜 이런 상호 극복을 이해하면서도 우리는 서로의 대립을 반복하는가이다. 우선, 그가 진단하듯이 역사적으로 한(조선)반도에서 통일론을 둘러싼 국가우선주의적 시각 대 민족우선주의적 시각은 정부 대 비정부의 대립으로 나타났다. 여기서 민족과 국가는 정부 대 비정부로 분열되어 있다. 이것은 정확히 "민족≠국가"7)라는 분단국가의 현실태와 일치한다. 남도, 북도 한(조선)반도에 살고 있는 '민족' 전체를 정치적으로 포괄하지 못한다. '통일'은 바로 이 지점에서 출발한다.

1992년 합의-발효된 〈남북기본합의서〉의 전문은 남북관계를 "나

---

6) 최완규, 「남북한 통일방안의 수렴가능성 연구: 연합제와 낮은 단계의 연방제」, 『북한연구학회보』6-1, 2002, 12~13쪽.

7) 류보선, 「민족≠국가라는 상황과 한국 근대문학의 정치적 (무)의식」, 『한국 근대문학과 민족-국가 담론』, 소명출판사, 2005, 24쪽.

라와 나라 사이의 관계가 아닌 통일을 지향하는 과정에서 잠정적으로 형성되는 특수 관계"로 규정하고 있다. 이것은 곧 남과 북에 현실적으로 존재하는 국가는 반쪽짜리 국가로서, '잠정적으로 존재하는 국가'라는 것을 의미한다. 즉, 분단국가는 존재론적으로 그것이 '민족'을 표상하는 한에서 민족의 반쪽인 남 또는 북을 지배할 뿐 민족 전체를 포괄하지 못하는 '반쪽짜리 국가'인 데, 한(조선)반도의 통일은 바로 이런 반쪽짜리 국가로서 남과 북의 국가를 넘어서 새로운 국가를 만드는 것이다. 그런데 이렇게 되었을 때, 그것은 논리적으로 현재의 남과 북이라는 두 개의 분단국가는 지양되어야 하며 자기 부정되어야 할 대상이라는 것을 의미한다. 이것은 '국가'의 자기보존이라는 코나투스를 위협하는 것이다.

분단국가의 두 얼굴은 여기서부터 파생된다. 한편으로 분단국가는 '우리는 한 민족'이라는 통일을 주장하면서도 다른 한편으로 '정통성 경쟁'을 통해서 자신만이 한(조선)반도의 유일한 적자임을 내세울 수밖에 없다. 따라서 분단국가의 '국가우선주의적 시각'은 분단국가에 내재적일 수밖에 없다. 한국 성립 초기에 '북의 불인정'과 '선건설 후 통일론'은 이런 분단국가의 코나투스를 보여 준다. 정부는 표면적으로 흡수통일을 배제하지만 자기를 보존하기 위해서 흡수통일을 최종 목표로 삼을 수밖에 없다. 반면 다른 한편으로, 현대국가의 주권은 그 국가를 구성하고 있는 사람들 또는 인민(people)에게 있다는 점에서 그 국가의 미래를 결정하는 것은 '국가'가 아니라 '국민(subject)'이라고 할 수 있다. 한국의 민주화와 '민중 또는 인민(people)'의 성장이 '국가우선주의적 시각'에 대항하는 '민족우선주의적 시각' 및 '북과의 대화-협상'이라는 통일론의 확산을 가져온 것은 이 때문이다.

또한, 바로 이런 역사적 상황으로 인해 통일의 주체를 보는 관점에서도 '국민'이 아니라 '인민'으로 강조점이 이동되어 왔다. 강만길은 '분단국가주의'를 비판하고 '통일민족주의'를 주장하면서 노동자, 농민, 지식인뿐만 아니라 일부 자산계급까지를 포함하여 민중이 주체가 되는 "계급연합 방법"을[8] 제안했으며 백낙청은 분단체제의 기득 권세력 대 시민 또는 민중을 포함하는 "변혁적 중도주의"[9] 및 "시민 참여형 통일"[10]을 제안했다. 또한, 송두율은 그런 시민조차 비판하면 서 민중을 통일의 주체[11]로 제안했다. 그러나 통일의 주체를 '계급연 합, 시민, 민중' 그 어떤 것으로 제시하는가와 무관하게 이들의 논의 가 가지고 있는 한계가 있다.[12] 여기서 간과하고 있는 것은, '국민'이 자연적으로 존재하는 '사람들 또는 인민'과 동일하지 않으며 특정한 사회역사적 기제 속에서 생산된 사람들이라는 점이다.

즉, 국가는 '국민 되기'를 실행함으로써 자연적으로 형성된 사람들 의 삶을 특정한 정치체제 내부로 통합한다. 여기서 '국민'은 주체 (subject)이지만 특정한 '목적 또는 대상(ob)'에 종속(sub)되는 자이다. 따라서 그들은 주체이지만 다른 한편으로 신민, 백성(subject)이기도 하다. 이것은 국가의 물리적 장치들만을 통해서 작동하는 것이 아니 다. 국민은 국가에 의해 정치·경제·이데올로기적으로 구성된 자들이 다. 이것은 국가가 상징자본의 독점체로서[13] '물리적-상징적 장치' 이기 때문이다. 따라서 남북의 분단체제는 단순히 국가 간의 분열과 대립만으로 환원되지 않는다. 그것은 남과 북의 '분단'을 내재화한 국민들 사이의 분열과 대립을 함축한다.

'분단체제'라는 시스템 또한 단순히 남과 북이라는 두 개의 적대적

---

8) 강만길, 「통일사관 수립을 위하여」, 『역사비평』 16호, 역사비평사, 1991 참조.

9) 백낙청, 『한반도식 통일, 현재진행형』, 창비, 2006, 31쪽.

10) 백낙청, 『어디가 중도며 어째서 변혁인가』, 창비, 2009, 69쪽.

11) 송두율, 『통일의 논리를 찾아서』, 한겨레신문사, 1996, 57~62쪽.

12) 이와 같은 논의는 마치 국가를 배제한 민족중심의 민족주의적 통일론을 지지하는 것처럼 보일 수 있다. 그러나 이것은 여기서의 논의가 정부의 통일론에 맞추어져 있기 때문이다. 국가에 대립적인 민족 중심의 통일론에도 문제는 있다. 이에 대한 비판은 이 글의 4장에서 다루어지고 있다. 또한, 이 글은 국가를 배제한 민족통일론을 지지하지 않으며 오히려 국 가가 민족적 통일의 관점에서 민족 간의 교류-협력 및 소통을 강화하는 역할을 강조하고 있다.

13) "국가는 일정한 영토와 이에 상응하는 인구 전체에 대해 물리적이고 상징적인 폭력을 합법적으로 사용하는 독점권을 성공적으로 요구하는 X(결정력이 있는)"이다(Bourdieu, Pierre, 김웅권 옮김, 『실천이성』, 동문선, 2005, 118~119쪽).

국가가 만들어 내는 '상호의존성', '거울상의 반영 효과', '부정적 통합'을 통해서만 작동하는 것이 아니라 그것을 만들어 내는 사람들, 즉 자신의 몸과 마음이 분단되어 있는 사람들을 토양으로 하여 작동한다. 분단체제의 아이러니는 이런 분단체제의 작동 방식으로부터 주어진다. 남·북 간의 긴장과 갈등, 대립과 적대성의 강화는 한(조선)반도에서 사는 사람들의 삶의 평화와 안정의 파괴를 의미한다. 그럼에도 불구하고 남·북 내부에서 사람들은 '전쟁의 위험성'을 고양시키는 행위들을 한다. 이것은 남·북 분단이 단순한 체제의 분단이 아니라 '사람의 분단'이라는 점을 보여 주고 있다. 따라서 분단국가주의적 시각은 '분단국가'에 의해 위로부터 강제되는 것이 아니라 그 나라의 '국민들'을 통해서 아래로부터 재생산된다.

그러나 이런 몸과 마음의 분단은 '무'에서 창조되거나 누군가에 의해 인위적-허구적으로 만들어지는 것은 아니다. 그것은 언제나 특정한 역사적 사건들을 계기로 하여 그것을 인간의 마음속에 담는 기억이라는 시간에 기초한다. 따라서 이런 몸과 마음의 분단은 분단이라는 역사적 사건들이 사람들에 미친 영향이 낳은 효과이자 이런 외적 환경에 대응하는 사람들의 반작용이 낳은 결과라고 할 수 있다. 예를 들어 8·15 이후 분단은 '통일 민족국가 건설'이라는 욕망을 좌절시켰으며 이런 좌절은 '분단의 트라우마'[14]와 이에 대한 방어기제로서 타자에 대한 증오와 원한 감정에 기초한 적대성을 생산했다. 여기서 통일 민족국가 건설의 좌절이라는 자책감을 감추고 6·25전쟁이라는 동족상잔의 죄의식을 감추는 기제는 '타자'에게 모든 책임(원인)을 떠넘기는 '원한 감정'을 이용한 '코드화'이다.

한(조선)반도에 살고 있는 사람들이 가진 분단의 트라우마는 분단국가의 결핍, 즉 민족≠국가라는 어긋남을 감추면서 근대적인 '국민

---

14) 이를 한(조선)반도의 '역사적 국가'와 민족적 리비도 및 분단의 트라우마와 관련하여 다룬 논의는 김성민·박영균, 「분단의 트라우마에 관한 시론적 성찰」, 『시대와 철학』 21-2, 한국철학사상연구회, 2010 참조.

만들기'를 수행하는 핵심 기제가 작동했다. '상기하자 6·25'라는 구호처럼 6·25전쟁이라는 과거를 현재화함으로써 우리의 원한감정은 끊임없이 재생산되며 상징자본의 독점체로서 국가는 이런 의례들의 일상화를 통해서 '분단의 아비투스'15)를 사람들의 신체에 체화한다. 바로 이런 점에서 두 개의 분단국가의 통합이라는 차원 이면에서 작동하고 있는 '민족이라는 상상된 공동체의 통일', 즉 '사람들의 환상적 삶-공동체'를 사유하는 '통일의 인문적 비전'은, '분단된 사람들의 몸과 마음'을 다루며 분단의 트라우마를 치유하면서 '통일의 사회적 신체' 및 남과 북 사이에서 '연대와 우애의 아비투스'를 형성할 수 있는 통일론을 사유해야 한다.

물론 통일은 현실적으로 국가 간의 통합으로 나아갈 수밖에 없기 때문에 남북 체제 및 구조, 그리고 정치-외교적 통일정책 및 국제관계와 정세들을 다루어야 한다. 그러나 남과 북이라는 두 국가를 둘러싸고서 전개되는 국제적인 환경과 두 국가의 대응전략, 그리고 통일에 대한 두 국가의 정치군사 및 체제 통합적 전략을 중심으로 한 통일론은 어느 한 체제에 거주하는 사람이 양자 사이의 대화-협상의 과정을 상정하면서 이후 건설되어야 할 통일한(조선)반도의 가치와 제도, 절차, 이념 등을 다루기 때문에 자신이 소속되어 있는 국가의 상징체계를 성찰하지 않는 경향이 있다. 게다가 이런 통일론은 자신의 아비투스 안에서 각각의 가치들을 서열화하고 그런 가치들을 중심으로 통일한(조선)반도의 미래상을 '관념적으로' 추상화하면서 각자 자신에게 익숙한 가치들을 중심으로 분단국가 사이의 대립을 생산하는 경향이 있다.

예를 들어 남쪽의 경우, '자유 민주주의'를, 북쪽의 경우에는 '반외

---

15) 분단의 아비투스와 관련하여 다룬 논의는 박영균, 「분단의 아비투스에 관한 철학적 성찰」, 『시대와 철학』, 한국철학사상연구회, 2010 참조. 또한, 분단의 트라우마 및 분단의 아비투스와 관련된 쟁점들을 다룬 논의는 박영균, 「분단의 사회적 신체와 심리 분석에서 제기되는 이론적 쟁점」, 『시대와 철학』 21-2, 한국철학사상연구회, 2012 참조.

세 자주'를 통일한(조선)반도의 상으로 주장하면서 이를 통일을 위한 전제로 설정하고 있다. 그러나 이 때 이해되는 자유와 자주는 각기 자신의 입장에서 이해된 가치들을 일방적으로 제기한 것일 뿐이다. 따라서 이와 같은 통일론들은 그들의 의도와 달리 각기 자신이 소속되어 있는 국가의 아비투스를 그대로 재생산하면서 '분단국가주의'를 강화할 뿐이다. 노태우 정부의 '한민족공동체 통일방안'도, 김영삼 정부의 '민족공동체통일방안'도 북을 대화의 상대로 인정하고 있지만 이런 통일론은 '자유민주주의'를 전제하기 때문에 실제로는 '남'의 정통성 속에서 '북'을 인정하지 않고 있으며 역으로 북의 '고려민주연방제통일안'도 '남한사회의 민주화' 및 '외세 배격'을 전제로 하고 있기 때문에 마찬가지의 결과를 낳는다.

게다가 통일은 특정한 행위의 과정들이 낳는 결과라고 할 수 있기에 경로의존적이며 어떻게 하는가에 따라 그 미래상은 달라질 수밖에 없다. '결과로서의 통일'은 '과정으로서의 통일'에 종속적이다. 물론 그렇다고 '결과로서의 통일'이 아무런 가치를 가지고 있지 않다는 것은 아니다. '결과로서의 통일'은 상상된 공동체로서의 통일 한(조선)반도라는 '민족공동체'를 만들어 내는 통일국가라는 점에서 언제나 규제적 이념으로 작동하는, 어떤 가치들을 함축하고 있다. 그러나 이런 규제적 이념이 일방의 국가에 의해 제시될 때, 그 이념은 필연적으로 '남 또는 북'의 편향적인 아비투스들 속에서 분단의 적대성을 재생산할 수밖에 없다. 따라서 남의 연합제와 북의 낮은 단계의 연방제의 수렴가능성이라는 두 개의 통일론을 이상적으로 종합하는 이전에 먼저 '타자의 타자성'이 가지고 있는 차이에 대한 이해와 소통을 통해서 그 차이들을 나누고 소통을 통해서 통일의 미래적 상을 구축해 가는 '소통으로서 통일론'으로 전환할 필요가 있다.

3. 소통의 통일론: 배우고 가르치는 비대칭적 소통

역사적으로 남과 북의 소통을 보여 준 역사적 사례는 2000년 '남북공동선언문'일 것이다. 남·북의 두 정상은 "남과 북은 나라의 통일을 위한 남측의 연합제안과 북측의 낮은 단계의 연방제안이 서로 공통성이 있다고 인정하고 앞으로 이 방향에서 통일을 지향시켜 나가기로 하였다"에 합의했다. 이것은 남과 북의 두 체제가 서로 다른 통일론을 가지고 있음에도 불구하고 통일로 나아갈 수 있는 공통의 출발점을 찾았다는 점에서 역사적 의미를 가지고 있다. 따라서 남북 사이의 개방적인 '소통'은 통일을 위한 출발점이라고 할 수 있다. 그러나 그렇다고 대화가 곧 서로의 이해를 넓히거나 상호 공통의 합의를 이끌어내는 것은 아니다. 어떤 대화는 오히려 그전보다 더 적대적인 관계로 서로를 바꾸어놓기도 한다. 따라서 중요한 것은 '두 정상의 대화'가 아니라 '어떤 자제로 수행되는 대화'인가이다.

먼저 남과 북이 상호 합의에 도달할 수 있었던 것은 두 국가의 정상이 국가보다는 '민족'이라는 관점에서 통일을 접근했기 때문이다. 이는 남북공동선언문 첫째 항목인 "남과 북은 나라의 통일문제를 그 주인인 우리 민족끼리 서로 힘을 합쳐 자주적으로 해결"한다는 합의에서 나타나고 있다. 물론 '자주적'이라는 표현을 둘러싼 남과 북의 해석 상 차이가 존재한다. 그럼에도 불구하고 남과 북의 두 정상은 적어도 통일과 관련해서는 '민족적 관점'을 취했기 때문에 분단국가주의적인 시각으로부터 벗어나 '합의'를 이끌어낼 수 있었다. 따라서 여기서 두 정상의 상호 대화에서 전제하고 있는 것은 한 국가의 정상이면서도 그런 국가의 결핍, 즉 민족의 결여를 인정하고 남북관계를 서로에 대해서 타자를 자기 안에 포함하고 있는 특수 관계라는 점을 수용하고 있다는 점이다.

역사적으로 특수 관계는 '7·4 남북기본합의서'에 이미 표현된 바가 있다. 여기서 남북관계는 국가 간의 관계이면서도 통일을 지향하는 특수관계이다. 따라서 그것은 일반적인 국가 관계로 환원될 수 없는, 독특성을 가지고 있다. 이것은 '분단국가주의적 시각'에서 나올 수 있는 것이 아니다. 왜냐하면 분단국가주의는 오직 자기 국가의 정통성만을 주장하면서 자신의 '결핍'을 감추고자 하기 때문이다. 따라서 이와 같은 특수관계에 대한 승인은 '국가'가 아니라 '민족'의 관점에 서야만 비로소 이루어질 수 있다. 게다가 국가의 관점에서 보자면 중요한 것은 두 국가 간의 이해 타산적 판단이며 두 국가 간의 거래이다. 그러나 민족의 관점에서 보자면 보다 중요한 것은 '형제애'이다. 따라서 민족의 관점에서는 자신의 결함을 드러내면서도 상호 협력을 추구할 수 있다. 이런 점에서 송두율은 '6·15 남북공동선언문'을 '자기 안의 타자'를 바라보는 인식의 전환 및 해석학적 전환이 이루어진 역사적 사건으로 평가하고 있다.[16]

'남이냐 북이냐'의 논리는 분단국가주의적 시각에서 남과 북 중 어느 한편을 선택하도록 하기 때문에 이 속에서 대립과 적대성을 생산한다. 그러나 '자기 안의 타자'는 '남과 북'이라는 논리로, 한(조선)반도를 전체적으로 사유하는 새로운 인식의 전환을 만들어 낸다. 그것은 "'남' 속에 '북'이 들어 있고 '북' 속에 '남'이 들어 있다는 '상호성'을 전제"하기 때문이다.[17] 따라서 이와 같은 '자기 안의 타자'라는 개념은 남과 북이 대립하고 있는 '체제와 이념을 넘어서' 한(조선)반도를 전체적으로 사유하는, 즉 "'북한 살리기'나 '남한 살리기'의 양자택일 아니라 '남북한 다 살리기'라는 인식의 전환"[18]을 만들어낼 수 있었다. 하지만 이것만으로 남·북의 소통이나 대화가 온전하게 이루어질 수 있는 것은 아니다. 민족적 동일화의 욕망은 통일을 가능하게 하는 힘이지만 '우리는 하나다', '남과 북은 동일하다'는 강한 열망을 불러일으킴으로써 역으로 분단의 세월 동안 변화되어 온 차

---

16) 송두율, 『경계인의 사색』, 한겨레신문사, 2002, 91쪽.
17) 송두율, 『민족은 사라지지 않는다』, 2000, 한겨레신문사, 128쪽.
18) 송두율, 『통일의 논리를 찾아서』, 한겨레신문사, 1995, 235쪽.

이를 부정하도록 만들 수도 있기 때문이다.

바로 이런 점에서 송두율은 'A=A'라는 동일성이 A와 'A 아닌 것' 사이에 '제3'이 있을 수 없다는 배중률을 동반한다고 하면서 통일철학으로, 동일성에 근거한 통일철학이 아니라 오히려 "배제하고 동시에 통합하는 제3'의 무엇을 지향하고자 하는 '경계인'의 삶"19)을 주장하고 있다. "'경계인'은 기존의 경계선을 허문다. '경계인'은 (…중략…) 이쪽과 저쪽이 모두 숨을 쉴 수 있는 틈을 만드는 사람이다. 이 틈을 열고자 경계인은 이쪽 안에서 저쪽을 발견하고 저쪽 안에서 이쪽을 발견"한다.20) 따라서 경계인은 통일에서 가장 중요한 두 가지 핵심 가치인 '다름의 공존'과 '과정으로서의 변화'를 추구한다.21) 6·15 공동선언은 바로 이런 송두율의 철학을 구현하고 있는 사례라고 할 수 있다. 그럼에도 불구하고 송두율이 제시하는 통일철학의 한계는 그의 소통이 합리성 안에서 이루어진다는 점이다.

그는 '자기 안의 타자'나 '해석학적 순환'에 따른 '역지사지'의 방법22)을 남북소통의 기본적인 준거틀로 제시하고 있다. 물론 이것은 양자 모두가 합리적으로 자신을 돌아보면서 대화를 하도록 한다는 점에서 합리적인 소통을 만들 수 있다. 그러나 문제는 남북관계가 이런 합리성 위에서만 작동되지 않는다는 점이다. 남북은 역사적으로 분단의 과정에서 6·25전쟁과 이데올로기 대립이라는 동족상잔의 비극을 경험했다. 이 비극은 민족적 동일성의 열망이 불어온 비극이라고 할 수 있다. 그러나 사랑도 그것이 너무 강하면 폭력으로 전화되고 폭력적인 동일화의 욕망은 서로에게 더 깊은 마음의 상처를 남긴다. 그리고 그 상처는 서로의 관계를 더욱 비합리적으로 만든다.

---

19) "상생, 자기 속의 타자, 과정, 합리적 대화, 그리고 평화를 주된 내용으로 하는 저의 통일철학을 실현하기 위해 '배제하고 동시에 통합하는 제3'의 무엇을 지향하고자 하는 '경계인'의 삶."(송두율, 『미완의 귀향과 그 이후』, 후마니타스, 2007, 62쪽)

20) 위의 책, 101쪽.

21) 위의 책, 279쪽.

22) 송두율, 『경계인의 사색』, 한겨레신문사, 2002, 104~105쪽.

따라서 복잡한 가족사를 가진 형제들의 관계가 합리적이지 않듯이 남북관계도 합리적이지 않다.

그렇다면 어디에서 출발해야 하는가? 가라타니 고진이 입장에서 보면 송두율이 제시하는 '자기 안의 타자'라는 관점에서 이루어지는 대화는 '독백'이라고 할 수 있다. 왜냐하면 그의 입장에서 보았을 때, 내가 가지고 있는 언어규칙이나 문법을 가지고 대화를 한다면 그것은 비록 두 사람 사이의 대화라고 할지라도 '대화'가 아니며 '자기 대화'로서 '독백'이라고 할 수 있기 때문이다.[23] 독백은 혼잣말을 하는 경우에만 성립하는 것은 아니다. 비록 다른 사람과 대화하더라도 그것을 자신이 가지고 있는 방식으로 읽고 이해한다면 그것은 본질적으로 '내 안에서 이루어지는 내성적인 대화, 자기 대화'일 뿐이다. 따라서 고진의 입장에서 보면 송두율이 제기하는 역지사지 또한 나를 미루어 반성하는 것은 '나'를 중심으로, 여전히 '내 안에서 타자'에 근거하여 대화를 하기 때문에 '독백'을 벗어나지 못한다.

예를 들어 송두율은 통일의 규범적 가치로 다음의 6가지 테제를 제시한 적이 있다. ① "전쟁이 있어서는 안 된다"는 평화의 철학, ② "함께 변화하는 변증법적인 성격"을 가지는 대화의 철학, ③ "연대성(Solidarität) 속에서 집합적 단수로서 우리를 확인"하는 연대의 철학, ④ 실체가 아닌 관계를 통해 변화를 모색하는 과정의 철학, ⑤ "과거의 고향으로의 단순한 회귀가 아니라 미래를 끌어당기는" 희망의 철학, ⑥ 미래 세대에 대한 책임을 성찰하는 "책임의 철학"이 그것이다.[24] 이런 6가지의 테제가 남북 분단을 넘어서 통일로 나아가는 데 서로가 공유할 수 있는 가치들이라는 점에는 별다른 논란의 여지가 없을 수 있다.

하지만 문제는 이런 가치들에 대한 합의에도 불구하고 '평화, 대화,

---

23) 가라타니 고진, 송태욱 옮김, 『탐구』 1, 새물결, 1998, 82쪽.
24) 송두율, 『전환기의 세계와 민족지성』, 한길사, 1991, 38~45쪽.

연대, 과정, 희망, 책임'이라는 가치를 현재의 문제들과 관련하여 이해하고 해석하는 문제는 남는다는 점이다. 송두율은 이 해석상 발생하는 문제를 간과하고 있다. 올 3~4월 한(조선)반도에서 남과 북의 군사적 대치상황은 '전쟁 전야'를 방불케 했다. 하지만 그들 모두가 내세운 것은 '평화'의 가치였으며 서로 쌍방에 대해 비난한 것도 '호전성'이었다. 그렇다면 문제는 '평화'라는 가치를 쌍방이 받아들이는 데 있지 않다. 문제는 '평화'라는 단어의 의미를 그들의 사회-역사적 맥락에서 서로 다르게 사용하고 있다는 점이다. 따라서 남북의 진정한 평화와 통일을 위해서 필요한 것은 '평화', '민주', '자유', '평등' 등의 추상적 가치들에 대한 합의가 아니라 그런 가치들이 지니고 있는 의미들을 나누는 남북의 소통이다. 바로 이 점에서 고진이 말하는 '대화'는 시사하는 바가 있다.

우리는 일반적으로 대화를 대등한 두 사람 간의 대칭적인 것으로 본다. 그러나 그는 대화를 상호 대칭적인 것으로 보는 것이 아니라 오히려 그와 정반대로 "가르치고-배우는 비대칭적 관계"25)로 규정하고 있다. 즉, 남과 북의 소통은 내가 알고 있는 '평화', '자유', '평등', '민주', '인권', '생태'와 같은 인문적 가치들이 가지고 있는 의미를 괄호 안에 묶고 '남'이 가진 의미를 '북'에 가르치고 '북'이 가진 의미를 '남'에 가르침으로써 '남'과 '북'은 그것들 각각이 가지고 있는 의미를 그들의 콘텍스트 속에서 이해하고 그 속에서 상호 간의 소통을 만들어 가는 것이다. 여기서 '가르침'과 '배움'은 비대칭적이지만 남이 가르칠 때는 북이 배우는 자가 되며 북이 가르칠 때는 남이 배우는 자가 된다는 점에서 상호적이다.

그런데 혹자는 이렇게 되면 서로 상대주의나 관점주의에 빠지게 되어 합의에 이르지 못하는 것이 아닐까 하는 의문을 가질 수 있다. 그러나 이 때 양자가 가지고 있는 '규칙'은 각자가 생각하는 규칙일

---

25) 가라타니 고진, 송태욱 옮김, 『탐구』 1, 새물결, 1998, 14~16쪽.

뿐이다. 따라서 그것은 양자가 공유하고 있는 공통의 규칙이 아니다. 그렇다면 양자가 공유하는 규칙이 없는데 어떻게 상호 간의 게임을 진행할 수 있는가? 고진은 여기서 우리의 통념을 뒤집는다. 그것은 바로 규칙을 언어 게임의 전제로 삼는 것이 아니라 사후적으로 발견되는 것으로 사유하는 것이다. 그렇게 되면 규칙은 소통 이전에 전제되는 것이 아니라 '가르치고 배우는 과정'을 통해서 "사후에 발견"26) 되는 것이다. 즉, 현재의 통일론들처럼 자유, 민주, 자주, 인권, 생태, 평화 등의 인문적 가치들을 미리 전제한 이후, 그 위에서 구성되는 '국가연합'이나 '연방제'가 아니라 오히려 '가르치고 배우는 과정으로서 소통'을 통해서 상호 구성적으로 '규칙'을 발견해 가는 것이다.

그러므로 소통으로서의 통일론은 과거지향적인 것이 아니라 미래지향적이다. 한(조선)반도의 통일이라는 민족사적 과제는 한(조선)반도 내에 두 국가가 대립함으로써 민족≠국가라는 어긋남의 극복으로부터 제기된다. 이 점에서 통일은 이미 지나간 시간, 곧 일제식민지 이후 어긋났던 민족≠국가의 균열을 극복하는 것으로서, 과거와 관련되어 있다. 그러나 이것은 일제 식민지 이전의 민족=국가로 돌아간다는 것을 의미하는 것이 아니다. 왜냐하면 민족≠국가라는 어긋남은 20세기 한(조선)반도가 직면했던 근대화의 결과이면서도 그 결과는 한(조선)반도 내적으로 이전과 다른 변화들을 창출했으며 오늘날 우리가 당면하고 있는 국제환경은 그 때의 국제환경과는 다르기 때문이다. 따라서 소통으로서 통일론은 새로운 규칙의 생성을 '민족공통성'의 창출이라는 차원에서 바라본다.

이종석은 한(조선)반도의 통일을 내적으로 "단순한 혈연 및 언어의 공통성을 넘어서 어떻게 단일한 공통의 내적 삶의 구조를 만들어 갈 것인가"하는, "단순히 혈족결합"을 넘어선 "새로운 민족국가건설 프로젝트"로 규정27)하고 있으며 송두율은 오늘날 급변하는 외적 환경

---

26) 위의 책, 45쪽.

과 관련하여 "민족 간 내부거래"를 토대로 건설될 "한국적 복지사회", "남북을 하나의 민족국가로 볼 수 있는 상호인정의 정치(Politik der Anerkennung)"[28]로서, "민족통일은 단순히 '과거'로 돌아가는 것이 아니라 미래지향적인 창조행위"이며 "'지역적'인 사건이 아니라 '지구적'인 의미를 일구어내는 사건"[29]으로 규정하고 있다. 바로 이런 점에서 미래지향적인 창조행위로서 통일은 '민족동질성의 회복'이라는 과거지향적 개념이 아니라 '해외 코리언들을 포함한 남북이 가지고 있는 차이들이 소통을 통해서 생성하는 새로운 규칙, 즉 민족공통성(national commonality)'을 창출하는 것이라고 할 수 있다.

4. 나가며: 통일의 미래, 통일의 인문적 비전을 위하여

송두율은 통일을 '미래의 고향'을 만들어 내는 것이며 백낙청은 '복합국가'를 창설하는 것이라고 말한 바 있다. 이것은 통일이 일제 식민지 지배 이후 분열되었던 민족≠국가의 어긋남을 극복하는 것이지만 그 극복이 '회복'이라는 과거지향적인 것이 아니라 '생성(창조)'이라는 미래지향적이라는 것을 의미한다. 통일은 결국 두 분단국가 간의 통일로 나타난다고 하더라도 그것은 민족 간의 결합을 통해 건설되는 통일국가이기 때문에 그것의 근원적 토대는 '민족공동체'일 수밖에 없다. 민족공동체는 민족적인 호혜적 관계로부터 나온다. 따라서 첫째, 남북의 통일은 국가만이 아니라 민족의 구성원인 국민의 차원에서 남과 북의 소통을 창출하면서 '분단의 사회적 신체'를 '통일의 사회적 신체'로 바꾸어 가는, 전(全)민족적인 소통과 호혜적인 교류협력의 창출과정이 되어야 한다.

---

27) 이종석, 『분단시대의 통일학』, 한울아카데미, 1998, 20쪽.
28) 송두율, 『21세기와의 대화』, 1998, 한겨레신문사, 69쪽.
29) 송두율, 『민족은 사라지지 않는다』, 2000, 한겨레신문사, 129쪽.

그러나 민족적인 호혜적인 관계는 '민족'이라는 공동체적 환상을 불러오며 그것을 강화하기 때문에 역으로 서로에 대한 무시무시한 파괴적 힘이 될 수 있다. '사랑'이라는 욕망은 일반적인 사람들의 관계를 초과하는 특별한 어떤 것을 가지고 있다. 그것은 환상이다. 하지만 이것이 없다면 사랑은 아무것도 아니다. 사랑은 두 사람 사이의 관계를, 특별한 어떤 것, 내가 비록 잘못이 있더라도 내 편에 서주길 바라며 이해타산을 벗어나 어려울 때 도움을 주는 관계라는 환상을 불러일으킨다. 송두율이 말하는 '남북한 다 살리기'는 이런 특별한 관계가 가지고 있는 욕망을 반영한다. 이런 점에서 남북관계는 한국–일본, 한국–독일, 한국–미국과 맺는 '이해타산적인 상호주의'와는 다르며 '이해관계를 벗어나 타자를 위해 자신을 베푸는 호혜주의'를 포함하고 있다.

하지만 이런 호혜주의는 특별한 감정, 민족애를 동반하기 때문에 더 강력한 동일화의 욕망을 불러일으킨다. 남북관계의 기괴성은 이로부터 나온다. 왜냐하면 이런 동일화의 욕망이 좌절되며 에로스(삶-생성충동)는 타나토스(죽음-파괴충동)로 전화하며 형제애적 사랑은 오히려 더 강력한 증오가 되며 타자를 절멸시키거나 자신을 파괴하는 파괴적 충동이 되기 때문이다. 따라서 민족애적 사랑, 형제애에 대한 강조만을 내세우는 '민족 간의 통일'이라는 원칙만으로 한(조선)반도의 통일론은 제대로 세워질 수 없다. 통일론이 남북의 적대성을 생산하는 것이 아니라 화해와 협력, 평화를 창출하는 것이 되기 위해서는 오히려 둘째, 남과 북이 다르다는, 동일성의 환상 안에 몰입하는 것이 아니라 내가 가진 사랑의 감정에 일정한 거리감을 유지하는 '거리두기'가 필요하다.

그러나 이것이 쉬운 것은 아니다. 왜냐하면 통일을 만들어 가는 힘은 '동일화'를 향한 '민족애'로서, 민족애적 동일화의 욕망은 근본적으로 사라질 수 있는 것이 아니기 때문이다. 우리는 사랑하기 때문에 특정한 사람의 삶에 간섭한다. 그러나 그 간섭이 때로는 그 사람이 가지고 있는 '타자성'을 무시하거나 '차이'를 지우는 '폭력'을 낳기도 한다. 히틀러의 국가사회주의(Nationalsozialismus)는 'Nation'으로 표현되는 '민족애'로 인종적 광기와 전쟁이라는 폭력을 조장했다. 따라서 통일론은 나로부터 출발하는 통일론이 아니라 '타자의 타자성'으로부터 출발하는 통일론이라는, 그리하여 '가르치고 배우는 비대칭적 의사소통'을 통해서 통일한(조선)반도의 새로운 규칙을 생성한다는 '소통'의 관점으로 전환할 필요가 있다.

여기서의 '소통으로서 통일론'은 남과 북의 만남과 의사소통, 협력을 만들어 가는 '과정으로서 통일'에서만 작동하는 규제적인 원리가 아니다. 오히려 그것은 '과정'을 벗어나 '통일한(조선)반도의 미래상'을 만들어 내는 '결과로서 통일'에도 작동하는 규제적 원리이다. 여기서 '다름', '차이'는 미래의 한(조선)반도를 만들어 내는 생성의 힘이다. 동일한 두 개체의 만남은 서로가 같기 때문에 거울상의 반영처럼 서로를 그대로 반사할 뿐, 새로운 그 어떤 것도 만들어낼 수 없다. 그러나 '차이'는 그 둘의 만남에서 양자의 관계와 관계하는 두 개체를 바꾼다. 따라서 차이는 배제-억압되어야 할 것이 아니라 오히려 공명-접속-변용을 통해 새로운 통일국가의 헌법을 만들어 내는 힘이며 그 '차이'를 배우고 가르침으로써 새로운 '민족의 공통성'을 생산하는 것이 되어야 한다.

바로 이런 점에서 셋째, 소통으로서 통일은 차이의 다양성들이 공감-접속-변용을 통해서 새로운 규칙을 생성하는 '민족공통성의 창출'하는 통일론이라고 할 수 있다. 그것은 다름 아닌 민족≠국가의 어긋남을 공유하고 있는 재외 코리언들을 포함하여 '자유, 평등, 인권, 생태, 성' 등의 가치에 대한 의미를 '괄호 안에 묶고' '가르치고 배우는 과정'을 통해서 생성해내는 것이다. 남이 내세우는 연합제 통일방안은 '민주'를 전제하고 있다. 또한, 북이 내세우는 통일방안인 고려연방제는 1980년대 들어 '민주'라는 가치를 포함하는 '고려민주연방제'로 바뀌었다. 따라서 둘은 서로 가까워진 것처럼 보인다. 그러나 북이 내세우는 '민주'와 남이 생각하는 '민주'는 다르다. 따라서 남은 북이 서로가 내세우는 '민주'는 진짜이고 상대의 '민주'는 가짜, 허위적인 가치라는 점을 끊임없이 들추어내고자 한다.[30)]

그러나 이렇게 되었을 때, 소통으로서 통일은 작동할 수 없다. 왜냐하면 각자 자신이 가진 아비투스 안에서 '민주'라는 가치를 말하기 때문이다. 게다가 이런 경우, '민주'라는 가치의 합의는 서로에게 더욱더 당혹스런 결과를 제공하며 서로를 그 반대의 경향, 즉 '타나토스'로 바꾸어놓을 수 있다. 따라서 소통으로서 통일론이 작동하기 위해서는 타자의 콘텍스트 안에서 그들이 말하는 '민주'의 의미를 최대한 배워서 먼저 파악해야 하며 그런 연후에 내재적이고 비판적인 사유를 통해서 통일방안이든 남북의 통일정책이든 만들어 가야 한다. 그리고 그렇게 되었을 때, '민주'는 남 또는 북의 일방적 주장이나 '독백'이 되지 않고 공통성을 만들어 내는 것이 될 수 있다.

이것은 우리가 오늘날 보편적인 가치라고 말하는 '자유', '평등', '인권', '성-소수자' 등의 가치에서도 마찬가지이다. 송두율이 말했듯이 "상대방을 향한 비판은 엄격한 자기비판을 전제로 할 때에만 공동으로 추구하는, 또 추구해야만 하는 보편적 가치도 드러난다."[31)] 왜냐하면 나는 내 안에서 나를 보기 때문에 나를 벗어날 수 없는 반면에 타자는 나와 달라서 나를 벗어나 나를 반추하는 '거울'이 될 수 있으며 나를 성찰하도록 만드는 '낯선 어떤 것'이 될 수 있기 때문이다. 따라서 '가르치고 배우는 소통'은 '분단의 트라우마'를 치유하고 우리 신체에 체현되어 있는 '분단의 아비투스'를 해체하면서 '통일의 사회적 신체'를 생산하는 핵심 기제이다. 바로 이런 점에서 소통으로서 통일론은 형제애라는 '동일화의 욕망'에서 출발하지만 언제나 그

---

30) 바로 이런 점에서 남과 북의 체제를 상호 지양하는 변증법적 통일론, 예를 들어 '사회민주주의'나 '복지국가론'과 같은 설계형 통일론도 동일하게 문제를 가지고 있다. 왜냐하면 문제는 남의 자유와 북의 평등이 대립하고 있는 것이 아니라 '자유', '평등'의 가치 그 자체를 둘러싸고서 남과 북이 대립하고 있기 때문이다.

31) 송두율, 『경계인의 사색』, 한겨레신문사, 2002, 166쪽.

둘은 서로 다른 차이를 가지고 있다는 '둘의 철학'으로부터 출발하며 그 '둘'을 통해서 보편적 가치를 찾아가는 통일론이라고 할 수 있다.

참고문헌

강만길, 「통일사관 수립을 위하여」, 『역사비평』 16호, 역사비평사, 1991.

_____, 『우리 통일, 어떻게 할까요』, 당대, 2003.

김성민·박영균, 「분단의 트라우마에 관한 시론적 성찰」, 『시대와 철학』 21-2, 한국철학사상연구회, 2010.

류보선, 「민족≠국가라는 상황과 한국 근대문학의 정치적 (무)의식」, 『한국 근대문학과 민족-국가 담론』, 소명출판사, 2005.

박영균, 「분단의 아비투스에 관한 철학적 성찰」, 『시대와 철학』, 한국철학사상연구회, 2010.

_____, 「분단의 사회적 신체와 심리 분석에서 제기되는 이론적 쟁점」, 『시대와 철학』 21-2, 한국철학사상연구회, 2012.

백낙청, 『한반도식 통일, 현재진행형』, 창비, 2006.

_____, 『어디가 중도며 어째서 변혁인가』, 창비, 2009.

서중석, 『배반당한 한국민족주의』, 성균관대학교출판부, 2004.

송두율, 『전환기의 세계와 민족지성』, 한길사, 1991.

_____, 『통일의 논리를 찾아서』, 한겨레신문사, 1995.

_____, 『21세기와의 대화』, 한겨레신문사, 1998.

_____, 『민족은 사라지지 않는다』, 한겨레신문사, 2000.

_____, 『경계인의 사색』, 한겨레신문사, 2002.

_____, 『미완의 귀향과 그 이후』, 후마니타스, 2007.

이종석, 『분단시대의 통일학』, 한울아카데미, 1998.

임현진·정영철, 『21세기 통일한국을 위한 모색』, 서울대학교출판부, 2005.

최완규, 「남북한 통일방안의 수렴가능성 연구: 연합제와 낮은 단계의 연방제」, 『북한연구학회보』 6-1, 북한연구학회, 2002.

Bourdieu, Pierre, 김웅권 옮김, 『실천이성』, 동문선, 2005.

Hobsbawn, Eric John, 강명세 옮김, 『1780년 이후의 민족과 민족주의』, 창비, 2008.

가라타니 고진, 송태욱 옮김, 『탐구』 1, 새물결, 1998.

남북의 통일원칙과 통일과정의 기본가치

: 민족과 평화

박영균

1. 들어가며: 통일의 기본가치와 원칙들의 정립 필요성

통일이란 두 개의 분단국가가 현재의 분단 상태를 극복하고 하나의 정치공동체로서 국가를 건설하는 것이라고 할 수 있다. 그렇기에 이제까지 진행된 연구들은 주로 남과 북의 국가가 어떤 식으로 두 체제를 통합하는 통일을 만들 것인가라는 '통일방안'을 중심으로 하여 이루어졌다. 그러나 '연합제냐 연방제냐'의 통일방안 연구는 한반도를 중심으로 하여 형성되는 국제정세 및 남과 북의 국내정세에 의해 가변적이기 때문에 아무리 가상적인 변수를 고려하여 '시나리오'를 짠다고 하더라도 모든 상황을 포괄할 수 없다. 게다가 이런 유동적인 상황에 대처할 수 있는 기본적인 관점을 제공하는 것은 통일을 임하는 '기본가치'와 그것을 만들어 가는 '원칙들'이다.

하지만 이를 다루고 있는 연구는 별로 없다.[1] 물론 어떤 사람들은 '자유, 민주, 복지' 등의 가치들을 들먹이면서 통일국가가 추구해야 할 가치들에 대한 연구들이 있다고 주장할지도 모른다. 그러나 이런 연구들은 근본적인 문제들을 가지고 있다. 첫째, 이런 연구들은 '통일방안'의 부수적인 상황으로, 곁가지로서 다루고 있을 뿐이며 둘째, 이런 가치들 중 많은 것들이 앞으로 건설되어야 할 통일국가의 상과 관련된 가치들과 뒤섞여 있어서 오히려 논의에 혼란을 주고 있다는 점이다. 마지막으로, 남쪽은 남쪽의 입장에서, 북쪽은 북쪽의 입장에서 자신들이 추구하는 가치와 원칙들을 제시하면서 그것을 정당화하면서 오히려 통일의 기본가치에 대한 논의들을 냉전적 대결 구도의 도구로 사용하고 있다.

그런데 이 중에서 가장 심각한 문제는 첫째와 셋째 문제이다. 왜냐하면 이런 식으로 남과 북이 제출하는 통일의 기본가치는 남과 북 양자가 공유하면서 그들이 함께 통일을 만들기 위한 가치들로 존재하는 것이 아니라 오히려 남쪽 내부, 또는 북쪽 내부에서 국민들을 통합하기 위한 수단으로 삼음으로써 오히려 남북 간의 냉전을 유발하는 가치들로 전락하고 있기 때문이다. 올 3월 28일 '드레스텐공과대학'에서 발표된 '한반도 평화통일을 위한 구상' 또한 마찬가지이다. 박근혜 대통령은 "Wir sind ein Volk!'(우리는 한 민족이다)"라고 선언하면서 '인도주의'와 '평화통일'을 북에 제안했지만 돌아온 것은 "대결과 전쟁을 추구하는 극히 불순한 모략각본"이라는 북쪽의 비난이었다.

바로 이런 점에서 통일의 기본가치를 연구하기 위해서는 일차적으로 남과 북이 공유할 수 있는 대상들을 연구 자료로 삼아야 한다. 남쪽 또는 북쪽이 제시한 통일방안들인 '민족화합민주통일방안', '한민족공동체통일방안', '민족공동체통일방안', '연방제통일방안'은 남

---

1) 매우 희소하기는 하지만 '통일의 철학적 원리'라는 전체 테마 아래서 이와 같은 통일의 기본가치와 원칙들에 대해서 다루고 있는 논문으로는 1997년 『철학연구』에 실린 4편의 논문이 있다. 이삼열, 「정치적 통일의 원칙과 철학적 담론」; 김강일, 「문화적 통일의 철학적 원리」; 류종근, 「경제적 통일의 철학적 원리」; 이우백, 「남북의 사회문화적 통합의 원리」, 『철학연구』 60, 대한철학회, 1997. 이 논문들이 모두 일관된 입장을 취하고 있는 것은 아니지만 전반적으로 민족지상주의와 동일성의 패러다임에 근거하고 있다고 할 수 있다.

과 북이 공유하고 있는 가치들에 근거하고 있는 것이 아니다. 따라서 통일의 기본가치에 대한 연구가 제대로 되기 위해서는 남과 북이 합의한 '합의문'들 속에서 통일의 기본가치와 원칙들을 추출해 가야 한다. 역사적으로 남과 북의 당국자들이 만나서 공식적으로 합의하여 발표한 '합의문'들은 1972년 〈7·4 남북공동성명〉, 1991년 〈남북기본합의서〉, 2000년 〈6·15 공동선언〉, 2006년 〈10·4 선언〉 등 4개라고 할 수 있다.

이 글은 바로 이와 같은 합의문들로부터 통일의 기본가치를 찾고 그들 간의 관계를 규명하고자 한다. 이 중에서도 〈7·4 남북공동선언〉과 〈남북기본합의서〉는 최초로 남북이 통일에 대해 합의한 합의문이자 두 국가의 관계를 다루고 있다는 점에서 가장 중요한 연구 대상이라고 할 수 있다. 그러나 이 두 합의문에 담겨 있는 가치들은 '연속성'만이 아니라 일정한 '차이점'도 가지고 있다. 나중에 보게 되겠지만 이것은 '민족'과 '평화'라는 기본가치의 위상 및 의미 부여의 차이라고 할 수 있다.

또한, 그렇기에 〈7·4 남북공동선언〉과 〈남북기본합의서〉에 대한 남과 북의 통일 가치를 둘러싼 대립은 이런 가치 계승을 중심으로 전개되고 있다. 이것은 기본적으로 국내외 정치상황의 변동에 따른 것이라고 할 수 있다. 그러나 이제까지 진행된 연구들은 이런 남북의 태도 변화 및 대립의 원인을 '국내외 정치상황'에서만 찾을 뿐 남과 북의 가치 지향성의 차이에서 찾고 있지 않다. 따라서 이 글은 이런 태도의 변화를 남과 북의 가치지향성과 관련하여 다루면서 '평화'라는 가치가 오히려 통일에 기여할 수 있다는 점을 남북유엔동시가입의 역사적 사례를 가지고 보여 주고자 한다.

마지막으로 이 글은 '민족'과 '평화'의 가치 관계를 알랭 바디우의 사랑에 대한 논의를 참조하면서 상호관계성을 밝힐 것이다. 현재 한국에서는 '평화담론'이 '통일담론'을 대체하는 논의가 전개되고 있다. 그러나 평화와 통일은 서로 대립되는 것이 아니다. 민족애라는 것은 기본적으로 두 국가에 살고 있는 사람들이 가지고 있는 서로에 대한 동일화의 욕망이지만, 그것은 '둘'이라는 기본 전제에서 출발하는 '평화'의 원칙 속에서 진행될 때만 남과 북이라는 둘을 통일과정의 협력적 주체로 바꾸어 놓을 수 있다. 따라서 이 글은 남과 북이라는 '둘'이 구축해 가는 '하나의 삶'이란 관점에서 평화와 민족의 가치를 다룰 것이다.

2. 〈7·4 남북공동성명〉: 통일의 당위성과 '민족'이라는 기본가치

역사적으로 남과 북의 당국자들이 만나서 공식적으로 합의한 최초의 '합의문'은 〈7·4 남북공동선언〉(1972년)이었다. 남북 당국자는 한반도 역사상 처음으로 '자주·평화·민족대단결'이라는 '조국통일의 3대원칙'에 대해 합의하고 이를 대외적으로 공표하였다. 〈7·4 남북공동성명〉은 남북 당국자 간에 이루어진 최초 합의문일 뿐만 아니라 이후 남북 간에 이루어진 모든 논의의 기본적인 지침서가 되었다는 점에서 매우 중요한 역사적 의미를 가지고 있다. "7·4 공동성명 이후에 남한과 북한이 가까워질 때나 멀어질 때 남북관계의 어떠한 합의에서도 그 원류를 7·4 남북공동선언의 기본정신에서 찾고 있다. 앞으로 어떠한 형태의 대화가 남북 간에 진행되더라도 그리고 어떠한 형태의 통일과정이 진행되더라도 그 기본은 7·4 공동선언에서 이룩한 3개 원칙은 지켜질 것이고 지켜져야 한다."[2]

여기서 자주의 원칙은 "외세에 의존하거나 외세의 간섭을 받음이 없이 자주적으로" 통일을 수행해 간다는 것이며 평화의 원칙은 "상대방을 반대하는 무력행사에 의거하지 않고 평화적 방법으로" 통일

---

2) 이광규, 「남북관계의 어떠한 합의에서도 그 원류를 7·4 남북공동선언의 기본에서 찾고 있다」, 『북한』 379호, 2003, 37~38쪽.

을 실현한다는 것이다. 또한, 민족대단결의 원칙은 "사상과 이념·제도의 차이를 초월하여 우선 하나의 민족으로서 민족적 대단결을 도모"한다는 것이다. 따라서 남과 북이 한반도 통일을 위해 합의한 기본가치 중에서도 가장 핵심적인 가치는 '민족'이라고 할 수 있다. 왜냐하면 여기서의 '평화'는 기본적으로 '통일의 방법'이기 때문이다. 하지만 이런 역사적 합의에도 불구하고 〈7·4 남북공동선언〉 공표 이후 지금까지도 남과 북은 '조국통일의 3대원칙'에 대한 해석을 두고 서로 대립하고 있다.

첫째, '자주의 원칙'에 대해서 북은 '반외세=반미'로 해석하면서 미군철수 등을 주장하고 있는 반면 남은 '민족자결', '당사자해결원칙'으로 해석하면서 남과 북의 직접적인 대화와 협상을 주장하고 있다. 둘째, '평화의 원칙'에 대해 북은 군축 및 무력사용의 중단으로 해석하면서 한미군사훈련 중단을 주장하고 있는 반면 남은 평화적으로 통일하자는 의미로 이해하면서 군축보다 긴장완화와 신뢰회복을 주장하고 있다. 셋째, '민족대단결의 원칙'과 관련해서도 북은 민족의 단합을 저해하는 법제도적 장치의 철폐로 이해하면서 국가보안법이나 '주적론'의 철폐를 주장하고 있는 반면 남은 다방면에 걸친 남북교류를 통한 민족동질성으로 이해하면서 북의 민주화를 주장하고 있다.[3]

그렇다면 왜 이런 간극과 균열이 생기는 것일까? 현재까지도 남과 북은 자신의 해석만을 옳다고 하면서 서로 상대방에 대해 '배반', '거짓'으로 몰아붙이고 있다. 그러나 어느 한쪽의 해석이 옳다고 말할 수 있는 근거는 명확하지 않다. 게다가 그들이 해석하고 있는 것은

---

[3] "문제는 남북한이 이 조국통일 3대원칙을 전혀 딴판으로 해석하고 있다는 점에 있다. 그래서 혹자는 남북공동성명은 '진정한 의사의 합치 없는 합의'라고 평가하기도 한다."(제성호, 「남북간 정치대화의 통로 마련과 공식적인 대화의 상대로 인정」, 『북한』 427호, 북한연구소, 2007, 70~71쪽) 그러나 이런 평가는 근본적으로 남과 북의 합의에서 간극과 균열이 발생할 수밖에 없는 근본적인 문제를 놓치고 있다. 그것은 바로 '통일'이란 두 개의 국가가 하나의 '민족국가'가 되는 것으로 '민족'이라는 가치 속에서 전개되지만 통합의 주체이면서 대상인 '국가'의 입장에서는 그 자신이 '민족국가'의 대표체가 되어야 한다는 자기모순을 포함하고 있기 때문이다.

자신들의 사회에서 사용하는 언어사용의 맥락에서 자신들의 언어로 말하고 있는 것이다. 즉, '배반'을 낳고 있는 것은 상대가 아니라 오히려 내가 가지고 있는 의미체계와 언어의 사용맥락인 셈이다. 따라서 남과 북이 서로 통일을 만들어 가는 기본가치를 찾아내어 공통의 자산으로 삼기 위해서는 〈7·4 남북공동성명〉의 자구만을 내세우면서 주장을 반복할 것이 아니라 오히려 그런 대립을 반복적으로 재생산하는 문제의 근원을 사유할 필요가 있다.

문제의 근원은 첫째, 〈7·4 남북공동성명〉 전반을 지배하고 있는 핵심 가치인 '민족'이라는 기표가 담고 있는 의미 자체가 한반도에 존재하는 두 국가의 체제 하에서 국민-되기를 통해서 형성된 '분단국가'의 의미체계 속에 있는 '민족'이라는 점이다. 당위론적 차원에서 통일의 정당성은 '같은 민족'이라는 전제에서 자명하게 주어진 것처럼 보일 수 있다. 하지만 실제로 남과 북이 표상하는 '민족'의 의미는 남쪽 국가와 북쪽 국가라는 의미망 속에 존재하는 '민족'이라는 점에서 동일하지 않다. 따라서 '같은 민족'이라는 점만으로 통일을 주장하게 되면 그것은 필연적으로 남쪽의 '민족'과 북쪽의 '민족'으로 분열될 수밖에 없다.

둘째, 현실적 차원에서 보면 통일은 한반도의 남쪽과 북쪽을 각기 다른 두 개의 국가, 즉 한국과 조선이 실효적으로 지배하고 있는 상황 자체를 극복하는 것이다. 이것은 현존하는 남과 북이라는 국민국가가 결핍을 가지고 있기 때문에 '통일'로 나아가는 것을 의미한다. 따라서 남과 북이 '통일을 지향한다는 것' 자체가 현재 존재하는 국가, 즉 한국과 조선이라는 국가가 '온전하지 못한 국가', 즉 반쪽자리 국가로서, 자기 내부에 '결핍'을 가진, "결손국가(a broken nation states)"[4]라는 점에 대한 승인으로부터 전제하고 있다.

그러나 이것은 '국가'의 '자기 독립성'과 '자기보존'이라는 코나투

---

4) 임현진·정영철, 『21세기 통일한국을 위한 모색』, 서울대학교출판부, 2005, 1쪽.

스의 원리를 위배한다. 분단국가 또한 하나의 독립적인 자립국가이다. 그것은 자신의 정당성을 주장하면서 '국민'을 통합해야 하며 그 자신을 민족의 정치적 대표체로 내세워야 한다. 〈7·4 남북공동선언〉 이후 남과 북이 각기 자신의 체제와 권력을 강화하는 '유신체제'와 '유일체제'로 나아갔던 것은 '민족'이라는 환상이 불러일으키는 현존 국가에 대한 '자기 부정', '자기 결핍'에 대한 '국가의 반동'이라고 할 수 있다. 따라서 남과 북의 해석적 차이와 대립은 상호 소통을 만들어 내는 것이 아니라 고진이 말하는 '자기 대화'이자 '독백'에 머물 수밖에 없으며5) 양자의 '말 건넴'은 통역 불가능한 것으로 전락할 수밖에 없다.

남과 북이 통일을 함께 만들어 가기 위한 기본가치에 대한 합의는 '민족'이라는 추상적인 가치에 대한 합의로는 부족하다. 오히려 남과 북이 함께 통일을 만들어 가는 관계를 형성하기 위해서는 '한반도의 반쪽을 실효적으로 지배하고 있는 두 국가의 문제'를 다루어야 한다. 1992년 합의-발효된 〈남북기본합의서〉가 가지고 있는 역사적 의미는 바로 이 지점에 놓여 있다. '전문'에서 밝히고 있듯이 〈남북기본합의서〉는 〈7·4 남북공동성명〉에 천명된 자주, 평화, 민족대단결이라는 조국통일의 3대원칙을 계승하고 있다. 하지만 〈남북기본합의서〉는 여기서 멈추지 않고 있다. 그것은 무엇보다도 먼저 통일을 남과 북이라는 두 국가의 관계 속에서 이를 구체화하고 있다.

〈7·4 남북공동성명〉은 남과 북이 통일에 합의할 수 있는 기본적인 가치인 '한 민족'이라는 점에 근거하여 '자주·평화·민족대단결'이라는 통일원칙들에 대한 합의를 이끌어내고 있는 반면 〈남북기본합의서〉는 남북관계를 "나라와 나라 사이의 관계가 아닌 통일을 지향하는 과정에서 잠정적으로 형성되는 특수 관계"로 규정하고 이로부터 '민족'과 '평화'의 가치를 다루고 있다. 따라서 〈남북기본합의서〉는

---

5) 가라타니 고진, 송태욱 옮김, 『탐구』 1, 새물결, 1998, 82쪽.

〈7·4 남북공동성명〉의 추상적인 '민족'이라는 동일화의 욕망'을 넘어서 있으며 이를 '남과 북'이라는 두 국가의 관계 속에서 '민족'과 '평화'라는 두 가치를 구체화하고 있다.

3. 〈남북기본합의서〉: '과정으로서 통일'과 '평화'라는 기본가치

〈남북기본합의서〉에 따르면 남북관계가 특수 관계인 이유는 '나라와 나라 사이의 관계'가 아니라 '통일을 지향하는 과정에서 잠정적으로 형성되는' 관계이기 때문이다. 따라서 〈남북기본합의서〉가 규정하고 있는 '특수 관계'는 두 가지의 의미를 가지고 있다. 하나는 남북관계는 일반적으로 현대국가들이 맺고 있는 외교관계로 환원될 수 없는 요소를 가지고 있는 관계라는 점이다. 남북관계는 한국-미국, 한국-중국과 맺는 관계와 다르다. 대한민국 정부가 남북관계를 외교부가 아니라 통일부에서 다루는 것은 바로 이런 남북관계가 가지고 있는 독특한 성격 때문이라고 할 수 있다.

다른 하나는 원자적 개체성을 가지고 있는 항상적으로 관계를 맺는 정상국가들의 관계와 다르게 남북관계는 두 국가가 하나의 통일국가를 만들어 가는 관계이기 때문에 '잠정적'인 관계라는 것이다. 이것은 현재 두 국가는 '하나의 개체적 독립성'을 가지고 있는 두 국가이지만 통일국가의 건설 이후에서는 사라질 수밖에 없는 관계라는 점에서 '잠정적'이며 그렇기 때문에 그것은 남과 북의 두 분단국가 입장에 보면 자기 부정을 포함한다. 그런데 〈남북기본합의서〉는 이처럼 '독립적 두 개체'의 관계이면서도 그것을 스스로 '자기 부정'하는 관계라는 남북관계의 특수성을 포착함으로써 통일을 당위나 결과가 아니라 '과정으로서' 규정할 수 있었다.

〈남북기본합의서〉는 "통일을 과정으로 인식하는 토대 위에서 남북관계의 성격을 잠정적 특수 관계로 규정한 문서"[6]이다. 여기서 '과정으로서 통일'은 '통일을 지향하는 과정'이라는 말로 표현되어 있다. '지향'은 현재의 상태를 벗어나 어떤 목표를 향해 나아간다는 것을 의미한다. 남북관계에서 보자면 그것은 두 개의 분단국가로 분열되어 있는 현재 상태를 벗어나 둘이 '하나의 국가'로 나아간다는 것을 의미한다. 따라서 두 국가에게 있어서 '분단'은 현재라는 시간에 속하는 반면 통일은 아직 도래하지 않았지만 성취해야 할 '미래'라는 시간에 속한다. 즉, 통일은 '목표'이지만 그것은 보다 장기적인 협력 '과정'의 '결과'로서만 도래하는 것이다.

여기서 통일은 '하나의 민족'이 하나의 국가를 이루고 살아야 한다는 '당위'가 아니다. 그것은 '현재'와 '미래'의 그 사이에 존재하는 '두 국가'는 통일을 지향하지만 분단된 채로 자기를 극복하고자 하는 자기 분열적이면서 모순적인 '둘'로 남아 있을 수밖에 없는, '과정으로서 통일'이다. 따라서 〈남북기본합의서〉는 '민족'이라는 가치를 중심으로, 통일의 당위성을 주장하고 이로부터 '자주·평화·민족대단결'이라는 3대원칙을 세웠던 〈7·4 남북공동성명〉을 벗어나 통일을 두 국가의 자기 모순적인 과정으로 규정함으로써 그 과정 속에서 남과 북이 함께 지켜가야 할 통일의 기본원칙과 가치들을 두 국가관계 속에 구체화할 수 있었다.

통일이 '과정'이라면 그 '과정'을 이끌어 가는 주체는 두 개의 분단국가이다. 따라서 분단을 극복하고 통일을 만들어 가는 과정은 '둘'을 승인하는 데에서 출발할 수밖에 없다. 〈남북기본합의서〉에서 남과 북이 '상호체제인정'을 시작으로 하여 '평화'를 실현하는 조치들을 내놓고 있는 것은 바로 이 때문이다. "기본합의서는 통일을 결과가 아닌 과정으로 전제하고, 남북한 개선과 평화공존을 위한 기본적인 특징을 제시하고 있다는 데 무엇보다도 큰 의의가 있다."[7] 그러므

---

6) 임동원, 「남북기본합의서와 6·15 남북공동선언」, 『역사비평』 97, 2011, 122쪽.
7) 정세현, 「남북기본합의서의 법적 성격과 정치적 의의」, 『통일문제연구』 4-1, 1992, 18쪽.

로 남북기본합의서는 "첫째, 남북기본합의서는 통일을 결과가 아닌 과정으로 전제하고, 남북관계 개선과 평화공존, 나아가 통일을 향한 기본틀을 제시하였다는 점에 핵심적 의의가 있다."[8]

하지만 대부분의 사람들은 이 차이에 주목하지 않고 있다. 물론 어떤 사람들은 '평화'의 원칙이란 이미 〈7·4 남북공동성명〉에서 제시된 원칙으로 〈남북기본합의서〉에서 새로 제시된 원칙이 아니라고 말할지도 모른다. 그러나 문제는 '평화'라는 원칙에 대한 단순한 합의보다 그런 원칙이 담고 있는 의미와 그것을 구체화시키는 방향이다. 특정한 어휘가 담고 있는 구체적인 의미는 독립적으로 결정되는 것이 아니라 문맥 속에 배열되는 위치에 의해 결정된다. 이런 점에서 본다면 〈7·4 남북공동성명〉에서의 '평화'와 〈남북기본합의서〉의 '평화'는 동일한 표현이지만 그것이 담고 있는 구체적인 의미는 다르다.

〈7·4 남북공동성명〉에서 '평화의 원칙'은 단순히 '평화적 방법', 즉 "상대방을 반대하는 무력행사에 의거하지 않고 평화적 방법으로 실현"한다는 정도의 의미만을 가지고 있다. 게다가 이것은 서술 상으로도 '조국통일 3대원칙'에 대한 합의로부터 시작하여 그다음 '긴장완화와 상호비방 중단, 군사충돌방지'와 같은 '평화를 위한 조치들'로 나아간다는 점에서 '평화'는 단순히 '분란이나 다툼이 중단된 상태' 정도를 의미하고 있다. 그러나 〈남북기본합의서〉에서 평화는 이와 다르다. 그것은 '특수 관계'를 밝힌 '전문'에 이어 1장 1조를 "남과 북은 서로 상대방의 체제를 인정하고 존중한다"는 합의로부터 시작하여 이어서 제반의 '평화를 위한 조치들'을 서술하고 있다. 게다가 '상호체제인정'은 〈7·4 남북공동성명〉의 경우 아예 존재하지도 않는 조항이다.

일반적으로 국제정치학에서 사용되는 '평화'는 '전쟁이 없는 상태 (absence of war)'를 의미한다. 이런 관점에서 보자면 '평화'란 당연히

---

8) 정규섭, 「남북기본합의서: 의의와 평가」, 『통일정책연구』 20-1, 2011, 17쪽.

'현상유지'를 의미하며 이런 소극적 평화 개념에서 본다면 남북관계의 평화란 현재의 분단체제를 단순히 관리하는 데 머무를 수밖에 없다.9) 그러나 남북관계는 '통일을 지향하는' 특수 관계이다. 여기에는 서로 합쳐지려는 욕망이 작동한다. 따라서 소극적 평화 개념에서 분단의 관리는 '민족의 대표성'을 놓고 싸우는 두 분단국가의 경쟁 패러다임 속에서 세력균형을 위한 군비경쟁과 같은 '안보담론'과 결합되어 오히려 '냉전'을 생산하는 경향을 낳을 수밖에 없다.10) 이것은 '평화의 가치'를 지키는 것이 아니다.

진정으로 '평화'의 원칙을 지키기 위해서는 소극적 평화의 개념을 벗어나 갈퉁이 말하는 '간접적이고 구조적인 폭력이 없는' 적극적 평화 개념으로 나아가야 한다.11) 그러나 〈7·4 남북공동성명〉은 '평화'의 가치를 단순한 '방법'의 문제로 다룸으로써 이런 적극적 평화의 개념으로 나아갈 수 없는 데 반해 〈남북기본합의서〉는 단순히 '무력 사용이 없는'이라는 의미를 벗어나 '둘'이라는 존재의 인정으로써 남 또는 북이 다른 반쪽에 대해서 행사하는 모든 폭력, 즉 남 또는 북이 어느 한쪽에 자신의 차이를 부정하고 일치시키도록 강제하는 모든 강제력에 대한 거부를 의미하는 '평화의 가치'를 도입할 수 있도록 만들었다.

그러므로 〈남북기본합의서〉는 '통일'의 당위성을 계승하면서도 그것이 현재 분단된 채로 존재하는 두 국가가 통일을 만들어 가는 '과정'에서 두 국가가 공유해야 할 가치로서 '평화'의 원칙을 세웠다는

---

9) '현상유지'와 소극적 평화 개념에 대한 논의는 김명섭, "평화학의 현황과 전망," 하영선 편, 『21세기 평화학』, 풀빛, 2002, 127~128쪽,

10) 구갑우는 '비판적 평화담론의 핵심으로서 안보담론을 평화와 협력의 담론으로 전환하는 것'이라고 주장하고 있다(「한국의 '평화외교: 평화연구의 시각」, 『동향과전망』 67호, 한국사회과학연구회, 2006, 128쪽). 또한, 이남주도 '안보담론'의 '평화담론'으로 전화에 대한 논의하고 있다(「분단체제 하에서의 평화담론: 평화국가의 가능성과 경로를 중심으로」, 『동향과 전망』87호, 한국사회과학연구회, 2013, 78~82쪽).

11) 구갑우는 이런 갈퉁의 개념을 가지고 한반도의 평화체제구축을 모색하고 있다(『비판적 평화연구와 한반도』, 후마니타스, 2007).

점에서 "평화공존의 장전"[12]이라고 할 수 있다. 하지만 그것은 많은 사람들이 주장하듯이 '선평화공존 후통일'을 처음으로 명문화한 데 그 핵심이 있지 않다. 〈남북기본합의서〉의 역사적 의미는 남북유엔 동시가입으로 인한 변화, 즉 국제사회에서 벌어졌던 남북의 정통성 경쟁을 해체한 상황의 변화 위에서 남과 북이 '상호체제를 인정'했다는 데 있다.

게다가 '선평화공존 후통일'은 '평화'와 '통일'을 두 개의 단계로 구별함으로써 오늘날 '통일담론'과 '평화담론'의 대립처럼 '민족'과 '평화'를 변증법으로 사유하지 못하도록 만들고 있다. 사실, 〈7·4 남북공동성명〉과 〈남북기본합의서〉의 정신적 핵심에는 '민족'과 '평화'라는 두 개의 가치 지향성이 놓여 있다. 그럼에도 불구하고 〈남북기본합의서〉 '전문'에서 '〈6·15 남북공동성명〉의 역사적 계승'을 밝히고 있는 것처럼 양자는 대립적인 것이 아니다. 따라서 '평화통일'은 남북이 공히 인정하는 추구하는 것이며 '민족'과 '평화'의 가치는 서로 충돌하는 것이 아니며 오히려 통일을 만들어 가는 두 개의 기본가치라고 할 수 있다.

4. 남북의 역사적 계승과 적대적 대립의 재생산: 〈7·4 남북공동성명〉 대 〈남북기본합의서〉

일반적으로 사람들은 '평화통일'이라는 말을 사용하면서 '평화'와 '통일' 사이에 놓여 있는 가치 충돌이나 긴장을 느끼지 못한다. 이것은 〈7·4 남북공동성명〉처럼 사람들이 '평화'를 통일의 방법과 같은 '민족'의 하위 가치로 전제하기 때문이다. 그러나 〈남북기본합의서〉처럼 '민족'은 '평화'가 동일한 수준에서 배치되면 양자 사이의 긴장

---

12) 송영대, 「남북기본합의서 20년과 김정은 체제」, 『통일한국』 339, 2012, 8쪽.

과 갈등이 드러나게 된다. 왜냐하면 '통일'이란 〈7·4 남북공동성명〉처럼 본질적으로 '하나'에 기초하고 '하나됨'을 추구하는 것인 반면 '평화'란 기본적으로 〈남북기본합의서〉의 상호 체제 인정처럼 '둘'을 전제하기 때문이다.

이런 점에서 '민족'이란 동일성에 기초하고 있는 통일론은 '두 체제의 인정'으로 시작하는 통일론을 분단고착화로 이해하는 경향이 있다. 이것은 〈7·4 남북공동성명〉 발표 다음 해인 1973년 남쪽 정부가 '평화통일외교정책'의 일환으로 남북유엔동시가입을 추진하는 〈6.23 평화통일외교정책선언〉을 발표했을 때 '민족'의 가치를 최우선시하는 통일론자들의 반응을 보면 알 수 있다. 따라서 남북관계에서 '민족'을 핵심가치로 하는 〈7·4 남북공동성명〉과 '평화'를 동일한 지위로 올려놓은 〈남북기본합의서〉 사이에는 수면 위로 들어나지 않은 채 잠복되어 있었던 '긴장과 충돌'이 있었다. 그런 '긴장과 충돌'은 통일의 기본가치를 둘러싼 남과 북의 적대적 대립으로 전화되었으며 남과 북의 합의 준수 여부와 합의문들에 대한 가치부여의 차이, 그리고 이에 대한 경쟁적인 선전으로 이어졌다.

북은 통일의 기본가치를 '민족'으로 환원하고 〈7·4 남북공동성명〉에 대대적으로 선전하면서 남측을 비난하는 데 반해 남은 〈남북기본합의서〉에 보다 많은 가치를 부여하면서 북측을 비난하고 있다. 역사적으로 볼 때, 이런 남북의 대결이 고착화된 것은 1990년대 중반, 북의 경우 핵개발과 고난의 행군시기이며 남의 경우 김영삼 정부 때라고 할 수 있다. 1991년 〈남북기본합의서〉가 채택되었을 때에만 하더라도 북은 "근 반세기 동안 지속되어 온 북남 사이의 첨예한 대결 상태를 끝장내고 상호신뢰의 바탕 위에서 민족적 단합을 이룩하여 나라의 평화와 평화통일의 새 국면을 열어 가는 데서 획기적인 의의를 가지는 평화통일촉진강령"[13]이라고 말하면서 이를 칭송하였다.

---

13) 『로동신문』, 1991. 12. 25일자.

그러나 북핵문제가 수면으로 떠오른 1992년 중반부터 북은 〈남북기본합의서〉를 주변화하기 시작했다. 그들은 현재 〈남북기본합의서〉에 대해서는 별로 언급하지 않으면서 〈6·15 공동선언〉과 〈10·4 선언〉에서 나오는 '우리 민족끼리'라는 문구를 일방적으로 선전하면서 그것이 〈7·4 남북공동성명〉의 조국통일 3대원칙의 결정판이라고 주장하고 있다. 이에 반해 '남'은 남쪽대로 〈7·4 남북공동성명〉에서 합의한 '조국통일 3대원칙' 대신에 '자주·평화·민주'라는 '통일 3원칙'을 내세우고 이것을 중심으로 통일원칙을 주장하고 있다. 현재 남쪽은 '민족대단결의 원칙'을 '민주'라는 원칙으로 대체하고 이를 중심으로 통일론을 선전하고 있다.

물론 '자주·평화·민주'라는 3원칙을 처음 공식적으로 표명한 것은 1989년 노태우 대통령의 국회연설 때였다. 하지만 이 당시만 하더라도 그것은 '자주·평화·민족대단결'이라는 3대 원칙과 병렬적으로 다루어졌다.[14] 하지만 1994년 김영삼 정부는 8·15경축사에서 '민족공동체 통일방안'을 제안하면서 통일을 "우리 민족의 역량에 의해 자주적으로", "평화적으로" 해야 한다고 하면서도 '민족대단결의 원칙'에 대해서는 언급하지 않고 〈남북기본합의서〉를 "남과 북이 세계와 민족 앞에 그 실천을 약속한 화해와 협력의 대장전"이라고 추켜세웠다. 따라서 남과 북 모두 다 두 합의를 제대로 계승하고 있는 것은 아니다.

그런데도 현재 남과 북은 각자 서로에 대해 자신만이 남북 합의를 제대로 계승하고 있다고 주장하면서 상대방을 비난하고 있다. '자주의 원칙'과 '민족대단결의 원칙'은 북쪽이 남쪽을 비난하는 단골 메뉴이다. 그들은 〈7·4 남북공동성명〉을 '조국통일을 위한 전민족대단결 10대 강령', '연방제통일방안'과 더불어 '조국통일 3대 헌장'으로 규정하고 이를 통일의 유일한 기본원칙인 것처럼 주장하고 있다. 반

---

14) 이 제안을 내놓았던 연설문에서조차 노태우 정부는 "통일을 이루는 원칙은 어디까지나 민족자결의 정신에 따라 자주적으로, 무력행사에 의거하지 않고 평화적으로, 그리고 민족대단결을 도모하고 민주적으로 실현되어야" 한다는 점을 분명히 하였다.

면 남쪽은, "'고난의 행군'에 접어들어야 했던 북한은 기본합의서의 실천이 흡수통일로 이어질까 두려워했다"[15]는 식으로 평가하거나 심지어 〈6·15 공동선언〉과 〈10·4 선언〉이 '우리 민족끼리'라는 문구에 합의한 것이 문제라고 주장하기도 한다.

그러나 이것은 분단체제에서 작동하는 "적대적 의존관계"와 "거울 이미지효과(mirror image effect)"를 그대로 반복하면서 남북관계를 냉전으로 몰아가는 것일 뿐이다. 그렇다면 이런 '냉전적 대결 구도'로부터 빠져 나올 수 있는 길은 없는 것일까? '냉전적 대결 구도'로부터 빠져 나오기 위해서는 무엇보다도 먼저 남과 북 모두 다 역사적으로 이루어진 합의를 경중 없이 존중하고 '남북합의에 대한 역사적 계승성'을 둘러싼 경쟁으로부터 빠져나올 필요가 있다. 또한, 그렇게 하기 위해서는 남쪽이든 북쪽이든 상대의 의도가 불순하다는 점, 즉 그 이면에는 '숨은 의도'가 있다는 것을 전제하고서 역사적 계승성의 문제를 상대의 정치적 술책이나 국내외적인 환경 변화에 대한 대응이란 관점에서 평가하는 태도로부터 벗어나야 한다.

통일 문제가 남과 북 모두에게 매우 중대한 '정치사회적 역학의 문제'라는 것은 분명하다. 하지만 그렇다고 하더라도 이런 식의 분석은 장기적으로 남과 북이 함께 만들어 가야 하는 문제에 대한 기본적인 행동원칙을 제공해 주지는 못할 뿐만 아니라 정치권력이 작동하는 남과 북의 국민들이 가지고 있는 가치 지향성의 차이를 배제한다는 점에서 근본적인 한계를 가지고 있다. 정치권력은 권력집단이 자기 마음대로 특정한 가치들을 조작함으로써 작동하는 것이 아니라 그들의 국가에 살고 있는 국민들이 역사적으로 체화해 온 '가치'들을 중심으로 '정치적 정당성'을 얻음으로써 작동한다.

그렇다면 남과 북이 벌이고 있는 통일의 기본가치를 둘러싼 대립 또한 남과 북의 주민들이 가지고 있는 가치 지향성의 토양 위에서

---

15) 김갑식, 「남북기본합의서에 대한 북한의 입장」, 『통일정책연구』 제20권 1호 2011, 80쪽.

작동하고 있는 것에 먼저 주목해야 한다. 특히, 이런 점에서 〈7·4 남북공동성명〉 발표 이후, 이루어졌던 행보들을 단순히 '정치적 술책'으로 보는 관점에서 벗어나 양자의 엇갈린 행보를 그들의 가치 지향성 속에서 파악하는 것이 필요하다. 일반적으로 이런 남과 북의 엇갈린 행보에 대해서 연구자들은 〈7·4 남북공동선언〉에 대해 합의한 당시 박정희 정부와 김일성 정부가 '정치적 흑심'을 가지고 이를 권력을 강화하는 데 사용했다는 식으로 분석하고 있다. 그러나 그렇다고 하더라도 그것은 남과 북의 가치 지향성이라는 정치적 정당성의 토양을 배제하고 이루어질 수 있는 것은 아니기 때문에 이에 대한 '가치론'적 분석이 필요하다.

5. 남북의 가치 지향성과 극복 방향: 통일과 평화

〈7·4 남북공동선언〉 발표 이후, 남은 1973년 6월 23일 특별선언(〈6·23평화통일외교정책선언〉)을 통해서 남북유엔동시가입에 반대하지 않는다는 입장을 발표했다. 여기서 남은 남북의 유엔동시가입을 주장하였다. 그러나 북은 바로 그 날, 체코공산당 대표단 환영 평양시 군중대회에서 남북유엔동시가입정책을 "두 개의 조선"이라는 민족분열책동이라고 맹비난했다.[16] 그리고 이틀 후인 6월 25일 조선로동당 중앙위원회 정치위원회 확대회의에서 오늘날 북이 '조국통일 3대 헌장' 중에 하나라고 주장하는 '조국통일을 위한 전민족대단결 10대 강령'의 역사적 기원이 되는 '조국통일 5대 방침'을 발표하였다.[17]

---

16) 김일성, 「민족의 분렬을 방지하고 조국을 통일하자」, 『김일성 저작집』 28권, 1984, 390~392쪽.

17) 김일성, 「조국통일을 위한 전민족단결 10대 강령」, 『김일성 저작집』 44권, 1996, 161~164쪽. 북은 '전민족대단결 10대 강령'이 "조국광복10대강령의 정신을 오늘의 현실에 맞게 발전시킨 것"(김일성, 「조국통일의 유일한 출로는 전민족의 대단결이다」, 『김일성 저작집』 44권, 1996, 166쪽)이라고 주장하고 있지만 실제로 그것이 정착되어 가는 역사적 과정은 1990년 5월 최고인민회의 제9기 제1차 회의 연설에서 내놓은 '조국통일 5대 방침', 1991년 8월 1일 조국평화통일위원회와 조국통일범민족연합 북측본부 간부들과의 담화를 거쳐 1993년 4월 5일 '조국통일을 위한 전민족대단결 10대 강령'으로 정립되었다.

여기서 북은 "북과 남 사이의 군사적 대치 상태의 해소와 긴장상태의 완화, 북과 남 사이의 다방면적인 합작과 교류의 실현, 북과 남의 각계각층 인민들과 각 정당, 사회단체 대표들로 구성되는 대민족회의의 소집, 고려련방공화국의 단일국호에 의한 남북련방제의 실시, 단일한 고려련방공화국 국호에 의한 유엔가입"을 주장했다.18) 따라서 〈7·4 남북공동성명〉 이후, 남과 북이 첨예하게 대립한 현안은 '남북유엔동시가입' 문제였다. 물론 북이 그 당시 제안한 '고려연방제 통일방안'도 첨예한 사안이기는 했지만 당시 남쪽은 '선건설 후통일'에 주력하면서 통일방안을 제안하고 있는 상태가 아니었기에 통일방안을 둘러싼 남북의 대결이 본격화된 것은 아니었다.

그럼에도 불구하고 이 당시의 행보는 이후 남과 북의 통일을 둘러싼 대립과 논쟁을 만들어 가는 데 역사적 기원이 되었다. 당시에 제안한 남쪽의 평화통일정책은 이후 '연합제'로 발전했으며 북쪽이 제안한 '조국통일 5대 방침'은 '연방제'라는 큰 틀에서 움직였으며 이 근저에는 '통일의 기본가치'를 둘러싼 대립이 놓였다. 물론 북쪽은 1960년대 이후부터 줄곧 '고려연방제'를 주창하고 있기 때문에 '고려민주연방제'나 '낮은 단계의 연방제'라는 약간의 변화를 제외하면 매우 일관적인 것처럼 보이는 반면 남쪽의 통일방안은 '민족화합민주통일방안' → '한민족공동체통일방안' → '민족공동체 통일방안'으로 변천하면서 정립되어 왔다는 점에서 덜 일관적인 것처럼 보일 수 있다.

그러나 현재 남쪽의 통일방안은 노태우 정부 때 제기된 '한민족공동체통일방안'을 기본적인 모형으로 하고 있다는 것이 일반적인 학계의 평19)이라는 점에서 비일관적인 통일방안이라고 할 수는 없다.

---

18) 김일성, 「조국통일 5대방침에 대하여」, 『김일성 저작집』 28권, 1984, 396~398쪽.
19) 최완규, 「남북한 통일방안의 수렴가능성 연구: 연합제와 낮은 단계의 연방제」, 『북한연구학회보』 6-1, 2002, 11쪽; 전일욱, 「역대 한국정부의 통일방안과 21세기 한국의 새로운 통일방안구상」, 『평화학연구』 11-3, 2010, 106쪽.

게다가 남쪽의 연합제 통일방안이 북쪽의 고려연방제와 비교해서 가지고 있는 가장 중요한 핵심은 연방제는 두 국가의 체제 통합을 중심으로 하나의 국가를 만드는 데 비중을 두고 있다면 연합제는 남북의 두 국가가 공존하면서 화해와 협력을 만들어 가는 비교적 긴 시간의 과도기를 설정하고 있다는 점이다. 따라서 북쪽은 '민족'이라는 가치를 중심으로 민족통합에 방점을 둔다면 남쪽은 남과 북의 국가가 서로 공존하면서 '통일을 지향'해 갈 수 있는 화해와 협력을 창출하는 '평화'의 가치에 우선순위를 두고 있다.

〈7·4 남북공동성명〉 이후 다음 해인 1973년 발표된 〈6·23 평화통일외교정책선언〉은 "조국의 평화통일 및 개방·선린 외교를 표방한 박정희 대통령의 특별성명"이라는 제하가 보여 주듯이 "조국의 평화적 통일은 우리 민족의 지상과업"이라는 원칙 하에서 남북유엔동시가입을 주장한 것이기 때문에 '연합제'의 기본 정신을 이루는 '평화'의 가치에서 역사적 기원을 이루고 있다고 할 수 있다. 반면 북쪽은 '민족대단결'이라는 원칙 속에서 '조국통일 5대 방침'을 내놓았으며 지금도 〈6·15 공동선언〉과 〈10·4 선언〉에서 언급되고 있는 '우리 민족끼리'를 내세우면서 '자주'와 '민족대단결'을 주창한다는 점에서 '민족'의 가치를 핵심으로 하여 움직이고 있다고 할 수 있다.

실제로, 북은 통일문제의 본질을 "'전국적 범위에서 민족의 자주권을 확립하는 문제'와 '끊어진 민족의 혈맥을 하나로 잇고 민족적 화합과 단합을 실현하는 문제'로 보고 있다."[20] 반면 남은 통일문제의 본질을 '민족적 문제'로 보고 있음에도 불구하고 현실적으로 한반도의 반쪽을 지배하고 있는 남과 북의 실효적 지배를 인정함으로써 남북 간의 냉전을 해체하고 양 국가의 관계를 정상화해야 한다고 보고 있다. 따라서 북은 '1민족'을 강조하고 연방제 통일을 주장하면서 그

---

20) 김동한, 「북한의 6·15 공동선언에 대한 입장과 평가」, 국제고려학회 서울지회 논문집 제13호 166쪽.

역사적 근거가 되는 '민족'적 가치에 의한 통일원칙을 제시한 〈7·4 남북공동성명〉을 일방적으로 강조하는 반면 남은 두 국가의 실효적 지배라는 현실을 승인하고 그 속에서 통일을 점차적으로 만들어 가는 '두 국가의 연합'을 주장하면서 〈남북기본합의서〉의 '평화의 원칙'을 내세우며 '민족대단결의 원칙'을 '민주의 원칙'으로 대체했던 것이다.

그러나 이와 같은 대립은 '평화'와 '통일'이 서로 대립적이라는 것을 전제할 때 성립할 수 있다. 북은 〈7·4 남북공동성명〉 발표 다음 해에 남쪽 정부에서 〈6·23 평화통일외교정책선언〉을 발표하자 남북 유엔동시가입을 '두 개의 조선정책' 및 '분단의 영구화'라고 비난했으며 남쪽 내부에서도 통일지상주의자들은 남북유엔동시가입이 〈7·4 남북공동성명〉의 '자주의 원칙'과 '민족대단결의 원칙'을 위반하는 것이라고 비판했다. 물론 현상적으로 볼 때, 남북유엔동시가입은 국제사회가 한반도에 두 개의 국가가 존재하는 점, 즉 '휴전선 이남은 대한민국이라는 국가가, 이북에는 조선민주주의인민공화국이라는 국가가 존재한다.'는 것을 승인하는 것이다.

게다가 과거 동·서독은 유엔동시가입 이전에 자신들의 관계가 특수한 관계라는 것을 밝히는 기본조약을 체결한 이후 유엔에 동시 가입했다. 그러나 남과 북은 이런 과정 없이 유엔에 동시 가입을 신청했던 것이다.[21] 따라서 그 당시에 이루어진 '남북유엔동시가입'은 그 자체로 보았을 때, 한반도에 두 국가의 실체를 인정함으로써 분단을 고착화시키는 것처럼 보일 수 있다. 하지만 이후 진행된 남북관계의 역사적 과정은 '두 개의 조선'이나 '분단의 고착화'로 나아가지 않았

---

21) 남북기본합의서와 동서독기본조약에 대한 비교 연구는 박정진, 「남북기본합의서와 동서독기본조약 비교: 분단국갈등관리론 모델의 적용」, 『국제정치논총』 53-2, 한국국제정치학회, 2013에서 다루고 있다. 이 논문은 양자의 성패가 갈린 이유를 갈등을 관리하는 '선순환' 구조를 만들어 냈느냐 그렇지 못했느냐'에서 찾고 있다. 이때 선순환의 핵심은 '통일'이라는 목적보다는 '긴장 완화'라는 지속적인 만남을 토대로 합의 이후의 분단 갈등의 관리라고 할 수 있다. 이런 점에서 보다 중요한 것은 '평화'의 가치라고 할 수 있다.

다. 오히려 1991년 남북유엔동시가입이 이루어진 다음 해인 1992년 12월 남과 북은 '통일을 지향하는 특수 관계'라는 점을 선언한 〈남북기본합의서〉를 채택했다.

그렇다면 문제는 오히려 '민족'의 가치만을 내세우면서 '민족동일성, 동질성'[22]을 주창하면서 남과 북이라는 '둘'의 실체를 인정하는 '평화'의 가치를 도외시하는 데 있다. 역사적으로 보았을 때, 남북유엔동시가입이라는 두 실체의 인정은 오히려 남북의 적대적 관계를 해체하는 데 기여하면서 '통일 지향의 관계'를 만드는 데 공헌했다. 또한, 〈남북기본합의서〉가 단순히 '한 민족'이라는 민족적 가치 속에서 통일을 다루는 것을 넘어서 통일의 문제를 두 국가 간의 문제로, 그리고 '평화'의 가치를 '두 실체의 인정'으로 만들 수 있었던 것은 남북유엔동시가입이라는 국제적 환경의 변화가 있었기 때문이다. 따라서 남과 북이 서로 통일의 기본가치를 세우는 데 있어서 경계해야할 것은 '민족'이라는 가치의 약화가 아니라 오히려 '같은 민족'이라는 동일성의 환상이 만들어 내는 '차이'의 배제라고 할 수 있다.

하지만 그렇다고 그것이 '통일'을 배제하는 것은 아니다. '둘'을 전제로 하는 '평화'의 가치는 남북관계라는 특수 관계에서는 항상 '통일을 지향하는'이라는 '민족적 동일화'의 욕망을 수반하고 있기 때문이다. 그런데 최근 남쪽에서 민주화와 더불어 성장한 '평화담론'은 이런 '민족'의 동일성이 가진 위험 때문에 '민족'이라는 가치를 부정하면서 '평화'의 가치만을 주장하는 경향이 번지고 있다. 권혁범은 '통일당위론'과 '민족동질성론'을 비판하면서 "통일이라는 개념 자체"를 비판하고 있다.[23] 그러면서 그는 '보편적 가치로서 평화'의 우

---

22) 통일담론에 나타나는 '동일성'의 패러다임은 1980년대까지 남쪽을 지배했으며 지금도 지배적인 담론이라고 할 수 있다. 그러나 이것은 오히려 남북갈등을 남남갈등으로 전화시키고 내부의 차이를 무화시킨다. 이에 담론 비판은 전효관, 「분단의 언어, 탈분단의 언어」, 『통일연구』 2-2, 1988 참조.

23) 권혁범, 「통일에서 탈분단으로: 민족동질성 회복론 및 민족번영론에 대한 비판적 성찰」, 『통일문제연구』 22, 2000, 5~6쪽.

위를 주장하고 있다.

그러나 이것은 남북관계에서 '평화'가 작동하는 기본적 토양이 '통일'이라는 가치지향성 속에서 움직일 수밖에 없다는 특수성을 전혀 고려하지 못한 채, '평화'를 서구적 개념으로 이론적으로 보편화하여 일방적으로 남북관계에 적용하고 있는 것일 뿐이다. 정영철은 "평화가 생활의 문제이자 동시에 세계 시민으로서 추구해야 할 보편적 가치로 인식되면서 특수한 가치로서의 즉, 한반도적 맥락에서 우리에게 제기되는 통일의 과제와 평화의 과제가 분리되어 인식"[24]되고 있다고 비판하고 있다. 그가 보기에 "한반도 평화체제의 구축은 결국 '과정으로서 통일'을 촉진하는 전제조건의 창출이라는 현실적 의미로 해석되어야 하며, 다른 한편으로는 통일된 국가가 평화국가로서의 발전지향을 분명히 하는 과정이어야 할 것"하기 때문이다.[25]

6. 민족과 평화의 변증법, '둘의 관점에서 형성되는 하나의 삶'

정영철이 주장하듯이 남북의 통일과정에서 '민족'과 '평화'가 통일의 핵심적인 기본가치가 될 수 있는 것은, 그것이 두 개의 개별가치로서 분리되어 있기 때문이 아니라 "'평화를 위한 통일'과 '통일을 위한 평화'라는 변증법적 관계"[26]로 결합되어 있기 때문이다. 서구에서 평화는 다른 국가들과 무력 충돌 없는 '균형상태'를 유지하고 국민국가 내부에서 '사회구조적 폭력'을 제거하는 것과 관련되어 있다면 남북관계에서 평화실현의 근본적 걸림돌은 '분단 그 자체'이며 '하나의 민족'이 두 개의 국가로 갈라져 있다는 점에서 나온다. 따라

---

24) 정영철, 「한반도의 '평화'와 '통일': 이론의 긴장과 현실의 통합」, 『북한연구학회보』 제14권 제2호, 201쪽.
25) 위의 책, 209쪽.
26) 위의 책, 191쪽.

서 한반도에서 '평화'와 '민족'은 서구적인 의미에서와 다른 독특성을 가지고 있다.

한반도에서 작동하는 '민족'이란 환상체계는, 첫째 적어도 고려시대 이후 압록강-두만강 이남 지역에서 유지되어 온 하나의 정치체로서의 국가(states), 즉 오랜 역사 동안 지속되어 온 "역사적 국가(historical states)"[27]에 뿌리를 두고 있다. 이에 한반도의 민족주의는 서구의 국민국가가 만들어 낸 민족주의에 비해 훨씬 강력한 역사-문화적 토양에 근거하고 있는 '민족적 리비도'를 가지고 있다.[28] 하지만 그럼에도 불구하고 한반도에서의 근대적 국민국가 건설은 서구 제국주의 열강의 침탈과 함께 시작되어 일본 제국주의에 의한 식민화로 귀결되면서 좌절당할 수밖에 없었고 이에 제국주의에 저항하는 '저항적 민족주의'로 발전해 왔다. 따라서 둘째, 일제 식민지배 이후 한반도에서 작동하는 '민족적 리비도'는 '억압된 것의 회귀'라는 특징을 가지고 있다.

바로 이런 점에서 현재 남북관계에서 작동하는 '통일지향'의 민족적 관계는 서구와 다른 '좌절당하는 민족적 리비도'에 근거하고 있으며 이것이 오늘날 남북관계에서 '통일'을 생산하는 힘을 제공하고 있다고 할 수 있다. 따라서 '탈분단평화론'처럼 '보편적 가치'로서 평화만을 내세우고 남북이 합쳐지려는 '통일'의 에너지를 무시한다면, '에로스'적인 '생성의 힘'은 욕망의 대상 자체를 파괴하는 '타나토스'적인 '파괴와 죽음의 충동'으로 바뀌게 될 것이다. 역사적으로 이루어졌던 남과 북의 합의문들, 〈7·4 남북공동성명〉과 〈남북기본합의서〉, 〈6·15 공동선언〉, 〈10·4 선언〉이 기본적으로 '민족애'라는 욕망을 가치화하는 데에서 시작될 수밖에 없었던 것은 바로 이 때문이다.

---

27) Hobsbawn, Eric John, 강명세 옮김, 『1780년 이후의 민족과 민족주의』, 창작과비평사, 2008, 94쪽.

28) 민족적 리비도의 개념 정의 및 좌절된 욕망의 상처로서 분단의 트라우마와 관한 논의는 김성민·박영균, 「분단의 트라우마에 관한 시론적 성찰」, 『시대와 철학』 21-2, 한국철학사 상연구회, 2010을, 이와 관련된 쟁점에 대한 논의는 박영균, 「분단의 사회적 신체와 심리분석에서 제기되는 이론적 쟁점」, 『시대와 철학』 21-2, 한국철학사상연구회, 2012 참조.

하지만 바로 그렇기 때문에 남북의 분단을 극복하고자 하는 '민족적 리비도'가 만들어 내는 '동일화'의 욕망은 그와 정반대로 '민족동질성의 회복' 및 '동일성으로서의 민족정체성'과 같은 충동들로 일면화되어 흐를 수 있다. 특히, 한반도에서의 민족적 리비도는 일제 식민지배 이후 오늘날까지도 '분단'으로 인해 여전히 '좌절'당한 채 억압되어 온 것이다. 따라서 그것을 회복하고자 하는, 그 반대 힘의 작용은 그만큼 더 강력하다. 한국의 민족주의가 '원초적 원형'에 근거한 '동일성'이라는 민족본질주의에 자꾸만 이끌리는 것은 이 때문이다. 그러나 그렇게 되었을 때, '민족'은 오늘날 '탈민족', '탈국가', '탈분단평화론'이 경계하는 '통일 그 자체'를 목적으로 하면서 그 안에 존재하는 다양한 차이들을 억압하는 것으로 전락할 수밖에 없다.

일반적으로 사람들은 '하나됨'의 충동에 이끌려 "완전히 녹아내린 하나의 만남", "하나가 등장하는 무대"와 같은 것들이 '사랑'이라고 생각하는 낭만주의에 빠져드는 경향이 있다. 그러나 알랭 바디우가 말했듯이 '하나됨'이라는 융합의 지점은 빈번히 '죽음'으로 귀결[29]되는 경향을 가지고 있다. '민족적 리비도'를 따라 '민족애'적인 동일화의 욕망 또한, 그것만을 '가치화'할 때, '민족의 사랑'이라는 이름으로 이루어지는 행위는 오히려 타자의 차이를 억압하는 '폭력'으로 전화될 수밖에 없다. 양자가 '하나'가 되는 가장 빠른 길은 '타자의 차이'를 배제하고 '자신'에 일치시키는 것이기 때문이다.

한반도의 역사에서 남과 북의 지배 권력이 작동시켜 왔던 '부정적 통합', '상호 적대적 의존관계'는 항상 '민족'이라는 이름으로 행해져 왔다. 그것은 '민족≠국가'라는 어긋남을 한쪽국가가 다른 반쪽국가를 흡수하여 '민족'이 '국가'를 대표하는 '민족=국가'를 국가가 민족을 대표하는 '국가=민족'이라는 등식으로 전치(displacement)시킨다. 그러나 이런 상황에서 남북관계는 '통일을 지향하는 관계'는 고사하

---

29) Alain Badiou, 조재룡 옮김, 『사랑예찬』, 도서출판 길, 2011, 41쪽.

고 외교적 관계조차 제대로 만들어 갈 수 없다. 왜냐하면 서로가 '민족'이라는 '하나'를 내세우면서 오히려 상대를 하나의 실제로 인정하지 않고 상대가 가지고 있는 '차이'를 반민족적인 것으로 재단하기 때문이다.

"사랑의 적은 경쟁자가 아니라 바로 이기주의"이며 "내 사랑이 주된 적, 내가 쓰러뜨려야만 하는 것은 타인이 아니라 바로 나, 차이에 반대되는 동일성을 원하는 차이의 프리즘 속에서 걸러지고 구축된 세계에 반대하여 자신의 세계를 강요하려 하는 '자아'"30)이다. 따라서 바디우는 "'헌신적인' 경험, 즉 나를 최종적으로 전체-타자에 결부시키고 마는 그런 세계의 모델이자 그런 타자를 위해 나 자신을 완전히 망각하게 되는 그런 경험"31)은 사랑이 아니라고 하면서 진정한 사랑은 "둘이 등장하는 무대"이며 순간의 황홀감과 같은 "경험"의 문제가 아니라 둘이 만들어 가는 "구축"이라고 말한다.

그렇다면 남과 북이 하나가 되려고 하는 '통일' 또한, 그것을 생산하는 민족애가 제대로 작동하기 위해서도 '하나됨'이라는 민족의 가치로부터 시작할 것이 아니라 오히려 '남과 북이라는 둘'로부터 시작되어야 한다. 그것은 민족의 사랑 또한 "개인인 두 사람의 단순한 만남이나 폐쇄된 관계가 아니라 무언가를 구축해내는 것이고 더 이상 하나의 관점이 아닌 둘의 관점에서 형성되는 하나의 삶"32)이 되어야 하기 때문이다. 여기서 둘의 관점은 남의 관점과 북의 관점이라는 두 개의 관점이 평행선을 긋는 것을 말하지 않는다. 오히려 그것은 "내가 사랑하는 여인이 저와 같은 세계를 보고 있다는 바로 그러한 사실을 나는 인식하는 것", 그리고 둘이면서 둘로 남아 있는 것이 아니라 둘을 초과하여 '공통의 세계'를 '구축'해 가는 것을 말한다. 따라서 남북관계에서 '둘'은 '둘'이지만 '둘'로 남아 있는 것이 아니라

---

30) 위의 책, 71쪽.
31) 위의 책, 33~34쪽.
32) 위의 책, 41쪽.

'통일을 지향하는 둘'이라는 점에서 이 '공통의 세계'를 구축하기 위해 상호 서로에 침투하는 '둘'이라고 할 수 있다.

그런데 이렇게 '공통의 세계를 구축하는 둘'이 되기 위해서는 먼저 '둘'이 상호 부정적인 대상으로서 '둘'이 아니라 상호 승인된 '둘'이 되어야 한다. 남북유엔동시가입이라는 역사적 사건이 지니고 있는 의미 또한 이것이다. 유엔동시가입 이전에 남과 북은 국제사회에서 끊임없이 자신을 한반도의 유일합법정부라고 주장하는 정통성 경쟁을 벌려왔다. 그러나 1991년 남북 유엔 동시 가입은 '대한민국은 휴전선 이남의 정부이고, 조선민주주의인민공화국은 휴전선 이북의 정부'라는 점을 승인함으로써 이와 같은 정통성 경쟁을 해체하고 남과 북에 대한 '둘'의 상호 승인된 관계를 만들어 놓았다. 그리고 그것은 그다음 해에 체결된, "비정상적인 남북관계를 개선하여 평화의 제도화를 위한 기초를"[33] 이룩한 〈남북기본합의서〉를 낳는 토대가 되었다.

그러므로 남북관계에서 작동하는 민족적 리비도가 제대로 흐르기 위해서라도 통일의 기본가치는 '민족애'를 가치화하는 데에서가 아니라 오히려 '둘'의 차이를 분명히 하는 '평화'를 가치화하는 데에서 시작되어야 한다. '둘'의 존재론에 기초한 '평화의 제도화'는 남북유엔동시가입 사례처럼 '같은 민족'이라는 동일화의 욕망에서 나오는 통일의 동력을 파괴하지 않는다. 왜냐하면 민족애라는 사랑의 감정이 동반된 관계에서 두 실체의 인정은 남남의 관계처럼 둘을 상호 무관심한 둘로 남겨 놓는 것이 아니라 오히려 둘 사이의 진정한 소통과 나눔을 가능하게 만들기 때문이다.[34]

---

33) 김진무, 「중장기적인 남북기본합의서에 기초한 한반도평화체제구축방안 정립」, 『북한』 439호, 2008, 75쪽.

34) 바로 이런 점에서 다음과 같은 주장에 주목할 필요가 있다. "종합적으로 볼 때 남북기본합의서와 부속합의서는 여러 긍정적 의의를 갖는 것은 분명하지만, 쌍방 견해가 일치하지 않은 상황에서 타결되었으므로 실천과정에서 지속적인 논쟁의 소지를 내포하고 있는 한계도 있다. 그럼에도 불구하고 남북기본합의서와 부속합의서는 남북관계 전반을 규율하고 있다는 점에서 그 이행·실천은 진정한 의미의 남북화해·협력시대를 개막할 수 있는 최고의 준거틀이 될 수 있다고 평가할 수 있다"(정규섭, 「남북기본합의서: 의의와 평가」, 『통일

7. 나가며: 남북의 통일 지향적 연대 과정 창출을 위한 공통가치 연구의 방향

'민족'과 '평화'의 가치는 〈7·4 남북공동성명〉과 〈남북기본합의서〉 이후 나온 〈6·15 공동선언〉과 〈10·4 선언〉에서 다시 변주되었다. 〈6·15 공동선언〉은 "우리 민족끼리 서로 힘을 합쳐 자주적으로 해결"한다는 원칙하에 "남측의 연합제 안과 북측의 낮은 단계의 연방제 안이 서로 공통성이 있다고 인정하고 앞으로 이 방향에서 통일을 지향"해 가기로 합의했으며 〈10·4 선언〉은 "남북관계 발전과 평화번영을 위한 선언"이라는 제하가 보여 주듯이 "6·15 공동선언의 정신을 재확인"하면서도 구체적인 '평화조치'들을 담고 있다. 따라서 〈6·15 공동선언〉과 〈10·4 선언〉은 민족 중심의 〈7·4 남북공동성명〉과 평화 중심의 〈남북기본합의서〉를 기본가치로 삼고 있다.[35]

그러나 이런 '민족'과 '평화'라는 남북 공통의 가치의 적용에도 불구하고 현재 남북관계는 더 이상 진전을 보지 못하고 있을 뿐만 아니라 적대적 대립을 반복하고 있다. 이것은 남북관계가 상호 '통일을 지향하는 특수 관계'임에도 불구하고 여러 가지 국내외적인 정세의 변화 속에서 기존의 합의 원칙과 가치들을 따라 남북관계를 만들어 가고 있지 못하기 때문이다. 따라서 남북의 통일 지향적 관계를 만들어 내기 위해서는 남과 북이 특정한 가치를 중심으로 자신의 가치지향성과 문맥에 따른 '통일담론'을 가지고 경쟁을 할 것이 아니라 통

정책연구』 20-1, 2011, 20쪽).

35) "2000년 남북정상회담에서 합의한 '6·15 공동선언'은 남북관계의 역사에서 이정표임에 틀림없다. 그러나 '6·15 공동선언'은 평화에 대한 내용이 빠져 있어 통일의 과정에서 추구해야 할 평화 문제에 대해서는 남북이 아직도 갈 길이 멀다는 것을 말해 주기도 하였다. 그러나 이후의 남북관계의 진전에 의해, 그리고 한반도를 둘러싼 국제적인 정세의 변화는 마침내 2007년 '10·4 평화선언'을 통해 평화체제 구축과 한반도 평화에 대한 남북의 합의를 만들어 내었다. 이는 통일의 과정에서 평화, 그리고 평화의 과정에서 통일이 서로 필연적인 연관을 맺고 있음을 말해 주는 구체적인 징표라 할 수 있다"(정영철, 「한반도의 '평화'와 '통일': 이론의 긴장과 현실의 통합」, 『북한연구학회보』 제14권 제2호, 203쪽).

일을 위한 '공통의 가치체계'를 만들어 가면서 〈10·4 선언〉에 담겨 있는 '평화조치'들을 실질적으로 구현해 갈 필요가 있다.

그러나 그렇게 하기 위해서는 무엇보다 먼저 '통일국가의 이념적 가치'와 '통일과정에서 남북이 함께 공유해야 할 기본가치'들을 구별하는 데에서 출발해야 한다. 왜냐하면 이 두 가지의 기본가치가 뒤섞이면서 남과 북이라는 체제대립을 재생산함으로써 양자의 공통규칙을 만드는 데 오히려 걸림돌이 되고 있기 때문이다. 예를 들어 남쪽이 내세우는 '민주'라는 가치 또한 두 가지의 의미가 혼용되어 있다. '민주'는 1982년 전두환 대통령의 국정연설에서 처음 제기될 때, "통일은 어디까지나 민족자결의 원칙에 의거하여 겨레전체의 자유의사가 반영되는 민주적 절차와 평화의 방법으로 성취되어야 한다"는 의미에서 '통일과정에서의 기본가치'였다.

그러나 김영삼 정부 이래로 사용되고 있는 현재 '민주'는 자유민주주의체제를 의미하는 것으로, '통일과정의 기본가치'가 될 수 없다. 1994년 8월 15일 '8·15 경축사'에서 김영삼 정부는 "자유민주주의의 승리를 선언"하고 "통일을 추진하는 우리의 기본철학" 또한 "자유와 민주를 핵심으로 하고" 있다고 주장했다. 또한, 김영삼 정부는 "자유민주주의가 바탕이 되어야" 한다는 점을 분명히 했다. 따라서 이때의 '민주'는 '자유민주주의체제'를 의미하는 것으로, 통일국가의 이념적 가치 또는 체제규정에 적용될 수 있는 것이지 '통일과정의 기본가치 또는 원칙'이 될 수 있는 것이 아니다.

그런데도 김영삼 정부는 '통일과정의 기본원칙'인 〈7·4 남북공동성명〉의 '자주·평화·민족대단결'이라는 3대 원칙을 '자주·평화·민주'의 3원칙으로 바꾸었던 것이다. 그러나 '자주·평화·민주의 3원칙'을 처음 명문화한 1988년 노태우 정부의 담화 때만 하더라도 그것은 '통일과정의 기본원칙'이 아니었다. 여기서 노태우 정부는 '한민족공동체통일방안'을 설명하면서 "자주·평화·민주의 3원칙을 바탕으로 남북연합의 중간과정을 거쳐 통일민주공화국을 실현하는" 방안이라고 말하면서 '자주·평화·민족대단결'의 3대 원칙 또한 언급하면서 이를 '통일과정의 기본원칙'으로 제시했다. 따라서 여기서 제기된 '자주·평화·민주의 3원칙'은 통일의 중간단계인 남북연합체의 이념적 가치를 의미하는 것이었다고 할 수 있다.

이것은 '자유 또는 복지'라는 가치들에서도 마찬가지이다. '1982년 '민족화합민주통일방안'을 밝힌 전두환 정부의 담화에서 표현된 '자유, 복지, 민주'는 "민족·민주·자유·복지의 이상을 추구하는 통일민주공화국"으로서 '통일국가의 이념적 가치'이며 1988년 〈민족자존과 통일 번영을 위한 대통령 특별선언〉에 등장하는 자주·평화·복지 또한 마찬가지이다. 왜냐하면 여기서 언급된 자주·평화·복지는 "자주·평화·복지의 원칙에 입각"한 "사회, 문화, 경제, 정치공동체"이기 때문이다. 또한, 1989년 담화에 등장하는 "자유와 인권과 행복이 보장되는 민주국가"도 '통일국가의 이념적 가치'일 뿐이다.

그런데도 오늘날 북은 '민족대단결'을 내세우면서 '연방제통일안'을 고집하는 반면 남은 '민주'를 내세우면서 '연합제'를 주장하고 있다. 이것은 남과 북이 '통일과정의 기본가치'를 '통일국가의 이념적 가치'와 뒤섞어 놓고 지금 당장 우리가 만들어 가야 할 '통일과정의 기본가치에 근거한 원칙'들을 자꾸만 '통일국가의 이념'들이라는 체계경쟁이데올로기로 바꾸어놓고 있기 때문이다. 바로 이런 점에서 남북의 통일은 바디우가 말하는 '구축으로서 사랑'을 만들어 가는 것이라는 점에서 출발할 필요가 있다. 민족의 사랑이 만들어 내는 통일국가는 지금 여기에 있는 것이 아니라 남과 북이 "'공통의 무엇'(encommun)을"[36] 만들어 가는 과정을 통해 생성되는 것이다.

그러나 이 과정은 우리가 미리 예측 가능한 경로를 따라 움직이는 것이 아니다. 그것은 '둘'로부터 시작하여 아직 없는 그 무엇을 남과 북이 함께 만들어 가는 "일종의 모험"이 될 수밖에 없다. 여기에는

---

36) Alain Badiou, 조재룡 옮김, 『사랑예찬』, 도서출판 길, 2011, 97쪽.

예측할 수 없는 장벽과 걸림돌이 놓여 있다. 따라서 지금 남과 북에게 필요한 것은 이 길을 함께 할 수 있는 공통가치와 원칙을 정립하는 것이다. 만일 남과 북이 '통일국가의 이념'을 미리 규정하고자 한다면 '둘' 중 어느 한쪽은 배제될 수밖에 없기 때문에 '둘'이 한 곳을 바라보고 가는 '통일지향'의 연대적 관계는 파괴될 수밖에 없다. 따라서 '통일국가의 이념적 가치'를 미리 규정하기 보다는 남과 북이 민족적 리비도를 흐름 위에서 "삶의 재발명"37)으로서 '구축'해 갈 수 있는 '통일과정의 기본가치의 정립'으로부터 시작해야 한다.

---

37) 위의 책, 43~44쪽.

참고문헌

구갑우, 「한국의 '평화외교: 평화연구의 시각」, 『동향과전망』 67호, 한국사회과
　　　학연구회, 2006.

_____, 『비판적 평화연구와 한반도』, 후마니타스, 2007.

권혁범, 「통일에서 탈분단으로: 민족동질성 회복론 및 민족번영론에 대한 비판
　　　적 성찰」, 『통일문제연구』 22, 통일문제연구소, 2000.

김갑식, 「남북기본합의서에 대한 북한의 입장」, 『통일정책연구』 제20권 1호,
　　　통일연구원, 2011.

김강일, 「문화적 통일의 철학적 원리」, 『철학연구』 60, 대한철학회, 1997.

김동한, 「북한의 6·15 공동선언에 대한 입장과 평가」, 국제고려학회 서울지회
　　　논문집 제13호.

김명섭, "평화학의 현황과 전망", 하영선 편, 『21세기 평화학』, 풀빛, 2002.

김성민·박영균, 「분단의 트라우마에 관한 시론적 성찰」, 『시대와 철학』 21-2,
　　　한국철학사상연구회, 2010.

김일성, 「민족의 분렬을 방지하고 조국을 통일하자」, 『김일성 저작집』 28권,
　　　조선로동당 출판사, 1984.

_____, 「조국통일 5대방침에 대하여」, 『김일성 저작집』 28권, 조선로동당 출판
　　　사, 1984.

_____, 「조국통일을 위한 전민족단결 10대 강령」, 『김일성 저작집』 44권, 조선
　　　로동당출판사, 1996.

_____, 「조국통일의 유일한 출로는 전민족의 대단결이다」, 『김일성 저작집』
　　　44권, 조선로동당출판사, 1996.

김진무, 「중장기적인 남북기본합의서에 기초한 한반도평화체제구축방안 정
　　　립」, 『북한』 439호, 북한연구소.

류종근, 「경제적 통일의 철학적 원리」, 『철학연구』 60, 대한철학회, 1997.

박영균, 「분단의 사회적 신체와 심리 분석에서 제기되는 이론적 쟁점」, 『시대와

철학』 21-2, 한국철학사상연구회, 2012.

박정진, 「남북기본합의서와 동서독기본조약 비교: 분단국갈등관리론 모델의
    적용」, 『국제정치논총』 53-2, 한국국제정치학회, 2013.

송영대, 「남북기본합의서 20년과 김정은 체제」, 『통일한국』 339, 평화문제연구
    소, 2012.

이광규, 「남북관계의 어떠한 합의에서도 그 원류를 7·4 남북공동선언의 기본에
    서 찾고 있다」, 『북한』 379호, 북한연구소, 2003.

이남주, 「분단체제 하에서의 평화담론: 평화국가의 가능성과 경로를 중심으로」,
    『동향과 전망』 87호, 한국사회과학연구회, 2013..

이삼열, 「정치적 통일의 원칙과 철학적 담론」, 『철학연구』 60, 대한철학회, 1997.

이우백, 「남북의 사회문화적 통합의 원리」, 『철학연구』 60, 대한철학회, 1997.

임동원, 「남북기본합의서와 6·15 남북공동선언」, 『역사비평』 97, 역사문제연구
    소, 2011.

임현진·정영철, 『21세기 통일한국을 위한 모색』, 서울대학교출판부, 2005.

전일욱, 「역대 한국정부의 통일방안과 21세기 한국의 새로운 통일방안구상」,
    『평화학연구』 11-3, 세계평화통일학회, 2010.

전효관, 「분단의 언어, 탈분단의 언어」, 『통일연구』 2-2, 숭실대학교통일문제연
    구소, 1988.

정규섭, 「남북기본합의서: 의의와 평가」, 『통일정책연구』 20-1, 통일연구원,
    2011.

정세현, 「남북기본합의서의 법적 성격과 정치적 의의」, 『통일문제연구』 4-1,
    통일문제연구소, 1992.

정영철, 「한반도의 '평화'와 '통일': 이론의 긴장과 현실의 통합」, 『북한연구학
    회보』 제14권 제2호, 북한연구학회, 2010.

제성호, 「남북간 정치대화의 통로 마련과 공식적인 대화의 상대로 인정」, 『북한』
    427호, 북한연구소, 2007.

최완규, 「남북한 통일방안의 수렴가능성 연구: 연합제와 낮은 단계의 연방제」,
    『북한연구학회보』 6-1, 북한연구학회보, 2002.

Badiou, Alain, 조재룡 옮김, 『사랑예찬』, 도서출판 길, 2011.

Hobsbawn, Eric John, 강명세 옮김, 『1780년 이후의 민족과 민족주의』, 창비, 2008.

가라타니 고진, 송태욱 옮김, 『탐구』 1, 새물결, 1998.

북한이탈주민의 정서적 소통 방법의 이해

하지현

1. 북한이탈주민의 정신건강

2010년을 기점으로 북한이탈주민은 2만 명을 넘어서서 2012년 2월 현재 23,350명으로 추산된다.[1] 이제 북한이탈주민은 한국사회에서 일부 극소수의 문제가 아니라, 소수집단으로 절대수로도 충분한 관심의 대상이 될 수준이다. 향후 북한이탈주민의 수는 북한사회의 불안정성의 증가 등으로 앞으로도 증가할 것으로 추정된다. 이에 이들의 성공적인 국내사회의 정착은 통일을 위한 장기적 계획안에서 중요한 요소다. 의료지원의 관점에서 과거 북한이탈주민들에 있어서 북한 거주시기와 탈북 난민 시기의 고통과 결핍으로 인해 발생한 결핵과 같은 감염질환, 근골격계질환 등에 대해서 시급한 처치가 필요하여 많은 주목을 받았다. 그러나 최근 이들의 정신건강의 측면이

---

[1] 북한이탈주민지원재단 홈페이지(http://www.dongposarang.com).

새로운 관점에서 중요성이 부각되고 있다. 정신질환에 이환된 수준이 아니라하더라도, 많은 북한이탈주민이 남한 주민들과 소통과 관계를 맺고, 사회적응을 하는 데 많은 어려움을 겪고 있는 것이 관찰된다. 이런 어려움은 사회적 고립으로 이어질 위험이 있다. 그러므로 북한이탈주민의 성공적인 사회적응을 위해서 고립화를 막고, 남한주민들과의 의미 있는 소통과 관계회복을 위해 같은 언어를 사용한다고 해도 문화적 기반과 과거 경험 및 소통의 표현방법의 차이에 따라 발생할 수 있는 이해도의 차이를 극복하기 위해 취약점을 찾아내는 것이 중요한 과제라 판단된다. 소통과 관계의 증진은 정신질환의 예방의 측면 뿐 아니라 조속한 남한사회내의 재사회화에 필수적 요소이기 때문이다[2]. 이에 본 논문은 북한이탈주민의 정신건강 문제에 대한 과거의 연구들을 종합하여 분석하면서 정신적 고통의 표현이 소통의 한 방법이라는 관점에서 북한이탈주민의 더 깊은 이해와 공감을 위해 어떤 노력을 해야 하는지 제안한다.

2. 북한이탈주민의 현황

2012년 2월 현재 북한이탈주민은 23,350명(남성 7,258명, 여성 16,092명)으로 집계되며 연령분포는 다양한데, 대부분 경제활동인구연령에 속한다.[3] 주거형태는 영구임대아파트에 밀집거주하는 형태로 주거하는 경우가 많다.[4] 재북 직업별 유형은 무직/피부양자(50%)와 노동

---

2) 김병창·유시은, 「북한이탈주민 패널연구: 경제-정신보건-신체건강」, 북한이탈주민재단, 2011, 80쪽.

3) 북한이탈주민센터. 10~19세 12%, 20~29세 27%, 30~39세 31%, 40~49세 16%, 50~59세 5%등.

4) 경기도 수원시에는 2010년 현재 321명의 북한이탈주민이 거주중이며, 영구임대아파트가 있는 우만동에 과반수가 거주하고, 여자가 77%, 40대미만의 연령이 65%, 단독거주세대가 60%, 재직 중인 근로자가 32%의 분포를 보였다. 임정희 「수원지역 북한이탈주민 정신건강 지원사업 현황」, 『경기도광역정신보건센터, 정신건강실태 및 지원방안 모색 토론회 자료

자(38%)가 대부분이다. 재북학력은 고등중학교 졸업(70%)과 전문대 이상졸업(17%)으로 파악되어 있다.[5] 지역으로는 서울, 경기, 인천지역에 65%가 거주하고 있다.[6] 2011년 북한이탈주민의 경제활동 참가율은 56.5%로 전체 국민과 비교 시 낮게 나타나며, 고용율(취업자/경제활동가능인구 x 100)은 49.7%로 전체국민(58.7%)과 비교 시 상대적으로 낮고, 실업률은 12.1%로 일반국민(3.7%)에 비해 3.3배 높다.[7] 이들이 호소하는 정착과정의 어려움을 순서대로 보면 경제적 곤란(39%), 문화적 이질감(14.3%), 취업의 어려움(13.5%), 남한주민의 무시와 편견(11.3%)등을 보고하고 있다.[8]

북한이탈주민의 상당수가 정착과정에 어려움이 있으며, 어려움은 경제적 어려움과 문화적 이질감과 편견에 의한 피해로 나눌 수 있다. 문화적 이질감은 오랜 분단에 의해 같은 언어를 사용하고 있음에도 불구하고 사회문화적 교육과 경험의 차이로 인해 불가피하게 발생하게 되며, 남한주민의 무시와 편견 또한 상당한 부분이 이런 문화적 이질감에 기인한 바가 클 것으로 추측한다. 이런 과정을 경험하면서 일부 북한이탈주민은 국내정착과정에서 사회에 동화되는 과정을 포기하고 고립화의 과정으로 침잠할 위험이 있다. 북한이탈주민이 국내에 정착해 가는 과정을 엄태완은 비사회화(dissocialization)와 재사회화(resocialization)로 나누었다. 북한사회의 가치와 규범으로부터 벗어나 남한의 가치체계를 배우는 재사회화에 어려움을 겪는 경우 비사회화되어 사회로부터 격리되어 생활할 수 있다.[9] 이런 비사회화는 바람직하지 않은 결과이므로 재사회화가 되도록 적극적으로 유도할 의무가 있다. 이때 재사회화를 위해 가장 중요한 것은 소통과 관계능

집』, 2010. 9.
5) 북한이탈주민지원재단 홈페이지(http://www.dongposarang.com).
6) 북한이탈주민지원재단 홈페이지(http://www.dongposarang.com).
7) 북한이탈주민지원재단 홈페이지(http://www.dongposarang.com).
8) 북한이탈주민지원재단 홈페이지(http://www.dongposarang.com).
9) 엄태완, 「남북주민 통합을 위한 정신건강전략」, 『통일정책연구』 14권 1호, 2005, 299쪽.

력이라 판단된다. 같은 국어를 제1언어로 사용하고 있음에도 불구하고 서로 사용하는 언어의 용례, 단어의 이해정도의 차이가 있을 수 있다. 이런 작은 차이가 사회화과정에 많은 어려움을 겪는 원인이 될 수 있다.

3. 북한이탈주민의 정신건강상태

북한이탈주민의 상당수의 정신건강은 건강한 상태가 아니며, 일반적 남한 주민의 유병율에 비해 높은 편이다. 정신건강이 중요한 이유는 북한이탈주민들의 성공적인 사회정착에 주요한 영향을 미치는 취업, 직장생활의 유지, 학업 및 안정된 가정생활 등은 이들의 정신건강과 밀접한 연관을 갖고 있기 때문이다. 또, 정신질환의 유병율은 사회적응의 정도를 파악할 때 사회부적응의 부정적 결과물로 볼 수 있고, 적응에 장벽이 되는 문제를 커다란 빙산으로 볼 때, 겉으로 드러난 증상표현은 수면위의 일각이라 파악할 수 있다. 어떤 소집단에서 정신건강이 양호하지 않은지, 특징적으로 많이 발병하는 정신질환을 파악하는 것은 꼭 치료의 대상을 파악하는 것뿐 아니라, 적응의 어려움의 원인을 파악하는 데에도 필수적이다. 정신질환의 유병율이 높은 북한이탈주민은 전체적으로 연령이 낮고, 무직, 낮은 수입, 탈북한지 오래될수록 정신적인 불편감을 많이 호소하는 경향이 있다.[10] 지금까지의 실태조사에서 발견되는 대표적인 정신질환을 보면 다음과 같다.

---

10) Kim H. H., Lee Y. J., Kim H. K., et al, "Prevalence and Correlates of Psychiatric Symptoms in North Korean Defectors", *Psychiatry Investigation* 8(3), 2011, pp. 179~185.

1) 외상 후 스트레스 장애(Posttraumatic Stress Disorder: PTSD)

가장 흔하고, 지금까지 많은 조명을 받은 질환은 외상 후 스트레스 장애다. 실제로 많은 북한이탈주민들이 외상 후 스트레스 장애에 노출되어 있다. 한 연구에서 북한이탈주민의 외상 후 스트레스 장애의 현재 유병률은 8.7%였으며 여성(10.2%)이 남성(4.4%)보다 두 배 이상 높았다.[11] 이렇게 난민에 준하는 주민들의 외상 후 스트레스 장애의 유병율이 높은 이유를 삼중 외상 패러다임(Triple Trauma Paradigm)[12]으로 설명한다. 이주민이나 난민의 경우 외상경험을 할 상황이 최소 세 곳에 있다. 원거주지, 이주과정, 그리고 정착과정이다. 북한이탈주민들의 경우도 이 패러다임으로 외상경험을 분류해서 파악할 수 있다. 먼저, 북한에서 거주하던 시기다. 이 시기의 외상경험은, 공개처형 목격, 굶어서 죽는 것을 목격, 정치과오로 처벌되는 것을 목격, 타인이 고문당하는 것을 목격, 가족이 식량을 구하러 떠나 불안, 교화소나 감옥, 정치범 수용소에 갇히는 것에 대한 것들을 보고하고 있다. 두 번째가 탈북과정에서 혹은 체류국에 머무는 동안의 외상이다. 생명의 위협, 제3국 체류 중 체포와 배신, 탈북과정에서의 가족과 생이별, 폭력에 노출, 이동과정(기차나 버스)에서 신변의 위험, 중국 공안의 단속과 북송에 대한 불안, 먹고 입고 은둔할 수 있는 장소선택의 두려움, 중국조선족들의 신고에 대한 두려움, 바깥 출입 시 체포에 대한 두려움, 제3국 국경을 넘는 과정 등을 보고하고 있다. 마지막이 남한정착의 외상경험이다. 취업의 어려움으로 인한 낮은 사회경제적 상태, 문화적 고립으로 인한 정서적 감정적 외로움, 낯선 곳에서 그들의 생활을 다시 시작해야 하는 문화적응 스트레스, 필요한

---

11) 김병창·유시은, 『북한이탈주민 패널연구: 경제-정신보건-신체건강』, 북한이탈주민재단, 2010, 80쪽.
12) 김병창, 「북한이탈주민 정신건강 전반에 대한 이해」, 『경기도광역정신보건센터, 정신건강실태 및 지원방안 모색 토론회 자료집』, 2010.9.

법률지식의 부족, 북에서의 가족이나 친지들에 관한 나쁜 소식, 고독, 그리움, 죄책감, 편견, 탈북자 자신에 대한 선입견, 두고 온 가족에게 돈을 부쳐주거나 소식을 접했을 때, 탈북한 가족이 입국할 때까지의 긴장과 불안 등이 보고된다. 다수의 이민자 연구에 의하면 이민자들은 처음 이민지에 도착하였을 때는 들뜬 기분이 되어 삶에 대한 만족도가 매우 높은 상태가 되나 점차 현실의 어려움과 부딪혀가면서 정신 병리가 된다고 알려져 있다.

빈도별로 보면 1,200명의 북한이탈주민을 대상으로 한 조사에서 여러 가지 외상경험 중에 가장 흔한 것은 북한 내에서는 가족, 친지의 죽음을 목격하는 것(68.1%), 탈북과정 중에는 가족과 생이별(46.8%), 체포나 강제북송의 위험에 처할 뻔한 위험(45.5%)이었다.13) 다른 연구에서도 대동소이한 경험을 하였는데, 그 빈도는 전반적으로 매우 높았다. 2000년에 입국한 200명의 북한이탈주민의 외상 후 스트레스 장애를 3년간 추적 관찰한 연구에서 3년이 경과한 후에는 88.8%가 3년 사이에 회복된 것으로 보고된다.14) 정신질환으로서 외상 후 스트레스장애는 성공적인 정착이 아니라 하더라도 대부분 진단기준 이상의 진단은 소실된다는 것을 뜻한다. 그러나 이와 연관된 기본적인 외상기억이나 이에 대한 신체와 심리적 반응도 함께 사라지는 것은 아니다. 생명의 위험을 느낄 수준의 심각한 외상을 경험할 확률이 일반인에 비해 상대적으로 매우 높다는 것이 북한이탈주민을 이해하는 데 중요한 요소 중 하나다. 그리고 이와 같은 외상경험은 이후 정착과정에 소통과 관계의 방식에 여러 가지 영향을 줄 수 있다.

외상 후 스트레스 장애에 이환된 사람은 특징적 증상을 가진다. 먼저 자율신경계의 과각성이다. 이성적으로는 이제 안전하다는 것을

---

13) 김병창·유시은, 『북한이탈주민 패널연구: 경제-정신보건-신체건강』, 북한이탈주민재단, 2010, 113쪽.

14) 홍창형·유정자·조영아·엄진섭·구현지·서승원·안은미·민성길·전우택, 「북한이탈주민의 외상후스트레스 장애에 대한 3년 추적연구」, 『신경정신의학』, 45권 1호, 2006, 49~56쪽.

인지하고 있음에도 불구하고, 외상경험으로 인한 체내의 자율신경계는 안정되지 않고 교감신경계의 각성이 유지되고, 일부에서는 과각성상태가 유지되어 일상생활에 광범위한 어려움을 갖게 된다. 교감신경계는 인간의 생존을 위해 스트레스에 대한 반응력을 강화한다. 이를 '전투 혹은 대피(fight or flight)' 반응이라고 한다.15) 싸울 것인지, 도망갈 것인지 재빨리 결정을 하기 위해 몸의 전영역의 반응능력을 최고조로 올린다. 심박 수, 근육 긴장도, 호흡 등이 올라간 상태로 최대한 민첩하게 반응을 하여 생존가능성을 높이는 전략이다. 그러나 외상 후 스트레스 장애에 이환된 상황이 되면 안전하고 굳이 이런 전략을 구사할 이유가 없음에도 불구하고, 여전히 몸은 언제나 일반적 수준 이상의 각성상태가 유지되고, 작은 자극에도 쉽게 중등도 이상의 교감신경계의 활성화가 일어난다. 이런 상태가 이어지게 되는 경우, 불안, 초조가 일상화되고, 대인관계에서 예민해지고 공격적인 태도로 보일 수 있고, 집중력과 기억력 저하와 같은 인지능력 저하를 경험하며, 근육의 긴장과 심계항진을 반복적으로 경험하면서 신체적 불편감이나 심장질환에 대한 두려움과 같은 심각한 신체질환으로 해석할 상황이 늘어난다. 더욱이 과각성의 유지는 신체 에너지의 고갈로 이어져 쉽게 피로감을 느낄 뿐 아니라, 야간에 자연스러운 이완을 하기 어려워져 수면의 질과 양이 공히 불량해진다.

둘째, 재경험과 회피행동이다. 외상에 노출된 후 이를 조절하고 억제하기 위해 뇌는 반복적인 재경험을 한다. 악몽의 형태로 나타나고, 낮에는 플래쉬백(flashback)의 형태로 짧은 시각적 기억잔영으로 나타난다. 비록 뇌의 입장에서는 반복적인 재경험이 완숙(mastery)을 위한 가장 효율적인 전략으로 판단하여 재경험을 하는 것인지만, 이런 재경험은 감정적인 불편감을 예측 불가능한 빈도로 느끼게 하고, 자율

---

15) Benjamine, J. Sadock and Virginia, A. Sadock, *Kaplan & Sadock's Synopsis of Psychiatry* 10th (ed.), LWW, 2007, pp. 1~1470.

신경계의 각성으로 이어진다. 소통과 관계의 관점에서 보자면, 재경험으로 인해 대화와 사고의 연속선이 깨지기 쉽고, 집중의 유지에 어려움을 가지며, 정동의 불안정으로 인해 대인관계의 안정성을 해칠 위험이 있다. 한편 외상경험의 일반화와 확대에 의한 회피행동이다. 외상경험과 연관된 것으로 연상이 되는 상황과 사람을 적극적으로 피하게 된다. 이와 연상이 되는 곳을 가거나, 사람을 만나는 경우 재경험과 자율신경계의 각성이 일어나기 때문에 그 불편감을 피하기 위해 적극적인 회피행동을 한다. 북한이탈주민의 경우, 북한을 벗어났고, 제3국을 떠난 상태이지만, 꼭 같은 상황이 아니라하더라도 당시 외상경험과 관련해 함께 인식했던 냄새, 소리, 간판과 같은 직접적 연관이 없는 시각자극 등이 국내에서 일상생활을 해나가는 과정에서 억압되어 있던 외상경험을 자극할 수 있다. 그런 경험을 반복해서 하는 경우, 그와 관련된 부분에 대한 적극적 회피행동을 하게 되고, 회피행동을 해야 할 장소나 상황이 많아질수록 사회적 활동반경은 작아지고 위축되는 부작용이 생긴다. 그래서 적극적으로 국내 사회적응을 위해 직업 활동을 하려 해도 회피행동의 광범위한 적용으로 인해 일반인들에 비해 활동량과 반경에서 제한이 생길 수 있고, 이는 사회적응의 실패로 이어진다.

세 번째는 감정표현불능증이다. 의식에서 인식하는 것이 감당이 안 될 때 자아는 방어기제의 일환으로 어떤 감정이나 기억도 하지 않고 정체성을 분리해내는 해리(dissociation)가 일어날 수 있다. 또는 감정에 의해 압도당할 두려움에 의해 감정을 인식하고 표현하는 능력을 상실하거나 부정(denial)이라는 방어기제의 일환으로 감정의 채널 자체를 전면적으로 억압하는 현상이 발생한다. 그 결과 감정을 인식하고 표현하는 능력자체를 상실한다. 화가 나거나, 슬픈 일이 생겨도 자기에게 어떤 감정이 느껴지는지 파악하지 못할 뿐 아니라, 화를 내거나 슬퍼하는 것, 즐거워하는 감정표현을 하지 않는다. 자칫 분노가 의식 표면으로 올라오는 경우 자기 조절을 하지 못하고 압도당해 폭주를 하거나, 자신의 정신세계가 파괴되어 버릴지도 모른다는 두려움이 더 크기에, 무의식적으로 감정표현불능증의 방어를 하기 때문이다.

이런 메커니즘은 꼭 외상 후 스트레스 장애가 발생한 환자군 뿐 아니라, 외상을 경험한 모든 북한이탈주민에게서 있을 수 있는 문제다. 이들을 이해하고 소통과 사회적 관계 맺기의 어려움을 경험하고 있는 경우 외상경험에 대한 면밀한 평가와 이로 인한 영향을 파악하는 것이 중요하다.

2) 우울증

인천지역에 거주하는 북한이탈주민 144명을 대상으로 한 연구에 따르면, 그들은 신체화 경향(42.4%)과 우울증상(38.9%)이 가장 두드러진 증상이었다. 특히 여성 대상자에서 두드러졌다.[16] 심리적 불편감을 호소하는 방식이 신체증상을 표현하는 것과 뚜렷한 연관이 있음을 알 수 있다. 특히 이탈기간이 길었던 주민일수록 우울증상이 많았다.

다른 연구에서도 우울증이 많이 발견되었고, 여성이며 50대 이상에서 더 높은 경향이 관찰되었다. 학력이 낮고, 이혼/별거/사별 등의 경험이 있고, 직업이 없는 경우 우울증 발병율이 높았다.[17] 한 연구에서는 사회적 문제해결능력 및 사회적 지지가 떨어질수록 우울증상이 강해진다고 보고했는데, 이는 같이 조사한 저소득주민과 일반집단과 유사한 결과로 이는 공통적 변인이라고 하겠다.[18] 그러나 이 연구에서 삶의 전망과 관련하며 부정적 생활경험 및 지속적 스트레스로 인해 커지고(무엇이 커짐?), 심한 우울증상과 연관되어 있는 무망

---

16) Kim H. H., Lee Y. J., Kim H. K., et al, "Prevalence and Correlates of Psychiatric Symptoms in North Korean Defectors", *Psychiatry Investigation* 8(3), 2011, pp. 179~185.

17) 김병창·유시은, 『북한이탈주민 패널연구: 경제-정신보건-신체건강』, 북한이탈주민재단, 2010, 82쪽.

18) 엄태완, 「남북주민 통합을 위한 정신건강전략」, 『통일정책연구』, 14권 1호, 2005, 314쪽.

감(無望感)은 북한이탈주민이 다른 대상자에 비해 높게 경험하고 있다는 점에서 장기정착과정에 지속적인 우울감의 경험, 이 중에서도 특히 무망감은 주요한 관심대상으로 꼽혔다. 우울한 감정의 원인으로 많은 북한이탈주민들은 가족과 떨어져 혼자 지내면서 일상적 소통을 할 대상이 없다는 것에서 오는 고립감, 남한 주민들로부터 받게 되는 드러나는, 동시에 드러나지 않는 편견,[19] 북한을 떠날 때 기대했던 것과 다른 남한 사회에서 그들이 처한 현실 사이의 큰 격차 등을 들고 있다.[20]

3) 신체화 장애

우울과 불안을 표현하는 데 있어서 신체증상의 표현이 두드러졌다. 한국은 과거 문화적으로 화병이라는 정신질환이 개념화되어 있다. 신체화(somatization)란 자신의 심리 상태를 파악하고 기술하기보다는, '몸 어디가 아프다'는 식의 표현을 하는 심리적 방어기제의 하나다. 이는 미국정신의학회에서 사용하는 정신과 진단 및 통계 편람 IV판(DSM-IV)에 문화관련질환의 하나로 포함되어 있다. 그만큼 한국인에게는 정서적 어려움, 분노, 불안, 우울감 등을 분노표현, 충동성으로 행동화하거나, 개념과 상징적인 언어사용으로 추상적인 우울감 표현, 미래의 자신에 대한 세밀한 이해, 과거에 대한 반추와 같은 언어화보다는 "머리가 아프다", "뜨거운 것이 치밀어 올라온다", "온몸이 쑤시고 아프다", "가슴이 벌렁거린다"와 같은 모호하고 내외과적 의학적 진단으로 평가하기 어려운 신체적 불편감의 호소로 표현하는 경향이 있다. 북한이탈주민에 대한 조사에서 다양한 방법으로 신체

---

19) 전진용, 「북한이탈주민들의 사회 인식에 따른 정신건강문제」, 『북한이탈주민의 남한사회적응과 건강문제 해결을 위한 정책토론회 자료집』, 2011.
20) 정신분석가 Bibring이 제기한 우울증의 정신분석적 모델이다. 자아이상(ego-ideal)과 현실(reality)사이의 격차가 너무 커져서 도저히 그 사이의 간극을 메울 수 없다는 것을 인식하는 순간 심한 우울감을 경험하게 된다.

증상에 대한 호소가 보고되고 있다. 심리검사의 일종인 다면적 인성 검사에서 신체증상과 연관된 척도인 Hs가 높게 보고되며,21) 부적절 하거나, 설명이 되지 않는 신체증상을 호소하고, 실신이나 과호흡과 같은 유사신경학적 증상이자 전환장애 증상을 호소하는 빈도가 높았 다.22) 과거 연구에서도 북한이탈주민의 30~40%에서 발견되는 증상 으로 의학적으로 설명되지 않는 신체증상(MUS: Medically unexplained physical symptoms)으로 분류된다. MUS란 의학적으로 특정한 질환으 로 진단할 수 있는 의학적 검사나 진단적 논리로는 추론이 불가능한 모호하고 불특정한 증상의 모음을 뜻한다. 소화기계, 신경계, 호흡기 계 등 증상은 다양하다. 환자는 자신이 매우 불편하고 어딘가 병이 있다고 믿고 병원을 찾아오지만 의학적 관점에서는 진단을 내릴 병 이 없을 뿐 아니라, 증상표현이 의학적 논리에 맞지 않는다. 실제로 최근 발표된 자료에 따르면 국립중앙의료원의 북한이탈주민 클리닉 에 방문한 환자의 주진단의 10.8%가 MUS였다.23) 신체증상이 정신 증상과 높은 관련성을 갖고 있고 우울증과 큰 연관성이 있다고 할 때, 북한이탈주민의 신체화 경향은 우울증상과 가장 밀접한 연관이 있다고 할 수 있다. 더 나아가, 북한이탈주민은 자신이 갖고 있을 심 리적 불편감과 일정 수준이상의 불편감을 모호한 신체증상으로 표현 하며 병원을 찾아 내과 등을 반복적으로 찾아가 검사를 받고, 치료를 요청하고 있는 것이 현실이다.

---

21) 김현아·전명남, 「MMPI에 나타난 북한이탈주민의 개인차 특성」, 『통일연구』 7권 2호, 2003, 129~160쪽.
22) 안은미, 「북한이탈주민 증상표현과 질병행태」, 『대한가정의학회지』 28권 5호, 2007, 352~ 358쪽.
23) 김석주, 「북한이탈주민의 정신건강실태와 지원방안」, 『우리나라 공공의료사업의 르네상 스를 위하여 심포지엄 자료집』, 2011.

4) 알코올 사용장애 및 음주문제

탈북과정의 불안을 해소하고, 정착한 사회에 적응하는 과정에서 생기는 스트레스와 연관하여 과도한 음주와 이로 인해 일상생활에 문제가 발생할 위험이 높다. 실제 최근 유병율을 자가보고 설문을 통해 조사한 연구가 있다. 한국판 알코올 사용장애 도구로 측정한 알코올 사용장애의 유병율은 10.8%였으며 남성(26.0%)이 매우 높았다.24) 이는 2011년 보건복지부가 실시한 정신질환 실태 역학조사로 발표된 알코올 사용장애의 1년 유병율 4.3%(남성 6.6%, 여성 2.1%)의 두 배 이상이다(평생유병율: 13.4%).25) 음주가 일상적인 생활의 스트레스와 이로 인한 불안을 경감하기 위한 자가치료의 한 방편으로 사용되는 경향이 있다. 또한 사회생활의 외로움과 고립감이 알코올 사용장애와 연관이 있다.26) 이를 검안할 때, 북한이탈주민의 알코올 사용장애의 유병율이 높은 점은 이들의 일상생활의 스트레스를 경험하는 강도가 강하고, 이를 건강하게 해결하거나, 도움을 청하지 못한 채, 고립되어 지내고 있고, 이로 인한 불편감을 과도한 음주로 대응하고 있다고 판단할 수 있다.

4. 북한의 의료 환경

북한의 의료 환경을 이해하는 것이 북한이탈주민의 정서 표현의 특징을 이해하는 데 도움이 된다. 북한에는 현대 남한사회와 같은

---

24) 김병창·유시은, 『북한이탈주민 패널연구: 경제-정신보건-신체건강』, 북한이탈주민재단, 2010, 80쪽.
25) 보건복지부, 『2011년 정신질환실태 역학조사 보고서』, 보건복지부 정신건강정책과, 2011.
26) Akerlind, I. and Hörnquist, J. O., "Loneliness and alcohol abuse: A review of evidences of an interplay", *Social Science & Medicine*, 34(4), 1992, pp. 405~414.

개념의 정신과가 없다. 우울증이나 불면증, 스트레스 관련 증상을 치료하는 곳이 아닌, 49호 병원이라고 불리며 수용위주로 치료를 하는 병원이 중앙과 각도에 하나씩 설치되어 있다. 이 49호 병원은 치료보다는 수용이나 관리에 더 초점을 맞추고 있으며 만성정신질환자를 치료하는 것으로 알려져 있다.[27] 따라서 북한이탈주민들의 정신과에 대한 태도는 부정적이고 정신질환은 정신분열증, 기질성 정신장애, 중증 정신지체, 양극성 정동장애와 같은 중증질환과 동의어로 인식되는 경향이 있다. 그래서 정신과적 문제가 있다고 알리고 이에 대한 치료를 권하거나 상담을 유도했을 때 일단 부정적이고 거부적 태도를 갖게 되는 것이 일관되게 관찰된다.

5. 북한이탈주민의 심리 표현 방법의 특징

북에서 사용 하는 심장신경증은 불안장애를 의미, '바쁘다'는 단어는 '아프다'라는 의미로 사용하기도 하며 '알리지 않는다'는 '효과가 없다'는 의미로 쓰여 상담 시에 혼란을 가져오기도 하므로 주의하여야 한다. 또한 '스트레스', '차트', '가글', 'X-ray' 등 외래어를 사용하면 이해하지 못하는 경우도 있다. 수년간 하나원에서 북한이탈주민을 직접 진료를 한 정신과 의사에 따르면 불안한 증상으로 해석되는 심계항진이나 긴장감 등을 '심장의 질병'이 있다고 인식하여 '심장신경증'이라는 질병으로 표현하고 신체검진을 받아 해결하려고 한다. 또, 스트레스와 연관하여 발생하는 긴장감과 불편감을 '간이나 췌장 같은 위장 기관이 좋지 않다'라는 신체적 병리의 문제로 해석을 하는 경향이 있다.[28] 앞에서 언급했듯이 정신과, 정신질환에 대한 인식도

---

27) 전진용, 「북한이탈주민들의 사회 인식에 따른 정신건강문제」, 『북한이탈주민의 남한사회적응과 건강문제 해결을 위한 정책토론회 자료집』, 2011. 7.
28) 전진용, 「북한이탈주민들의 사회 인식에 따른 정신건강문제」, 『북한이탈주민의 남한사

가 '정신증(psychosis)'에 준한 중증 정신질환이며 사회로부터 영원히 격리되어야 하는 비가역적이고 치료가 불가능한 문제로 경험적으로 인식하고 있기 때문에 현재 느끼는 심리적 어려움을 더욱 더 정신적인 문제로 치환하여 이해하도록 유도하는 데에 어려움이 있다. 그리고 임상적으로도 신체증상의 호소가 사실은 심리적이고 정신적인 고통을 표현하는 다른 문제라는 것, 이 문제의 어려움을 없애는 것이 해결책이라는 것을 설명하려해도 받아들이기 어려운 것이 현실적 어려움이다. 이는 교육수준의 문제로 볼 수 없다. 인천지역의 북한이탈주민을 대상으로 한 연구에서 정신과적 증상과 교육수준은 연관성이 없었다.[29] 일반적으로 교육수준이 낮고, 연령이 높을수록 정신적 문제를 신체화하거나 전환증상으로 표현하는 빈도가 높다. 그러나 북한이탈주민에서는 둘 사이에 상관관계가 없었다. 이는 이들이 경험하는 신체증상을 포함한 정신과적 증상표현이 북한을 이탈하는 과정의 공통경험과, 북한에서 자라나는 과정에 습득한 언어문화적 경험이라는 공통배경에 의한 것이라는 것을 시사한다.

신체증상의 표현은 우울과 불안과 같은 심리적 불편감의 다른 표현형의 하나일 수 있다.[30] 심리적 외상과 같은 트라우마 기억의 해리와 억압의 결과물로 자율신경계의 과각성이 일어나고 이로 인한 불편감을 신체증상으로 경험하고 표현하는 것이 가능하다.[31] 이는 북한이탈주민만의 특징은 아니다. 이런 성향은 동양계에서 두드러진다. 과거연구에서 동양에서 서양으로 이민, 혹은 난민으로 이주한 집단에서 이주한 곳에 동화되는 과정에 신체증상을 표현하는 경향이

회적응과 건강문제 해결을 위한 정책토론회 자료집』, 2011. 7.

29) Kim H. H., Lee Y. J., Kim H. K., et al, "Prevalence and Correlates of Psychiatric Symptoms in North Korean Defectors", *Psychiatry Investigation* 8(3), 2011, pp. 179~185

30) Westermeyer J., Bouafuely M., Neider J., Callies A., "Somatization among refugees: an epidemiologic study", *Psychosomatics* 30(1), 1989, pp. 34~43.

31) Andreski, P., Chilcoat, H. and Breslau, N., "Post-traumatic stress disorder and somatization symptoms: a prospective study" *Psychiatry Res* 79(2), 1998, pp. 131~138.

많은 것으로 보고되고 있다.[32] 이는 동양문화에서 정서를 직접 표현하는 것이 금기시되거나 억제되어 온 문화적 영향뿐 아니라, 이주과정에 받는 스트레스를 외현화하기보다 내재화하고 억압하면서 생기는 요인이 함께 작용하고 있다고 해석할 수 있다.

신체증상을 호소하는 것은 그래도 외부로 표현을 하고 불편을 인식하는 것이다. 더 많은 북한이탈주민은 감정표현불능증(alexithymia) 상태에 있을 가능성이 있다. 감정표현불능증이란 정동의 분화가 일어나지 않아, 언어화하거나 다른 신체신호로 표현하는 능력이 상실되어 있는 상태를 의미한다. 표현을 하지 못할 뿐 아니라 자신이 경험하는 감정을 인식하는 것도 어렵다.[33] 이는 외상 후 스트레스 장애와도 밀접한 연관이 있으며, 난민에서 높게 관찰되는데, 감정을 인식하는 능력의 저하가 뚜렷하다.[34]

최근에 1,200명의 표본집단을 대상으로 한 북한이탈주민의 건강상태에 대한 조사에서 자신의 신체건강에 대해 "전혀 건강하지 않다", "건강하지 않은 편이다"라고 응답한 대상자가 43.3%였다. 특히, 성별의 경우 "매우 건강하다", "건강한 편이다"이고 응답한 여성은 22.4%에 불과하였고, "전혀 건강하지 않다", "건강하지 않은 편이다"라고 응답한 경우는 남성의 경우 25.7%인데 반해 여성은 50.8%에 달했다.[35] 북한이탈주민이 신체증상을 심리적 고통과 불편감을 호소하는 경향이

---

32) Park S. Y., Bernstein K. S., "Depression and Korean American Immigrants", *Arch Psychiatr Nurs* 22(1), 2008, pp. 12~19; Lin E. H., Carter, W. B. and Kleinman, A. M., "An exploration of somatization among Asian refugees and immigrants in primary care", *Am J Public Health* 75(9), 1985, pp. 1080~1084.

33) 감정표현불능증(alexithymia)은 1967년 시프너스(Sifneos)에 의해 주창되었고 정신신체의학과 정신분석학에서 많은 연구가 있었다. 정동에 의해 압도당하는 것이 두려운 개체가 정동자체를 인식하고 표현하는 것을 차단해 버리는 부정과 분열의 방어기제의 결과물이다.

34) Sondergaard H. P., Theorell T., "Alexithymia, emotions and PTSD; findings from a longitudinal study of refugee", *Nordic J of Psychiatry* 58(3), 2004, pp. 185~191.

35) 김병창·유시은, 『북한이탈주민 패널연구: 경제-정신보건-신체건강』, 북한이탈주민지원재단, 2010, 68쪽

강한 것을 감안할 때 자각적 신체건강 정도가 이처럼 낮은 것은 실제 신체건강에 문제가 있는 것뿐 아니라 만성적인 정신적 고통과 삶의 질의 만족도가 떨어지는 것을 반영하고 있다고 해석할 수 있다.[36]

6. 북한이탈주민의 사회 적응

이상과 같이 북한이탈주민의 상당수가 한국사회에 적응하는 과정에 많은 어려움을 경험하고 있고 일부는 뚜렷한 정신질환으로 진단할 수 있는 수준의 고통을 경험하고 있다. 여기에는 북한 내 경험, 탈북과정의 정신적 외상, 남한사회 정착과정의 어려움 등에 의한 다양한 요소들이 작용한다. 또한 오랜 분단으로 인해 문화적 차이가 큰 면을 무시할 수 없다. 문화란 인간관계 안에 존재하는 것이다. 관계를 이해하기 위해서는 문화적 다양성과 차이를 인식하는 것이 우선이다. 다양한 사람의 차이를 인식하고 존중하고 관계에 영향을 미친다는 것을 상호간에 이해해야 한다. 북한이탈주민들은 자신을 바라보는 시선이 '한국사람'인지 '북한사람'인지 고민이 되고, 남한 주민들이 이들을 바라보는 시선도 '이주민', '난민', '동포', '다문화 사회의 소수자', '헌법상 국민' 등 다양하다. 정신건강 문제를 완화하고 지역사회 적응을 돕기 위해 사회적 지지망 구축이 필요하다. 오랜 분단으로 인해 문화적 차이도 크다. 북한이탈주민들은 상대적으로 보수적이며 유교적 가치관을 갖고 있고, 사회주의 사회를 경험하며 공유에 대한 기준이 강하고, 경제적 어려움과 사회적 압박 속에 생활

---

36) 이런 해석은 일반남한주민의 주관보건복지부 질병관리본부에서 2008년도에 실시한 국민건강통계의 국민건강영양조사 제4기 2차년도(2008)자료에서 실시한 주관적 건강인지율(만19세 이상, 표준화) 42.8%와 비교하였을 때 뚜렷하다. 이어, 신체적 증상이 있다고 판단할 수 있는 '건강이 좋지 않다'는 비율은 남한가구에서는 10.6%인데 반해 북한이탈주민은 43.3%로 4배나 높은 비율이었다. 김병창·유시은, 『북한이탈주민 패널연구: 경제-정신보건-신체건강』, 북한이탈주민지원재단, 2010, 68쪽 재인용.

을 했기에 '의리'를 중요시 한다.37) 고위험군을 선별하고 이들에 대한 적극적 개입을 하여 병적상태에서 벗어나 적극적이고 건강한 사회적응을 할 수 있도록 도와야 한다.38) 많은 기대와 희망을 갖고 오랜 고생 끝에 북한을 이탈하여 한국으로 이주하여 정착을 하고 있는데, 중국 동포들과 비교할 때 상대적으로 자본주의적 관행에 익숙하지 않고, 과거 북한에서 교육받은 내용과 체계, 북한에서 사회적 활동과 전문성 등이 한국 내에서 통용되지 않는 점 등이 이들이 한국사회에 적응하는 데 큰 어려움으로 꼽히고 있다.39) 더욱이 같은 언어를 기본적으로 사용하고 있음에도 불구하고, 같은 단어를 쓰더라도 용례에서 차이가 있거나, 한국에서는 일상어로 사용되는 수많은 외래어에 익숙하지 않은 점과 같은 어려움이 크다.40) 다음은 한 자료집에 나온 북한이탈주민의 소통의 어려움을 호소한 내용이다.

"처음에는 남한사람들이 말하는 속에 있는 뜻을 몰라서 힘들었어요. 물론 외래어나 말을 몰라서 힘든 점도 있었지만, 그 속뜻을 몰라 어려울 때도 많았어요. 예를 들어 '곤란할 것 같긴 한데 일단 좀 알아보긴 하겠습니다.'라는 말은 남한 사람들은 부정적이라고 이해하지만, 북한이탈주민들은 일단 알아본다니까 기다리라는 말로 이해해요. 그래서 동사무소나 그런 곳에서도 안된다는 이야기를 무작정 기다린 적도 있어요."41)

---

37) 김석주, 「북한이탈주민의 정신건강실태와 지원방안」, 『우리나라 공공의료사업의 르네상스를 위하여 심포지엄 자료집』, 2011.
38) 엄태완, 「남북주민 통합을 위한 정신건강전략」, 『통일정책연구』 14권 1호, 2005, 322쪽.
39) 전우택·윤덕용·엄진섭, 「탈북자들의 남한사회 적응생활 실태조사: 2001년도 553명의 탈북자들에 대한 조사를 중심으로」, 『통일연구』 7권 1호, 2003, 155~208쪽.
40) 조정아·임순희·정진경, 「새터민의 문화갈등과 문화적 통합방안」, 『한국여성정책연구원 연구보고서』, 2007, 29~34쪽.
41) 전진용, 「북한이탈주민들의 사회 인식에 따른 정신건강문제」, 『북한이탈주민의 남한사회적응과 건강문제 해결을 위한 정책토론회 자료집』, 2011. 7.

감정을 직간접적으로 표현하는 방법과 같은 의사소통에서 문화적인 훈련과 학습, 오랜 경험에 의해 구성되는 언어사용법의 차이는 의외의 오해의 이유가 된다. 일반적으로 북한이탈주민들은 상대적으로 공격적이고, 직선적으로 표현하며, 직설적인 감정표현을 하는 것으로 파악되고 있다.42) 이는 문화적 차이에 기인한 바가 크다. 문화적 배경이 다른 사람 사이에는 일반적 의사소통과정에 비해 고려해야 할 사항이 더 많다.43) 일반적으로 사회적 관습의 차이, 문화적 특수성, 문화에 따른 의사소통의 유형 차이 등이 보편적으로 꼽힌다.

정신병리의 측면에서 높은 유병율로 우울, 불안, 신체화, 외상 후 스트레스 장애 증상이 발견되고 있으나, 이는 빙산의 일각일 수 있다. 외상 후 스트레스 장애는 자연경과로 좋아지고 있으나, 정착기간이 길어지면서 다른 정신적 문제들이 두드러지기 시작한다. 정착 2년 이후 우울증, 신체화, 불안, 음주 등이 모두 악화되는 경향이 있으며, 이로 인해 직업유지를 하지 못하고, 이 때문에 더욱 증상이 심해지는 악순환이 반복되는 경향이 관찰된다.44) 그리고 역치 이하의 증상을 갖고 있는 수준의 북한이탈주민이 겪는 정신적 불편함은 그보다 훨씬 클 것으로 추정된다. 처음 입국했을 때 가졌던 기대감이 사라지면서 현실에서 사회화 과정에 겪는 현실적인 어려움들은 실망과 부적응, 절망감으로 이어지고, 사회적 고립으로 귀결될 위험이 커지고 있다. 그런 면들은 앞에서 언급한 바와 같이 자신의 정신적 불편함을 언어화하는 데 익숙하지 않다는 점들이 영향을 주고 있을 가능성이 높다. 일반적으로 정신질환과 연관된 증상은 소통의 어려움과 대인관계가 원활하지 못한 부분과 많은 연관이 있다.

---

42) 김석주, 「북한이탈주민의 정신건강실태와 지원방안」, 『우리나라 공공의료사업의 르네상스를 위하여 심포지엄 자료집』, 2011.

43) 최명민·이기영·최현미·김정진, 『문화적 다양성과 사회복지』, 학지사, 2009, 253쪽.

44) 김석주, 「북한이탈주민의 정신건강실태와 지원방안」, 『우리나라 공공의료사업의 르네상스를 위하여 심포지엄 자료집』, 2011.

그런 면에서 일상적인 소통의 적응을 위해 경제활동의 교육뿐 아니라 심리, 정서, 정신적 부분의 변화를 인식하고 말로 표현할 수 있는 교육과 훈련도 정신건강의 측면뿐 아니라 조속하고 효과적인 사회적응과 동화를 위해 필수적이다. 일반적으로 북한이탈주민이 가장 많이 흔하게 호소하는 문제가 경제적 자립/자활의 어려움이며, 여기에 정신과 신체건강이 주요한 연관요인으로 분석되고 있다.45)

이를 해결하기 위해 어떤 전략을 세워야 할 것인가. 지지체계를 구축하기 위해 개인 및 가족수준에서 지역사회의 자원봉사자 연계 개입 기법 등을 이용하여 사회적 유대를 강화하거나 재구축하는 것이 남한 사회 적응에 효과적이라는 제안이 있다. 그러나 이를 위해서는 공히 양 집단의 원활한 소통을 위한 준비가 필요한데, 본 논문에서 드러났듯이 소통에 어려움이 있을 가능성이 높아, 시스템을 구축한다고 해도 실질적으로 잘 실행되는 데에는 실무적 어려움이 예상된다.

특히, 일상적인 대화가 아닌 정서적인 부분을 표현하는 것과, 정신적 어려움과 불편감을 표현하는 데 있어 한국에서 대중적으로 일상적으로 통용되는 것과 상당히 다른 점이 있다는 것은 깊은 수준의 정서적 교감을 동반한 소통을 하는 데 있어서 북한이탈주민과 국민들 사이에 큰 장벽이자 걸림돌로 작용할 수 있다는 것을 알 수 있다. 문화적 배경이 다른 사람들 간의 만족스러운 소통을 위해 필요한 요소들은 Ford는 다음과 같이 제시한다.46) 먼저 부정적 유형화를 최소화하는 것이다. 예를 들어 흑인은 스포츠를 좋아하고, 랩음악을 좋아할 것이라는 것과 같은 유형화를 하는 태도를 줄이는 것이 만족도를 높인다. 둘째, 상대방이 표현하는 느낌과 의견이 얼마나 많이 수용된다고 느끼는지, 셋째, 감정표현의 양이 많을수록 만족도가 올라간다.

---

45) 김병창·유시은, 『북한이탈주민 패널연구: 경제-정신보건-신체건강』, 북한이탈주민지원재단, 2010, 7쪽.

46) Adams, M., and Blumenfeld, W., et al, *Readings for Diversity and Social Justice*, NY. Routledge. 2000, pp. 130~132.

더불어 진실성, 이해받는다는 느낌, 목표달성과 무기력감의 저하가 중요한 요소로 지적하고 있다. 이를 볼 때 북한이탈주민이 감정을 인식하지 못하는 경향이 크고, 더불어 감정을 신체화 증상으로 표현하는 형태일 가능성이 많다고 할 때, 이를 남한주민들이 제대로 수용하기 어려울 가능성이 높다. 그리고 많이 수용되었다고 느끼지 못한 북한이탈주민은 소통의 어려움을 경험하고, 이는 남한주민들도 마찬가지일 것이다. 더욱이 상대적으로 감정을 언어로 표현하는 데 능숙한 남한주민이 사용하는 관련된 단어들의 세밀한 차이를 이해하거나 바로 알아차리면서, 감정의 농도의 차이에 따라 적절하게 반응하는 것에 북한이탈주민들은 어려움을 겪을 가능성이 크다. 그런 경험을 몇 차례하고 나면 소통의 시도를 포기할 위험도 있다. 이는 사회적 정서적 고립으로 이어지며, 이는 우울증, 알코올 사용장애, 불안과 불면과 같은 정신질환으로 발전하거나, 남한사회에 정착과 재사회화에 실패할 확률을 높일 것이다. 그러므로 이런 문제는 비단 북한이탈주민과 같이 이탈과정에 큰 심리적 트라우마를 경험하고, 소수집단으로 한국 내에서 적응하고 동화하는 과정을 경험하면서 발생할 수밖에 없는 심리적 어려움과 외상 후 스트레스 장애증상과 같은 특징적인 증상에만 국한된 것이 아니라는 것을 시사한다. 오랜 분단 기간 속에 사회문화적으로 다른 경험을 쌓아가면서 한국과 북한은 신체와 정신건강에 관련한 증상 및 질환에 대한 언어의 개념과 용례에 있어서 많은 차이가 이미 존재하고 있다. 그러므로 북한이탈주민의 원활한 국내 적응과 동화를 돕는 것뿐 아니라, 향후 통일이후의 사회문화적 통합을 위해서는 먼저 북한의 사회문화에서 사용되는 감정표현, 신체의 불편증상 표현의 용어의 개념의 구체적 정의에 대해 연구하고, 이것이 현재 국내에서 통용되는 의학용어, 심리용어들과 어떤 관계를 갖는지 파악하는 작업이 필요하다.

북한이탈주민의 자립을 유도하기 위해 처음 하나원에서 적응기간을 거친 후 5년간 정부의 지원을 받는다. 북한이탈주민을 위한 정착금, 주거알선, 취업지원, 사회복지, 교육 등이 이루어지고, 동시에 기존의 사회복지체계에서도 북한이탈주민을 돕는 체계가 구축되어 있다.47) 또, 하나원에는 3명의 상담사와 1명의 정신과전문의(공중보건의사)가 상근을 하면서 정신건강과 스트레스, 심리적 적응을 돕고 있다.48) 하지만 남한주민과의 소통과 사회 내 동화를 위한 소통방법에 대한 교육은 미흡한 면이 있다. 특히 이번 연구에서 밝혔듯이 특징적인 감정표현에 대한 고려가 없는 상태이다. 하나원에서 사회적응을 위해 경제활동, 상거래, 교통수단 이용 등과 관련한 실질적 교육을 실행하고 있다. 더 나아가 앞으로는 좀 더 섬세한 접근이 필요하다. 단기적으로는 북한이탈주민의 적응과정에 있어서 이들이 표현하는 신체증상들이 실제로 신체질환이 있고 내외과적 처치가 필요한 일일 수도 있지만, 상당한 경우에 불안, 우울, 분노와 같은 정서적 불편감을 표현하는 특징적 표현형일 수 있다는 것을 이들과 관계를 맺는 모든 접점에서 인식하는 것이 시급하다. 자신의 감정적 어려움을 깊이 공감하고 있고, 이해받고 있다는 것에서부터 친밀한 관계와 진정한 동화와 적응이 시작될 것이기 때문이다. 장기적으로는 북한이탈주민을 대상으로 경제적 활동을 위한 구직활동이나 복지적 뒷받침에 대한 정책과 교육뿐 아니라, 자신의 심리와 정서상태를 적절한 언어로 표현할 수 있도록 돕는 교육시스템이 필요하다. 이와 같은 교육이 진행되어야 북한이탈주민의 온전한 국내사회 적응이 이루어질 것이다.

---

47) 최명민·이기영·최현미·김정진, 『문화적 다양성과 사회복지』, 학지사, 2009, 208쪽
48) 김석주, 「북한이탈주민의 정신건강실태와 지원방안」, 『우리나라 공공의료사업의 르네상스를 위하여 심포지엄 자료집』, 2011.

<논문 및 단행본>

김병창·유시은, 『북한이탈주민 패널연구: 경제-정신보건-신체건강』, 북한이
　　탈주민지원재단, 2010

김병창, 「북한이탈주민 정신건강 전반에 대한 이해」, 『경기도광역정신보건 센
　　터, 정신건강실태 및 지원방안 모색 토론회 자료집』, 2010. 9.

김석주, 「북한이탈주민의 정신건강실태와 지원방안」, 『우리나라 공공의료사업
　　의 르네상스를 위하여 심포지엄 자료집』, 2011.

김현아·전명남, 「MMPI에 나타난 북한이탈주민의 개인차 특성」, 『통일연구』
　　7권 2호, 연세대학교 통일연구원, 2003.

보건복지부, 『2011년 정신질환실태 역학조사 보고서』, 보건복지부 정신건강정
　　책과, 2011.

안은미, 「북한이탈주민 증상표현과 질병행태」, 『대한가정의학회지』 28권 5호,
　　대한가정의학회, 2007.

엄태완, 「남북주민 통합을 위한 정신건강전략」, 『통일정책연구』 14권 1호, 통일
　　부, 2005.

임정희, 「수원지역 북한이탈주민 정신건강지원사업 현황」, 『경기도광역정신보
　　건센터 정신건강 실태 및 지원방안 모색 토론회 자료집』, 2010. 9.

전우택·윤덕용·엄진섭, 「탈북자들의 남한사회 적응생활 실태조사: 2001년도
　　553명의 탈북자들에 대한 조사를 중심으로」, 『통일연구』 7권 1호, 연세
　　대학교 통일연구원, 2003.

전진용, 「북한이탈주민들의 사회 인식에 따른 정신건강문제」, 『북한이탈주민의
　　남한사회적응과 건강문제 해결을 위한 정책토론회 자료집』, 2011. 7.

조정아·임순희·정진경, 「새터민의 문화갈등과 문화적 통합방안」, 『한국여성정
　　책연구원 연구보고서』, 한국여성정책연구원, 2007.

최명민·이기영·최현미·김정진, 『문화적 다양성과 사회복지』, 학지사, 2009.

홍창형·유정자·조영아·엄진섭·구현지·서승원·안은미·민성길·전우택, 「북한 이탈주민의 외상 후 스트레스 장애에 대한 3년 추적 연구」, 『신경정신의학』 45권 1호, 대한신경정신의학회, 2006.

Akerlind, I. and Hörnquist, J. O., "Loneliness and alcohol abuse: A review of evidences of an interplay", *Social Science & Medicine* 34(4), 1992, pp. 405~414.

Andreski, P., Chilcoat, H. and Breslau, N., "Post-traumatic stress disorder and somatization symptoms: a prospective study" *Psychiatry Res* 79(2), 1998, pp. 131~138.

Benjamine, J. Sadock. and Virginia, A. Sadock., *Kaplan & Sadock's Synopsis of Psychiatry* 10th (ed.), LWW, 2007, pp. 1~1470.

Adams, M., and Blumenfeld, W., et al, *Readings for Diversity and Social Justice*, NY. Routledge. 2000, pp. 1~521

Kim H. H., Lee Y. J., Kim H. K., et al, "Prevalence and Correlates of Psychiatric Symptoms in North Korean Defectors", *Psychiatry Investigation* 8(3), 2011, pp. 179~185

Lin E. H., Carter, W. B and Kleinman, A. M., "An exploration of somatization among Asian refugees and immigrants in primary care", *Am J Public Health* 75(9), 1985, pp. 1080~1084.

Park S. Y. and Bernstein, K. S., "Depression and Korean American Immigrants" *Arch Psychiatr Nurs* 22(1), 2008, pp. 12~19.

Sondergaard, H. P. and Theorell, T., "Alexithymia, emotions and PTSD; findings from a longitudinal study of refugee", *Nordic J of Psychiatry* 58(3), 2004, pp. 185~191.

Westermeyer, J., Bouafuely, M., Neider, J. and Callies, A., "Somatization among refugees: an epidemiologic study", *Psychosomatics* 30(1), 1989, pp. 34~43.